AUFFÄLLIGES VERHALTEN BEI KINDERN

D1996139

MICHAEL SHEPHERD / BRAM OPPENHEIM
SHEILA MITCHELL

Auffälliges Verhalten bei Kindern

Verbreitung und Verlauf

Eine epidemiologische Untersuchung

Mit 56 Tabellen und 37 Abbildungen

Aus dem Englischen übertragen von
Matthias Metzdorff

Verlag für Medizinische Psychologie im Verlag
Vandenhoeck & Ruprecht in Göttingen

Titel der Originalausgabe: „Childhood Behaviour and Mental Health".
(University of London Press Ltd.)

ISBN 3-525-45627-1

© Michael Shepherd, Bram Oppenheim, Sheila Mitchell. Deutsche Übersetzung Vandenhoeck & Ruprecht in Göttingen 1973. Ohne ausdrückliche Genehmigung des Verlages ist es nicht gestattet, das Buch oder Teile daraus auf foto- oder akustomechanischem Wege zu vervielfältigen.
Herstellung: Hubert & Co., Göttingen

INHALT

Kapitel 1. Einleitung 11

Kapitel 2. Die Planung der Untersuchung 19
Die Wahl der Untersuchungsregion 19
Die Wahl der Information 19
Der Elternfragebogen 21
Der Fragebogen als diskriminierendes Instrument 23
Der Lehrerfragebogen 24
Die Kontaktnahme zu den Eltern 26

Kapitel 3. Die Verhaltenserhebung: Zusammenstellung der Stichprobe und Feldarbeit 28
Die Stichprobe der Hauptuntersuchung 28
Besondere Untersuchungsgruppen 28
Versand der Fragebögen 30
Der Rücklauf der Fragebögen 30

Kapitel 4. Das Kind in seiner häuslichen Umwelt 32
Analyse der Verhaltensformen 32
Die Bestimmung der Auffälligkeit 74

Kapitel 5. Soziale Schicht, Familiengröße, Stellung in der Geschwisterreihe, körperlicher Zustand und Trennungserlebnisse 79
Soziale Schicht 79
Stellung in der Geschwisterreihe und Familiengröße 80
Körperlicher Zustand 83
Reaktionen auf die Menstruation 86
Einlieferung ins Krankenhaus 86
Trennungserlebnisse 89

Kapitel 6. Das Kind in seiner schulischen Umwelt 96
Leistung 96
Fehlen in der Schule 100
Verhalten 101
Zusammenhänge zwischen Verhalten in der Schule und Schulleistung . . . 103
Zusammenhänge zwischen Verhalten in der Schule und sozialer Herkunft 105
Zusammenhänge zwischen Verhalten in der Schule und zu Haus 107

Kapitel 7. Veränderungen in auffälligem Verhalten: Nachuntersuchung und Ergebnisse 111
Methode 111
Veränderungen in berichtetem Verhalten 113
Auf den Verlauf bezogene Faktoren der Person und ihrer Umwelt 126

Kapitel 8. Psychiatrische Behandlung 1: Überweisung an child guidance clinics 132
Vergleich der Kinder aus child guidance clinics und ihrer vergleichbaren Kontrollgruppe 137

Kapitel 9. Psychiatrische Behandlung 2: eine kontrollierte Nachuntersuchung von Patienten aus child guidance clinics 147
Methoden 147

Kapitel 10. Zusammenfassung und Schlußfolgerungen 158

Anhang 1. Interrelationen zwischen Verhaltensitems und -symptomen . 167
Die bisherige Forschung 167
Korrelationen 168
Symptomgruppenanalyse 170
Skalogramm-Analyse 172
Der „Schweregrad" von Symptomen 175
Zusammenfassung 178

Anhang 2. Die Fallgeschichten von vier Vergleichspaaren aus Klinik- und Kontrollkindern 179

Anhang 3. Fragebogen 217
1. Elternfragebogen der ersten Untersuchung 218
2. Elternfragebogen der Nachuntersuchung 222
3. Lehrerfragebogen 224

Literatur 226
Namenregister 238
Sachregister 241

ABBILDUNGEN

Eßverhalten	1 Übermäßiger und zu geringer Appetit . . Seite	33
	2 Mäkelei am Essen	35
Furchtobjekte	3 Furcht vor der Dunkelheit	36
	4 Furcht vor Tieren	37
	5 Furcht vor der Begegnung mit anderen Menschen	38
	6 Schüchternheit gegenüber anderen Kindern	39
Schulzentrierte Probleme	7 Schuleschwänzen	41
	8 Abneigung gegen die Schule	42
	9 Leseschwierigkeiten	44
Schlafstörungen	10 Unruhiger Schlaf	45
	11 Alpdrücken oder unangenehme Träume	46
	12 Bettnässen	47
Antisoziales Verhalten	13 Destruktives Verhalten	49
	14 Stehlen	50
	15 Lügen	51
	16 Ungehorsam	52
	17 Umherstreifen	54
Physische Störungen	18 Verstopfung	55
	19 Diarrhoe	56
	20 Einkoten	57
	21 Bauchschmerzen	58
	22 Erbrechen	59
	23 Kopfschmerzen	61
Psychomotorisches Verhalten	24 Unruhe und Unteraktivität	62
	25 Tics	63
	26 Nägelkauen	64
	27 Daumenlutschen	66
Emotionales Verhalten	28 Weinen	67
	29 Quengeln	68
	30 Schmollen	69
	31 Reizbarkeit	69
	32 Wutanfälle	70
	33 Heftige Streitereien mit anderen Kindern	71
	34 Eifersucht	72
	35 Stimmungsänderungen	73
	36 Ängstlichkeit (Sich Sorgen)	74
	37 Rückzugsverhalten	75

TABELLEN

1 Kumulativer Prozentsatz der Kinder bei absteigender Häufigkeit von unterstrichenen extremen Items auf den Fragebögen 24
2 Antwortraten bei drei Methoden der Kontaktnahme zu den Eltern 27
3 Verteilung der Kinder der Stichprobe nach Alter und Geschlecht 32
4 Verteilung der Kinder nach Alter, Geschlecht und Beruf des Vaters 33
5 Ergebnisse einiger früherer Untersuchungen über das Vorkommen von Nägelkauen bei Kindern 65
6 Prozentsätze der Kinder mit „extremen" Verhaltensweisen auf allen Altersstufen vom 5. bis zum 15. Lebensjahr 76
7 Häufigkeit des als „auffällig" geltenden Weinens bei Kindern unterschiedlichen Alters 77
8 Gesamtauffälligkeitsscores der Kinder der Stichprobe nach Geschlecht 77
9 Zusammenhang zwischen dem Gesamtauffälligkeitsscore des Kindes und dem Berufsstatus des Vaters 79
10 Gesamtauffälligkeitsscore nach Stellung in der Geschwisterreihe 80
11 Gesamtauffälligkeitsscore nach Familiengröße 81
12 Prozentsatz der Kinder mit einem Gesamtauffälligkeitsscore von vier oder mehr nach Familiengröße und Stellung in der Geschwisterreihe 81
13 Häufigkeit von Gesundheitsstörungen nach Angaben der Mütter der Kinder . . 82
14 Zahl der Kinder in verschiedenen Kategorien physischer Störungen und die jeweiligen Anteile von Kindern mit vier oder mehr auffälligen Verhaltensitems . 84
15 Prozentsatz der Kinder mit psychosomatischen Krankheiten, mit und ohne weitere körperliche Störungen, die einen Gesamtauffälligkeitsscore von vier und mehr hatten 85
16 Stationäre Behandlung im Krankenhaus 87
17 Anteil der Kinder, die nach den Angaben der Eltern nach ihrer Rückkehr vom Krankenhaus Verhaltensprobleme hatten, bezogen auf die kumulative Dauer des Krankenhausaufenthalts (alle Altersstufen, beide Geschlechter) . . . 88
18 Verteilung der Gesamtauffälligkeitsscores nach Alter zum Zeitpunkt der Erhebung und kumulativer Krankenhausaufenthaltsdauer 89
19 Gesamtauffälligkeitsscore nach Abwesenheit der Eltern 91
20 Zahl der Kinder mit unterschiedlichen Kombinationen von Trennungserlebnissen 92
21 Trennungserlebnis und Gesamtauffälligkeitsscore: Prozentsatz der Kinder in jeder Zelle mit vier oder mehr auffälligen Items 92

22 Lehrerurteile über die Gesamtleistung und die Leseleistung relativ zum Alter und besuchten Schultyp 97
23 Zusammenhang zwischen der Gesamtleistung des Kindes und dem Berufsstatus des Vaters nach der Hall-Jones-Skala 97
24 Position in der Klasse nach Berufsstatus des Vaters 99
25 Durchschnittliche Zahl der durch Abwesenheit im letzten ganzen Trimester verlorenen halben Schultage nach Alter und Geschlecht 100
26 Zahl und Prozentsatz der Kinder aller Altersstufen, bei denen Lehrer die aufgeführten Verhaltensitems unterstrichen 102
27 Höhe der Gesamtleistung nach Zahl der vom Lehrer unterstrichenen Verhaltensprobleme 103
28 Enge des Zusammenhangs zwischen Gesamtleistung und Verhaltensproblemen in der Schule 104
29 Position in der Lerngruppe nach Zahl der vom Lehrer unterstrichenen Verhaltensprobleme 106
30 Berufsstatus des Vaters nach Zahl der vom Lehrer auf dem Fragebogen unterstrichenen Verhaltensprobleme 106
31 Der Zusammenhang zwischen den Häufigkeiten der von den Eltern und der von den Lehrern unterstrichenen Verhaltensprobleme 108
32 Verhaltensitems, die von den Lehrern signifikant häufiger bei Kindern mit vier oder mehr auffälligen Items auf dem Elternfragebogen („Auffällige") unterstrichen wurden 109
33 Zahl der von den Eltern bei jedem Kind in der Nachuntersuchung unterstrichenen auffälligen Items 113
34 Korrelation zwischen den Verteilungen berichteter Verhaltenszüge bei ursprünglich „auffälligen" Kindern in den Jahren 1961 und 1964. 114
35 Dauerhaftigkeit des Verhaltens, das ursprünglich auffällige Kinder der nachuntersuchten Stichprobe mit extremer Intensität oder auffälliger Häufigkeit zeigten 120
36 Im Jahr 1964 andauerndes Verhalten, das im Jahr 1961 mit extremer Intensität oder Häufigkeit auftrat. 123
37 Veränderungen in den Gesamtscores ursprünglich auffälliger Kinder nach Alter bei der Nachuntersuchung 127
38 Zusammenhang zwischen dem Zustand bei der Nachuntersuchung und Hörstörungen bei Jungen und Kopfschmerzen mit Übelkeit bei Mädchen 128
39 Veränderungen im Gesamtauffälligkeitsscore nach Veränderungen der beruflichen Arbeitszeit der Mutter 130
40 Gründe für den Ausschluß von Kindern, die während der Dauer der Nachuntersuchung zum erstenmal eine child guidance clinic besuchten 134
41 Korrelationen zwischen den Beurteilern des Störungsgrades von 100 Kindern. 138
42 Durchschnittliche Einstufung der an clinics überwiesenen Kinder und der nicht überwiesenen Paarlinge 138
43 Einstellungen der Eltern zum Verhalten des Kindes 142
44 Korrelation zwischen den Beurteilern hinsichtlich des Grades der Besserung/Verschlechterung im Verhalten der 87 nachuntersuchten Kinder. 148

45 Zustandsbild der früheren Klinik- und Kontrollgruppen in der Nachuntersuchung 149
46 Gegenwärtiges Zustandsbild nach früherer Einstufung der Störung und der Häufigkeit des Besuchs einer child guidance clinic oder einer von der clinic beaufsichtigten Klasse oder Schule 150
47 Persistieren von Störungen nach Stellung in der Geschwisterreihe 152
48 Persistieren von Störungen in der Nachuntersuchung nach Alter des Kindes bei der ersten Befragung und Gegenwart jüngerer Geschwister 153
49 Persistieren von Störungen nach Veränderungen in der Berufstätigkeit der Mutter 153
50 Persistieren von Störungen nach körperlicher Gesundheit der Mutter zur Zeit der ersten und zweiten Befragung 154
51 Zahl der Kinder mit schlechten Familienbeziehungen nach Grad der Besserung in der Nachuntersuchung 156
52 Korrelation zwischen Paaren von Verhaltensitems bei 5- bis 10jährigen Mädchen 168
53 Gemeinsames Auftreten von Paaren von Symptomen, verglichen mit Zufallswahrscheinlichkeiten (11- bis 15jährige Mädchen; N = 1273) 171
54 Skalogramme der Verhaltensitems (von stärkstem bis leichtestem Schweregrad) 174
55 Prozentsatz von Kindern mit ausgewählten Verhaltensformen nach Gesamtauffälligkeitsscore 176
56 Items mit den größten Mittelwertsunterschieden im Gesamtauffälligkeitsscore für jede Alters- und Geschlechtsgruppe 177

KAPITEL 1

Einleitung

Auf seine Frage „What is a child? “ gab G. Bernard Shaw diese für ihn typische Antwort: „A fresh attempt to produce the just man made perfect: that is, to make humanity divine“. Solch eine Ausdrucksweise mag übertrieben klingen, aber die in dem Ausspruch enthaltenen Gefühle sind uns vertraut und stimmen mit der heutigen Auffassung in der westlichen Kultur gut überein; deshalb vergessen wir darüber manchmal, daß sie erst seit kurzem für uns allgemeinverbindlich geworden sind. Bis zur Renaissance nahm das Kind in der Gesellschaft die Rolle des kleinen Erwachsenen ein, der geduldet oder ausgebeutet, freundlich oder grausam behandelt wurde, wie der Zufall es wollte. Das Verhalten des Kindes wurde jedoch immer am Maßstab des Erwachsenen gemessen. In seiner Übersicht über die sich wandelnde Rolle des Kindes im Familienleben seit dem 15. Jahrhundert stellt Philippe Ariès (1965) mit einem Satz eine ganze Ära dar: „In medieval society the idea of childhood did not exist“.

Beginnend mit der Aufklärung entwickelten sich allmählich moderne Vorstellungen über die Kindheit. Zweifelsohne übte die christliche Lehre in diesem Gebiet den ersten entscheidenden Einfluß aus, wie es in einer Zeit nicht anders hätte erwartet werden können, in der die meisten Lehrer dem Klerus angehörten und ein besonderes Interesse an den zukünftigen Trägern ihres Glaubens hatten. Zu den individualistischen, weniger konformistischen Denkern, die dem Erziehungsproblem Beachtung schenkten, gehören in ihrer Auffassung so unterschiedliche Männer wie Comenius, Locke, Rousseau und Herbart. Erst gegen Ende des 19. Jahrhunderts beginnt die wissenschaftliche Erforschung der Kindheit als selbständiger Disziplin. Untersuchungen des kindlichen Verhaltens, wie wir sie heute kennen, finden ihren Ursprung in den Ideen der englischen evolutionären Schule (Keir 1952). In der damaligen Zeit blieben diese Ansätze nicht unwidersprochen, sei es aus moralischen oder sozialen Gründen. Der theologische Hintergrund der antiwissenschaftlichen, moralisierenden Haltung ist augenscheinlich; selbst eine so progressive Persönlichkeit wie Josephine Butler konnte damals schreiben: „It is a law of nature that children should suffer for the sins of their parents, and I do not think we can venture by legislative measures to interfere with that law“. Für die Beibehaltung dieses alten Zustandes wurde in der industriellen Revolution, die von zunehmender Kinderarbeit begleitet wurde, heftig gestritten. Eine Anzahl fest verwurzelter sozialer und politischer Einstellungen mußte erst einmal durch aufgeklärte Gesetzgebung ausgemerzt werden, ehe man dem Ausspruch Trevelyans zustimmen konnte: „As the nineteenth century grew older, humanity pervaded more and more all the dealings of life, particularly the treatment of children" (Trevelyan 1942).

Mit der Verbreitung sozialethischen Gedankengutes wuchs das Bewußtsein für die Notwendigkeit sozialen Handelns. Die Einführung der allgemeinen Schulpflicht in der Hochphase der industriellen Revolution machte die Notwendigkeit deutlich, sowohl normale wie abweichende Verhaltensmuster zu untersuchen. Das britische Schulgesetz von 1870 führte zu einer rapiden Zunahme der Schulkinder, wobei man sich der überraschend großen Zahl scheinbar lernunfähiger Kinder bewußt wurde, die in die Gruppen „mit geistigen Mängeln behaftet" oder „mit sittlichen Mängeln behaftet" (mentally or morally defective) eingeteilt wurden. Diese Kinder bedurften weiterer Betreuung in Sonderschulen und Anstalten. Das Ausmaß und die Eigenart des zutage getretenen Problems erhöhte das Interesse an der wissenschaftlichen Untersuchung kindlichen Verhaltens. Im Jahre 1884 eröffnete Francis Galton sein anthropometrisches Labor, zu dem auch ein Programm für die systematische Untersuchung einzelner Kinder gehörte. Galtons Ideen wurden von Sully weiterentwickelt, der 1893 die British Child Study Association gründete, die hauptsächlich für Psychologen und Pädagogen mit einem Interesse für diese neue Disziplin gedacht war.

Obwohl das Objekt der Forschung im wesentlichen das einzelne Kind war, wurde alsbald deutlich, daß die Fragen der Forschung und die sich daraus ergebenden Handlungsanweisungen für die Administration nur mit Hilfe großangelegter Erhebungen beantwortet werden konnten. Nur so war es möglich, reliable Information über verschiedene Phasen der kindlichen Entwicklung zu erhalten, wobei auch die Zahl der Kinder, die besonderer Förderung bedurften, abgeschätzt werden konnte. Binets Arbeit auf dem Gebiet psychometrischer Tests demonstrierte den Wert dieser Methode für den kognitiven Bereich. Burts frühen Arbeiten für den London County Council lag schon eine klare Definition seiner Methoden zugrunde: „Zunächst wurde anhand einer großen Stichprobe die allgemeine Lernfähigkeit erfaßt. Alle Kinder normaler und Sonderschulen (M. D. schools) wurden hierin einbezogen, und das Urteil des Direktors zugrundegelegt. Zweitens fand eine intensive Untersuchung bestimmter Kinder und bestimmter Schulen, auch Sonderschulen (M. D. schools) statt, wobei Fähigkeits- und Leistungstests verwandt wurden. Diese Untersuchung diente zur Überprüfung der von den Lehrern zugrundegelegten Kriterien sowie der Klärung der Frage, welche Beziehungen zwischen guter Leistung in bestimmten Fächern und der allgemeinen Lernfähigkeit bestehen" (Burt 1917).

Obwohl bei diesen Untersuchungen Leistungsmaße im Mittelpunkt standen, wiesen sie auf die Bedeutung nicht-kognitiver Faktoren hin, die neben ihrer Wirkung auf die Leistung als Phänomene mit eigener Forschungsrelevanz erkannt wurden (Burt 1935). Die Bedeutung der emotionalen Entwicklung war den ersten Kinderpsychiatern durchaus bewußt, ihr Verständnis war jedoch durch das einseitige Interesse am individuellen klinischen Fall beschränkt. Die Grenzen dieser Orientierung wurden von Ackerson (1931, 1942) in seiner Untersuchung von 5000 Kindern am Institute of Juvenile Research in Chicago in den Jahren 1923 bis 1927 erkannt: Aus den Unterlagen des Instituts wurden Alters- und Geschlechtsverteilungen von 154 Persönlichkeits- und Verhaltungsstörungen aufgestellt, und Korrelationen zwischen einzelnen Störungen und anderen Faktoren berechnet. Obwohl Ackerson die Nichtrepräsentativität seiner Stichprobe erkannte, rechtfertigte er das nach seiner Meinung unvermeidbare Vorgehen: „Solange die Eltern nicht eine eher objektive Haltung gegenüber dem eigenen Verhalten und dem ihrer Kinder entwickelt haben, bleibt die einzige Datenquelle zur Untersuchung schwieriger kindlicher Persönlichkeits- und Verhaltungsstörungen die nicht repräsentative Gruppe der in behaviour oder child guidance Kliniken untersuchten Kinder" (Ackerson 1931). Selbst zu jener Zeit mußte man sich jedoch fragen, „ob nicht ein zu großer Anteil der für eine Behandlung ausgesuchten Kinder diejenigen waren, die eine Belästigung für die Eltern oder Lehrer darstellten und weniger die Kinder, die eine mangelhafte soziale oder Persönlichkeitsentwicklung aufwiesen" (Mc Fie 1934). Daraus ist zu folgern, daß „diese offensichtlich wichtige Frage nicht beantwortet werden kann, ohne genau zu erforschen, in welchem Ausmaß die verschiedenen Arten von Verhaltens- und Persönlichkeitsstörungen vorliegen" (Mc Fie 1934).

Trotz dieses Aufrufs mußten noch einige Jahre vergehen, bevor seine Konsequenzen, nämlich die Notwendigkeit epidemiologischer Forschung, von den Kinderpsychiatern voll erkannt wurde (s. S. 159). Schon im Jahre 1924 versuchte allerdings Wickman (1928), der als Psychologe an einer demonstration child guidance clinic in den Vereinigten Staaten arbeitete, das Auftreten von Verhaltensproblemen bei Schulkindern in Minneapolis zu bestimmen. Er stieß dabei jedoch auf eine beträchtliche Schwierigkeit. Zunächst wurden alle Lehrer in einer repräsentativen Schule aufgefordert, solche Verhaltensformen der Kinder aufzuführen, die nach ihrer Meinung ein „Problem" darstellen: Bei einer Analyse der meistgenannten Items zeigte sich, daß diese alle zu Verhaltensformen gehörten, die „im Widerspruch stehen zu den Moralvorstellungen des Lehrers, seiner Autorität, der Ordnung in der Schule oder im Klassenraum, zu den geforderten Leistungsnormen oder die durch Schwierigkeiten mit anderen Kindern Störungen verursachen". Wickman wurde durch dieses Ergebnis angeregt, in einer weiteren Untersuchung die Urteile der Lehrer mit denen von klinisch-psychologischen Fachkräften zu vergleichen. Hierbei stellte sich heraus, daß im Gegensatz zu den Lehrern, die hauptsächlich aktives, störendes und antisoziales Verhalten aufführten, die genannten Fachkräfte Rückzugsverhalten die größere prognostische Bedeutung beimaßen. Offensichtlich war die Auswahl der Verhaltensweisen stark von den Einstellungen der Beobachter bestimmt worden. Diese Ergebnisse wurden von einer Reihe Forscher bestätigt, die in den folgenden zwanzig Jahren ähnliche Untersuchungen durchführten (Bain 1934, Ellis und Miller 1936, Goldfarb 1963, Hunter 1957, Laycock 1934, McClure 1929, Maes 1966, Mitchell 1942, Ritholz 1959, Schrupp und Gjerde 1953, Thompson 1940, Young-Masten 1938, Yourman 1932).

In anspruchsvolleren Untersuchungen wurde versucht, diese durch Einstellungen hervorgerufenen Fehler (bias) auszuschalten. Cummings (1944) erreichte es, daß eine Gruppe von Lehrern das Verhalten einer Zufallsstichprobe junger Kinder protokollierten; Blatz und Bott (1927) erhielten von allen Lehrern einer Schule mit 1400 Kindern Angaben über „schlechtes Betragen" über einen Zeitraum von zwölf Monaten; andere Untersucher ergänzten die Lehrerurteile durch die Eindrücke anderer Kinder, wobei man sich soziometrischer Methoden bediente (Bower 1961, Mangus 1949, Ullman 1952). Einzelne Verhaltensformen sind mit relativer Objektivität im Klassenraum selbst beobachtet worden: Olson (1929) hat in dieser Weise eine Reihe von „nervösen Gewohnheiten" untersucht – wie Daumenlutschen, Nägelkauen, Mit-den-Haaren-Spielen, Nasebohren, Ohrenzupfen, Augenreiben –, indem er das Verhalten der Kinder im Klassenraum über zwanzig 5-Minuteneinheiten beobachtete und Strichlisten führte. Die Fingernägel wurden in den Untersuchungen zum Nägelkauen von Malone und Massler (1952) in den USA inspiziert, ebenso von Birch (1955) in England.

Die Aussagekraft der Daten über das Verhalten in der Schule – mögen die Untersuchungen noch so sorgfältig geplant und durchgeführt sein – unterliegt einer unvermeidbaren Beschränkung: „Man muß sich immer vor Augen halten, daß einige Kinder hinsichtlich ihres Verhaltens zu Hause und in der Schule eine Art dualer Persönlichkeit darstellen . . . Die Diagnose der Fehlangepaßtheit beim Kinde muß die Ansichten sowohl der Lehrer wie auch der Eltern berücksichtigen (Schonell 1952). Obwohl in einigen Untersuchungen dargelegt werden konnte, wie unterschiedlich sich dasselbe Kind zuhause und in der Schule verhalten kann (Eron et al. 1958, Pilzer 1952, Terman 1925) liegen erstaunlich wenige Veröffentlichungen vor, in denen die Möglichkeiten untersucht wurden, Berichte der Eltern über das Verhalten des als normal betrachteten Kindes zu verwenden. Beispielsweise wird in der in Birmingham für das Underwood Committee (1955) durchgeführten pilot-study berichtet, daß Psychologen eine 60–65%ige Übereinstimmung in ihrer Beurteilung der von Lehrern und Eltern ausgefüllten Fragebögen erzielten. Von 16 Kindern der Studie, die später auf Wunsch der Eltern von einem Psychiater untersucht wurden, waren elf Kinder aufgrund der Lehrerangaben als störungsfrei beurteilt worden. Trotzdem wurden in den beiden anderen pilot-studies dieser Untersuchung Verhaltensberichte der Lehrer als Erstinformation über die Kinder verwandt. Die Eltern wurden nun dann einbezogen, wenn das Lehrerurteil auf Fehlanpassung des Kindes hindeutete.

Die Schwierigkeit, eine repräsentative Stichprobe zusammenzustellen, wenn Auskünfte von den Eltern eingeholt und diese zur Mitarbeit gewonnen werden sollen, hat in einigen Untersuchungen dazu geführt, daß nur Mütter aus höheren sozioökonomischen Schichten einbezogen wurden, die höhere Leistungsstandards besaßen (Goodenough 1931, Long 1941, Del Solar 1949). Griffiths (1952) versuchte, kindliches Verhalten zu erfassen, indem Fragebögen an die Eltern von sechzehn Schulen verteilt wurden. Die Daten dieser Erhebung wurden jedoch dadurch verzerrt, daß die Schulleiter eigenmächtig bestimmten, wieviel Fragebögen in ihren Schulen und wahrscheinlich auch an die Eltern ausgegeben werden sollten. Mehr Erfolg hatten Mensh et al. (1959) und besonders Lapouse und Monk (1958). Ausdrückliches Ziel der letztgenannten Untersuchung war es, „die bisherigen Schranken der Stichprobenauswahl zu durchbrechen und mehr über Verhalten, Persönlichkeitsstruktur und Anpassung solcher Kinder zu erfahren, die selten zu einer psychiatrischen Untersuchung herangezogen werden und somit in die Statistik der Symptome nicht eingehen“. Die Untersucher wählten deshalb systematisch 1600 Adressen aus dem Telephonbuch aus, suchten diese auf und hielten schließlich eine Serie von detaillierten Interviews mit einigen hundert Müttern oder deren Stellvertretern, deren Kinder im Alter von sechs bis zwölf Jahren waren.

Wenn in die Querschnittsuntersuchungen Beobachtungen des häuslichen Verhaltens aufgenommen werden, so ist vorauszusehen, daß der bisher beobachtete erhebliche Anteil abweichenden Verhaltens noch ansteigen würde. Da jedoch nicht ausgeschlossen werden kann, daß solche Verhaltensweisen nur eine vorübergehende Reaktion auf die Umwelt oder nur eine Phase in der normalen Entwicklung darstellen und nicht Zeichen einer psychischen Störung sind, ist es unabdingbar, daß die Dauer des Auftretens bei der Beurteilung des Verhaltens berücksichtigt wird. So betonten auch Buckle und Lebovici (1960): „Alle Kinder zeigen irgendwann einmal Formen gestörten Verhaltens; ein Eingreifen ausgebildeter Fachleute ist aber nur dann gerechtfertigt, wenn die Störung von längerer Dauer ist“. Zur Beurteilung der Bedeutung jeglichen Verhaltens von Kindern ist es notwendig, in Längsschnittuntersuchungen den natürlichen Entwicklungsablauf des Verhaltens zu erfassen wie auch in Querschnittsstudien seine Ausprägung zu den jeweiligen Zeitpunkten zu bestimmen (Bell 1959–60, Moore 1965).

Im allgemeinen können Längsschnittuntersuchungen eingeteilt werden in solche, die im wesentlichen die Entwicklung normaler Kinder erfassen, und solche, die Verhaltensverläufe von Kindern mit psychiatrischen Störungen untersuchen, wobei entweder der Störungsverlauf oder die Evaluation der Behandlung im Mittelpunkt steht. Obwohl vielerorts die Notwendigkeit, die emotionale Entwicklung des Kindes zu untersuchen, erkannt worden ist, ist dieses Gebiet aus Gründen relativ vernachlässigt worden, die Chazan (1968) so darstellt: „... das Fehlen von Meßinstrumenten, das vergebliche Bemühen, einen verbindlichen theoretischen Rahmen zu schaffen, innerhalb dessen die Forschung durchgeführt werden kann, sowie die Komplexität der Untersuchung der emotionalen Entwicklung, die nur schwer im Laborexperiment angegangen werden kann". Aus Moores Darstellung (Moore et al. 1954) der Rolle der Längsschnittuntersuchungen in der entwicklungspsychologischen Forschung wird deutlich, daß die Erforschung des Verhaltens und der Persönlichkeit größeren Schwierigkeiten gegenübersteht als die der körperlichen und kognitiven Entwicklung.

Die bekanntesten Studien zur frühkindlichen Entwicklung wurden von Gesell (1940, 1946, 1956) durchgeführt, doch sinkt der Wert seiner detaillierten Beschreibungen normalen Verhaltens durch die geringe Größe der Stichprobe, der einseitigen Probandenauswahl und durch den Allgemeinheitsgrad der Auskünfte der Mütter. Ein Großteil der frühen Arbeiten auf diesem Gebiet wurde in den USA durchgeführt. Besondere Erwähnung verdient hierbei die Untersuchung von Macfarlane, Allen und Honzik (1954), die standardisierte Beobachtungsbögen und Verhaltensdefinitionen anwandten, denen die Parameter Häufigkeit und Intensität zugrundelagen, um klare und systematische Daten über die Verteilung der verschiedenen Verhaltensformen in den jeweiligen Altersgruppen zu gewinnen. In neuerer Zeit sind in einer Längsschnittstudie einer sozial homogenen Gruppe jüdischer Mittelklasse-Kinder aus New York Angaben über die Interaktion zwischen Temperament und Umwelt bei der Entstehung von Verhaltensstörungen gemacht worden (Chess et al. 1963, Rutter et al. 1964, Chess et al. 1967). Weiterhin haben einige Forscher am Fels Institute eine Beziehung zwischen dem Verhalten der Kinder und dem der Eltern herzustellen versucht (Baldwin et al. 1945, Baldwin 1947). In Großbritannien sind drei größere Längsschnittuntersuchungen an repräsentativen Stichproben durchgeführt worden. Zwei dieser Studien – Douglas' National Survey (Douglas 1964) und die „Thousand Family" Survey in Newcastle upon Tyne (Spence et al. 1954, Miller et al. 1960) – beschäftigten sich in erster Linie mit dem körperlichen Zustand der in den vierziger Jahren geborenen Kinder, obwohl auch einzelne Studien über das psychische Befinden in Zusammenhang mit den genannten Erhebungen durchgeführt wurden (Douglas und Mulligan 1961, Brandon 1960). Die ersten Ergebnisse der dritten Studie, die vom National Bureau for Co-operation in Child Care (Pringle et al. 1966) gefördert wurde, und an der 11000 Kinder beteiligt waren, die in der gleichen Woche im März 1958 geboren sind, werden erst jetzt veröffentlicht. Eine weitere kleine englische Studie an etwa 200 Kindern aus London, befaßte sich mit einer Reihe von emotionalen und Persönlichkeitsmerkmalen; bisher sind jedoch nur wenige Ergebnisse veröffentlicht worden (Moore et al. 1954, Moore 1959, Hindley 1965).

Im Gegensatz zum relativen Mangel an entwicklungspsychologischen Längsschnittuntersuchungen liegen zahlreiche Nachuntersuchungen von Kindern vor, die wegen sogenannter Verhaltensstörungen an therapeutische Institutionen verwiesen wurden (Robins 1970). Hiervon beschränken sich einige darauf, den Zustand der ehemaligen Patienten kurz nach deren Entlassung (Rexford und Schleifer 1956) oder beim Eintritt in das Erwachsenenalter zu beschreiben (Robinson 1951, Morris et al. 1954, O'Neal und Robins 1958a, 1958b). Andere Forscher analysierten die Daten der Nachuntersuchung und setzten sie zu einer Zahl von Faktoren in Beziehung: zum Alter (Wile et al. 1934), Familiencharakteristika (Barbour 1951, Cunningham et al. 1956, Wolff 1961), dem sozioökonomischen Status (Hubbard und Adams 1936), der Art der Behandlung (Witmer 1935) und klinischen Merkmalen (Cytryn et al. 1960, Rodrigues et al. 1959, Tyerman 1968). In diesen Studien wurden jedoch selten die Daten der behandelten Gruppe mit einer unbehandelten Gruppe verglichen. In der Regel wurden positive Verbesserungen der durchgeführten Behandlung zugeschrieben. Es liegen jedoch Arbeiten vor, die eine vorsichtigere Interpretation nahelegen. So folgerte Levitt (1957) nach der Durchsicht veröffentlichter und unveröffentlichter Arbeiten über behandelte Kinder, daß ungefähr zwei Drittel geheilt wurden. Er verglich auch den Behandlungserfolg einer in einer child guidance clinic behandelten Gruppe mit einer Gruppe von Kindern, die in einem diagnostischen Interview zur Behandlung vorgemerkt wurden, zu dieser aber nicht erschienen. Die zwei Gruppen waren ähnlich in bezug auf klinische Faktoren, soziale Schicht, elterliche Erziehungspraktiken sowie körperliche Verfassung. In einer Nachuntersuchung nach 5–6 Jahren zeigten sich zwischen den beiden Gruppen keine offensichtlichen Unterschiede. Ähnliche Resultate berichten Powers und Witmer (1951). Sie konnten durch „Beratung" keine Verbesserung bei 325 „Problem"-Kindern erzielen.

Obwohl diese Untersuchungen den Eindruck erwecken, daß bei vielen Phänomenen, die auf eine Störung schließen lassen, die Tendenz zur natürlichen Remission besteht, darf jedoch die Tatsache nicht außerachtgelassen werden, daß Kinder in Beratungsstellen nicht repräsentativ für die gesamte Population der „Problem"-Kinder sind. Einer der wenigen umfassenden Versuche, das Andauern solcher Verhaltensweisen bei „normalen" Kindern zu untersuchen, wurde von Macfarlane und ihren Mitarbeitern (1954) durchgeführt; in der Nachuntersuchungsphase schrumpfte ihre Stichprobe jedoch beträchtlich. Anhand noch kleinerer Gruppen junger Kinder fanden Foster und Anderson (1930) sowie Cummings (1946), die jeweils Eltern- oder Lehrerangaben auswerteten, eine deutliche Remissionstendenz bei Verhaltens- und emotionalen Problemen mit zunehmendem Alter. Aufgrund von Lehrerbeobachtungen berichten andere Forscher (Hildreth 1928, New York State Mental Health Research Unit 1964), daß nur ein Drittel der Kinder, die einmal „Problemverhalten" zeigten, dies auch zu einem späteren Zeitpunkt aufwiesen. Da die zweimalige Verhaltensbeurteilung von zwei verschiedenen Beobachtern vorgenommen wurde, kann allerdings nicht entschieden werden, ob die beobachtete Veränderung auf eine wirkliche Verbesserung oder auf unterschiedliche Bewertungskriterien zurückzuführen ist.

Aus dieser kurzen Übersicht über ein komplexes und weitverzweigtes Gebiet wird deutlich, daß angesichts der Schwierigkeiten in der Methode, aber auch in den Möglichkeiten, solche Forschung zu betreiben, der Bedarf nach Information in verschiedenen Bereichen gestiegen ist. Einige der wichtigeren Bereiche lassen sich folgendermaßen umreißen:

1. Die Art und Ausprägung vieler Verhaltensformen, die auf emotionale Störungen hinzuweisen scheinen;
2. Die Dauer solcher Verhaltensweisen;
3. Die Faktoren, die „Problem"-Kinder in child guidance clinics von solchen trennen, die dorthin nicht überwiesen werden;
4. Der Anteil, zu dem die Besserung des Verhaltens eher auf die Behandlung als auf die Entwicklung bzw. auf Umweltveränderungen zurückzuführen ist.

Das Thema der in diesem Buch beschriebenen Gruppe von Untersuchungen ist es, alle vier dieser Fragen zu untersuchen, um damit zur Erforschung einer störungsfreien Entwicklung der kindlichen Persönlichkeit beizutragen.

KAPITEL 2

Die Planung der Untersuchung

Zunächst wollten wir herausfinden, wie Verhaltensprobleme in einer Population von Kindern verteilt sind, von denen angenommen wird, daß sie „normal“ seien. Hierbei tauchten praktische Fragen auf: Wo war eine geeignete Population zu finden? Wie sollte die Stichprobe zusammengesetzt werden? Auf welche Weise sollte die notwendige Information gewonnen werden?

Die Wahl der Untersuchungsregion

Zwei wichtige Überlegungen haben die Wahl der Region bestimmt. Erstens sollte sie sich in der Nähe des Arbeitsplatzes der Autoren befinden; zweitens mußte gewährleistet sein, daß die Stichprobe einen verläßlichen Querschnitt von Kindern aus verschiedenen sozialen Schichten enthält. Beides traf für die Grafschaft Buckinghamshire zu. In dieser Grafschaft gibt es ländliche Gebiete, kleinere Marktflecken und Gegenden, in denen verarbeitende Industrie angesiedelt ist; die Bevölkerung besteht aus alteingesessenen Familien, aus Familien, die erst seit kurzem aus dem Londoner Raum in die Grafschaft gezogen sind und „Pendlern“. Alle sozialen Schichten sind vertreten. Die Grafschaft konnte zu einem gewissen Grad als repräsentativ für ein größeres Gebiet, den gesamten Süden Englands, gelten; für größere Stadträume wie etwa London oder die Industriegebiete des Nordens schien dies weniger zuzutreffen. Ein weiterer wichtiger Vorteil lag in dem Interesse und der Bereitschaft zur Mitarbeit seitens der örtlichen Gesundheitsämter und Schulverwaltungen.

Die Wahl der Information

Von Anfang an wollten wir versuchen, ein möglichst umfassendes Bild über das kindliche Verhalten zu gewinnen. Dabei kamen drei mögliche Informanten in Betracht: die Eltern, die Lehrer und die Kinder selbst. Theoretisch spricht viel dafür, sich an das Kind zu wenden, das wohl am besten weiß, wie es fühlt und sich die meiste Zeit verhält. Dieses Vorgehen barg aber einige praktische Nachteile. Ein umfassender Fragebogen hätte nicht verwandt werden können, weil die jüngeren und weniger begabten älteren Kinder diesen wohl kaum hätten lesen und richtig ausfüllen können. Diese Schwierigkeit hätte umgangen werden können, wenn jedes Kind einzeln interviewt worden wäre. Das hätte jedoch einen viel größeren Aufwand an Zeit, Geld und geschultem Personal erfordert – es sei denn, wir hätten uns auf eine viel kleinere Stichprobe beschränkt. Hinzu kommt noch, daß die Einstellung gegenüber dem Interviewer bei Kindern ein besonderes Problem darstellt. Außerdem hätte die Gefahr bestanden, daß Kinder aus einer Schule die Fragen untereinander diskutiert hätten. In diesem Zusammenhang ist auch der Hinweis von Lapouse und Monk (1959) von Bedeutung, daß Kinder beim Berichten ihrer Gefühle und Verhaltensweisen zur Überzeichnung neigen. Diese Autoren geben an, daß Kinder z. B. über Angstträume berichten können, obwohl in ihrem Verhalten zu dieser Zeit kein Hinweis darauf zu beobachten war, und daß sie in ihrem Bestreben, möglichst wahrheitsgetreu zu berichten, ihre Reaktionen auf verschiedene Situationen überstark beschreiben. Kleinen Kindern fehlt obendrein der Bezugsrahmen für Fragen nach der Häufigkeit wie für „oft“ oder „gelegentlich“.

Aus diesen Gründen entschieden wir uns, Informationen von Erwachsenen einzuholen, die am engsten mit dem Kind in Beziehung stehen – seinen Eltern, besonders seiner Mutter, und seinen Lehrern. Beide Quellen schienen uns wichtig zu sein, da sich das Verhalten zu Hause und in der Schule nicht notwendigerweise entsprechen muß (von Harnack 1953, 1958). Der Schwerpunkt wurde aber auf die Darstellung der Mutter[1] gelegt, da sie die beste Gelegenheit hat, ihr Kind in vielen Bereichen gründlich und umfassend kennenzulernen, so wenn es schläft oder wach ist, wenn es ißt, wenn es krank oder gesund ist.

Dagegen kann eingewandt werden, daß der Bericht der Mutter nur eine individuelle Betrachtungsweise des kindlichen Verhaltens darstellt: Wie sie das Verhalten erfaßt, wird von ihren Erwartungen ebenso abhängen wie vom Verhalten des Kindes. Ihre Beurteilung des Appetits ihres Kindes wird z. B. davon abhängen, was sie für die normale Nahrungsmenge eines Kindes des betreffenden Alters und Geschlechts hält. Die Bezugsrahmen können sehr unterschiedlich sein; glaubt jedoch eine Mutter, daß das Verhalten ihres Kindes in irgendeiner Form auffällig ist, wird diese Einstellung einen Einfluß darauf ausüben, wie sie ihr Kind wahrnimmt und wie sie sich ihm gegenüber verhält. Im Rahmen dieser Untersuchung kommt man nicht umhin, Mutter und Kind als eine duale Einheit aufzufassen, deren „Problem“ entweder darin bestehen kann, daß das Kind sich abweichend verhält oder aber daß die Mutter das Verhalten als solches wahrnimmt. In Untersuchungen wie der

---

1 „Mutter“ ist in diesem Fall praktisch synonym mit „Elternteil“, da die Auswertung der Untersuchung zeigte, daß die meisten Fragebögen von Müttern oder deren Vertretern allein beantwortet wurden; in 10% der Fälle beantworteten Vater und Mutter den Bogen gemeinsam und nur ganz selten der Vater allein.

unsrigen erhält man, wie Pringle et al. (1966) dargelegt haben, „im wesentlichen ein Maß für die Beziehung zwischen zwei Personen".

Der Elternfragebogen

Nach Durchsicht der verfügbaren Fragebögen kamen wir zu der Auffassung, daß der von Cattell und Coan (1957) entwickelte eine brauchbare Grundlage für unsere Untersuchung sein könnte. In seiner Originalform besteht dieser Fragebogen aus 53 Blocks mit je drei Aussagen, die einen weiten Bereich von Verhaltens- und Persönlichkeitsmerkmalen erfassen; in jedem Block kennzeichnet die Mutter die Aussage, die am besten auf ihr Kind zutrifft, z. B. „weint selten – weint etwa so oft wie die anderen Kinder seines Alters – weint öfter als die meisten Kinder". Mit der Originalform führten wir pilot-interviews mit 20 Müttern durch; der Kontakt zu ihnen kam zustande, als wir Schulen in verschiedenen Teilen Buckinghamshires besuchten. Der Direktor einer Schule wurde jeweils aufgefordert, Namen von Müttern zu nennen, die repräsentativ für die Mütter der Schüler sein würden. Beim Interview wurde die Mutter gebeten, den Fragebogen auszufüllen, dabei laut zu denken, Kommentare zum Fragebogen abzugeben sowie alle sich ergebenden Unklarheiten zu äußern. Der Interviewer (S. M.) betonte ausdrücklich, daß wir versuchten, Fragen zu finden, die für jeden klar verständlich seien, und daß wir deshalb wissen müßten, ob eine Frage verwirrend oder schwierig zu verstehen sei.

Die Bemerkungen der Mütter während der Interviews machten deutlich, daß einige Items des Fragebogens im amerikanischen Original für eine Stichprobe aus Buckinghamshire unklar waren. Diese Punkte wurden in einem modifizierten Entwurf berücksichtigt, mit dem eine zweite Gruppe Mütter interviewt wurde. Wiederum fanden wir einige mehrdeutige Fragen, so daß erneut Items umgestellt und in ihrem Wortlaut verändert werden mußten.

Zusätzlich tauchten in dieser Phase noch zwei grundlegende Schwierigkeiten auf. Einmal wurde deutlich, daß die Fragen zwei verschiedene Aspekte des Verhaltens erfassen. Bei einigen Items wurde nach der Intensität gefragt, so z. B. „geht nicht gern zur Schule – hat die Schule ungefähr genauso gern wie die meisten Kinder – geht sehr gern zur Schule"; andere Items fragen nach der Häufigkeit des Verhaltens, so z. B. „kein Bettnässen – gelegentliches Bettnässen – häufiges Bettnässen". In beiden Fällen muß die Mutter nach ihrem eigenen Bezugssystem entscheiden, ob sie z. B. antworten soll, daß ihr Kind die Schule mehr als die „meisten Kinder" ablehnt oder daß die Kopfschmerzen ihres Kindes „gelegentlich" oder „häufig" auftreten. Es war uns klar, daß die wirklichen Verhältnisse nur durch eine strengere Definition unserer Kategorien, besonders im Hinblick auf den Aspekt der Häufigkeit, erfaßt werden konnten.

Deshalb führten wir eine pilot-study in London durch. Mütter wurden interviewt und aufgefordert, näher zu erklären, was sie unter allgemeinen Aussagen wie „gelegentlich", „häufig" verstehen, mit denen sie das Verhalten ihres Kindes beschrieben. Es wurde alsbald deutlich, daß einige Begriffe der Klärung bedurften: „Gelegentliche Bauchschmerzen" beispielsweise streute in der Häufigkeit von fast täglich bis einmal im Jahr. Um diesem Dilemma zu entgehen, entschieden wir uns, bei Fragen nach der Häufigkeit, die Antwortmöglichkeiten auf einer Acht-Punkte-Skala folgendermaßen anzugeben:
a) täglich oder fast täglich; b) zwei- oder dreimal wöchentlich; c) ungefähr einmal wöchentlich; d) ungefähr einmal alle zwei Wochen; e) ungefähr einmal monatlich; f) ungefähr einmal alle zwei oder drei Monate; g) zwei- oder dreimal im Jahr; h) niemals oder weniger als einmal im Jahr.

Es mußte auch gefragt werden, ob alle im Fragebogen enthaltenen Fragen für unsere Fragestellung relevant waren und ob die Auswahl der angesprochenen Bereiche ausreichte. Einige der Originalitems fragen lediglich nach Persönlichkeit oder Charakter, z. B. „spricht ziemals leise – spricht so laut wie die meisten Kinder – spricht ziemlich laut". Solche Aussagen haben nur geringe klinische Bedeutung und sind schwierig auszuwerten. Andererseits waren einige verbreitete Verhaltensformen ausgelassen worden, die häufig als psychiatrische „Probleme" (Kanner 1962) angesehen werden, z. B. Tics, Rückzugsverhalten, Umherstreifen, Schwänzen und Stimmungsschwankungen. Deshalb wurden neue Items für einige dieser Phänomene entwickelt. Nicht aufgenommen wurden Fragen nach eindeutig delinquenten Verhaltensformen wie Brandstiftung oder Körperverletzung, offenem zwangshaftem oder bizarrem oder unwöhnlichem sexuellen Verhalten, da diese Items einige Eltern hätten stören und somit die Zahl der Antworten reduzieren können, ohne weitere Informationen zu liefern. Fälle von Deliquenz oder schwere psychiatrische Störungen würden ohnehin in dieser Stichprobe von Kindern aus normalen Schulen selten zu finden sein. Sollten sie dennoch vorliegen, würden hierfür genügend Hinweise durch die Antworten der Mutter auf die anderen Items gefunden werden können.

Zusätzlich zum Hauptteil des Fragebogens, in dem Aspekte des Verhaltens erfaßt werden sollten, enthielt die Elternform auch Fragen nach zwei Bereichen (s. Anhang 3), die für den psychischen Zustand des Kindes von offensichtlicher Bedeutung sind. Ein Block enthielt Fragen zur körperlichen Verfassung sowie zu früheren Erkrankungen bzw. Krankenhausaufenthalten. Im zweiten Block wurden Fragen nach der sozialen und persönlichen Geschichte gestellt, d. h. nach der Stellung in der Geschwisterreihe, der Trennung von den Eltern, Familienzerrüttung, dem sozioökonomischen Status und der Dauer des Aufenthalts am gegenwärtigen Wohnort.

Da die erbetene Information persönlicher Art war, erschienen kein Name und keine Adresse auf den Fragebögen, die mit laufenden Nummern gekennzeichnet waren. Dadurch war garantiert, daß die Information vertraulich behandelt wurde.

Der Fragebogen als diskriminierendes Instrument

Nachdem die vorläufige Form des Fragebogens fertiggestellt war, mußte in der nächsten Phase untersucht werden, inwieweit der Bogen zwischen Kindern mit und ohne bekannte Verhaltensstörungen diskriminiert. Zu diesem Zweck wurde eine weitere pilot-study durchgeführt.

Die Namen von 48 Kindern im schulpflichtigen Alter wurden nacheinander aus den Wartelisten dreier child guidance clinics in Landbezirken genommen. Diese Kinder waren zu einer psychiatrischen Beratung überwiesen worden. Daher konnte mit gutem Grund angenommen werden, daß sie irgendeine Form gestörten Verhaltens aufwiesen. Jedes Kind wurde einem anderen Kind gleichen Geschlechts und gleichen Alters gegenübergestellt, das aufgrund seines gutangepaßten Verhaltens vom Lehrer ausgewählt worden war. Den Müttern aller Kinder dieser beiden Gruppen wurde in einem Briefumschlag ein Fragebogen per Post zugeschickt. Ein frankierter Umschlag für die Rückantwort wurde beigelegt. Ungefähr nach Ablauf einer Woche wurde eine Erinnerung an die Mütter geschickt, von denen keine Rückantwort eingetroffen war. In zwei Gegenden wurden die Mütter aufgesucht, die dann immer noch keine Antwort geschickt hatten. Es sollte durch diesen Besuch festgestellt werden, ob das bisherige Ausbleiben einer Antwort auf Abneigung der betreffenden Mütter gegenüber bestimmten Items zurückzuführen war; das schien nicht der Fall zu sein. Insgesamt wurden 92 von 96 Fragebögen zurückgeschickt. Für jeden Fall wurde ein grober Wert errechnet, in dem ein Punkt für jedes Item gezählt wurde, bei dem das berichtete Verhalten in der stärksten Ausprägung oder mit einer beliebig größeren Häufigkeit als einmal im Monat aufgetreten war[1]. Die Ergebnisse sind in Tabelle 1 dargestellt.

Aus diesen Zahlen wird deutlich, daß anhand des Fragebogens zwischen den beiden Gruppen diskriminiert werden konnte. Diese Information kann jedoch keine Validierung des Bogens als diagnostisches Instrument darstellen; dieses Ergebnis läßt aber die Annahme zu, daß der Fragebogen geeignet ist, Daten über Fragen nach solchem Verhalten zu liefern, wie es unter Kindern aus child guidance clinics verbreitet ist. Die Trennschärfe der einzelnen Items war unterschiedlich hoch. Verhalten, das soziale Beziehungen störend beeinflußte, schien die Gruppen deutlich zu trennen: hierzu gehörten Reizbarkeit,

---

1 Eine feinere Methode wurde für die Datenauswertung der Hauptuntersuchung verwandt. Sie beruhte auf der statistischen Wahrscheinlichkeit, mit der das Verhalten in den jeweiligen Altersstufen bei den beiden Geschlechtern auftritt (s. S. 74–77).

Tabelle 1. Kumulativer Prozentsatz der Kinder bei absteigender Häufigkeit von unterstrichenen extremen Items auf den Fragebögen.

Zahl der unterstrichenen extremen Items	Elternfragebogen		Lehrerfragebogen	
	Klinikkinder kum. %	Nicht-Klinikkinder kum. %	Klinikkinder kum. %	Nicht-Klinikkinder kum. %
Mehr als 12	8·3	Null	Null	Null
" " 10	16·7	Null	Null	Null
" " 8	19·4	Null	Null	Null
" " 6	44·4	Null	8·3	Null
" " 4	52·8	2·8	30·6	Null
" " 2	83·3	22·2	50·0	Null
Wenigstens 1	97·2	66·7	97·2	19·4

Wutanfälle, Unruhe, Ungehorsam, Stimmungsschwankungen, Lügen, Mäkelei am Essen, Leseschwierigkeiten und Ängstlichkeit. Die meisten anderen Items deckten auch Unterschiede zwischen den Gruppen auf, obwohl diese weniger eindrucksvoll waren.

Der Lehrerfragebogen

Bei der Konstruktion des Fragebogens für die Lehrer mußten wir zwei unterschiedliche Aspekte in Einklang bringen: Zunächst bestand das Bedürfnis nach möglichst viel Information über das Kind in seiner schulischen Umwelt. Andererseits mußte berücksichtigt werden, daß die Zeit des Lehrers für den einzelnen beschränkt ist und daher die Zahl der von ihm zu erwartenden Informationen begrenzt sein würde. Wir stellten einen Fragebogen auf und fragten die Direktoren von 20 Schulen aller Schultypen, ob man erwarten könnte, daß die Lehrer in der Lage seien, unsere Fragen zu beantworten. Wir erhielten daraufhin eine Vielzahl wertvoller Vorschläge, die wir in eine überarbeitete Form einbrachten. Diese Form wurde in einer pilot-study an 48 Vergleichspaaren verwandt.

Die Fragen an die Lehrer sollten zwei große Bereiche des kindlichen Verhaltens erfassen: Schulleistung und Gesundheits- sowie Verhaltensprobleme.

Schulleistung

Die Schulen in Buckinghamshire unterschieden sich beträchtlich nach Schultyp, Größe, Aufbau, Lehrplan und nach ihren Schülern. Es gab kleine zweiklassige primary schools auf dem Lande, in denen, eingeteilt in infants und juniors, alle Altersgruppen vom 5. bis zum 11. Lebensjahr unterrichtet wurden; es gab große städtische Schulen, in denen ein Schuljahrgang in vier oder mehrere streams aufgeteilt werden konnte, jeder stream 35 bis 40 Kinder stark. Nach dem 11. Lebensjahr setzte zum Zeitpunkt der Untersuchung eine Differenzierung in verschiedene Schultypen ein; die Kinder besuchten grammar oder technical oder secondary modern schools je nach ihren Leistungen in den eleven-plus Tests und den Bildungswünschen ihrer Eltern. Zur Beurteilung der Schulleistung hätten wir die eleven-plus Testergebnisse aller älteren Kinder in Rechnen und Englisch vergleichen können. Wir waren jedoch der Ansicht, daß diese Form der Beurteilung nur geringen Wert für unsere Zwecke besäße, denn abgesehen von einer nur groben Kategorisierung, die uns schon vom Auswahlverfahren und der Leistungsgruppierung innerhalb der Schulen her bekannt war, haben die Ergebnisse eines 10- bis 11jährigen Kindes in zwei standardisierten Schultests wenig Aussagekraft für die tatsächliche Leistung innerhalb einer bestimmten Schulumwelt in späteren Jahren. Wir hätten Gruppenverfahren zur Intelligenzprüfung und zur Ermittlung der Leistung in bestimmten Fächern einsetzen können. Solch ein Vorgehen wäre aber unserer Meinung nach im Rahmen der Fragestellung unökonomisch gewesen. Entscheidend war für uns zu wissen, welche Position das Kind in seiner Altersgruppe seiner Schule und insbesondere in seiner Klasse einnimmt. Das Verfahren, für welches wir uns entschieden, war sehr einfach und gut durchführbar: Die Lehrer sollten angeben, ob das Kind aufgrund seiner Leistung unter die besten 25 Prozent, die schlechtesten 25 oder die mittleren 50 Prozent einzustufen wäre; dabei wurde die Gesamt- und die Leseleistung relativ zur eigenen Altersgruppe im gleichen Schultyp zugrundegelegt. Wir erhielten auch Angaben über das in der Schule gebräuchliche streaming-System sowie über die relative Position der Klasse des betreffenden Kindes in diesem System. Mit diesen Daten konnte jedes Kind nach seiner Schulleistung innerhalb seiner Schule eingeordnet werden.

Gesundheit und Verhalten

Die Fragen an die Lehrer beschränkten sich auf solche Verhaltensweisen, die diese unter normalen Umständen in der Schulumgebung beobachten können. Wir fragten sie beispielsweise nicht nach Bettnässen oder Eßstörungen. Die meisten Items des Lehrerfragebogens erfaßten annähernd die Verhaltensformen, die im Elternfragebogen angesprochen wurden; den Lehrern wurde jedoch die Mehrfachwahl bei Fragen nach der Intensität und der Häufigkeit nicht angeboten. Sie sollten lediglich mitteilen, ob eine bestimmte Aussage auf das Kind zutrifft oder nicht. Angaben über körperliche Schäden konnten zu einer Frage mit freier Antwortmöglichkeit gemacht werden. Auf dem Bogen wurde freier Raum gelassen, wo weitere, detailliertere und persönlichere Information mitgeteilt werden konnte; von dieser Möglichkeit haben meist Lehrer aus infant oder junior schools Gebrauch gemacht.

Die Kontaktnahme zu den Eltern

Unser nächstes Problem war die Methode der Kontaktnahme zu den Eltern, mit der die größte Rücklaufquote der versandten Fragebögen erreicht werden konnte. Drei Methoden wurden erprobt:

1. Eine Zufallsstichprobe von 100 Kindern wurde aus der schulärztlichen Kartei eines Gebiets in Buckinghamshire zusammengestellt. In jedem Fall wurde ein Fragebogen per Post direkt an die Mutter verschickt, die gebeten wurde, den ausgefüllten Fragebogen in dem von uns frankierten Umschlag zurückzusenden.

2. Eine weitere Zufallsstichprobe von 100 Kindern wurde aus derselben schulärztlichen Kartei zusammengestellt; diesmal erhielten die Mütter aber die Fragebögen durch die Schule ihres Kindes. Der Direktor der Schule sollte jedem Kind einen an die Mutter adressierten, verschlossenen Umschlag geben, der den Fragebogen, ein Begleitschreiben und einen an das Forschungsteam adressierten Umschlag enthielt. Die Eltern gaben den verschlossenen Briefumschlag mit dem ausgefüllten Bogen dem Kind, welches ihn seinem Lehrer aushändigte. Die Fragebögen wurden dann ungeöffnet an das Forschungsteam zurückgegeben. In dem Begleitschreiben an die Eltern war hervorgehoben worden, daß die Lehrer die Briefumschläge nicht öffnen und den ausgefüllten Bogen nicht lesen würden. Dies wurde auch in einem Brief an die Direktoren der teilnehmenden Schulen betont.

3. Je eine ganze Schulklasse wurde aus vier Schulen ausgewählt, die zufällig aus einer stratifizierten Liste aller Gemeindeschulen in der Grafschaft bestimmt worden waren. Jedes Kind in der Stichprobe erhielt einen Fragebogen, den es mit nach Hause nehmen sollte. Das weitere Vorgehen war mit dem der zweiten Methode identisch. Zu den vier ausgewählten Schulen gehörten: a) eine koedukative grammer school in einem vor noch nicht langer Zeit entstandenen urbanen Gebiet mit einem gewissen Anteil an L.C.C. -Umsiedlern (London County Council); b) eine primary school in einem Dorf mit einer Klasse für 5- bis 7jährige und einer zweiten für 7- bis 11jährige; c) eine koedukative primary school in einer Kleinstadt; und d) eine koedukative secondary modern school in einer überwiegend ländlichen Gegend. Die Klasse, die an unserer Untersuchung teilnehmen sollte, wurde nach einem Gespräch mit dem Direktor ausgewählt. In zwei Schulen wurde ein Mitarbeiter des Forschungsteams gebeten, den Kindern den Zweck der Untersuchung und den Grund für die Wahl ihrer Klasse zu erklären. In den anderen beiden Schulen erledigte das der Direktor.

Tabelle 2 zeigt die Antwortrate bei den drei Methoden. Aus der Tafel ist klar ersichtlich, daß die Übersendung der Elternfragebögen durch die Schule viel erfolgreicher war als das direkte Anschreiben auf dem Postweg. Bei den beiden Methoden, in denen die Verteilung über die Schule erfolgte, war

Tabelle 2. Antwortraten bei drei Methoden der Kontaktnahme zu den Eltern.

	Zahl der Fragebögen	Zahl der Fragebögen, die die Eltern nicht erreichten (z. B. weil verzogen)	Zahl der ausgefüllten Fragebögen	Zahl der von den Eltern erhaltenen, aber nicht ausgefüllten Fragebögen
Den Eltern direkt per Post zugestellt	100	11	55	34
Den Eltern der ausgewählten Kinder über die Schule zugestellt	100	6*	85†	9
Den Eltern über die Schule zugestellt (ganze Klasse)	137	Null	131 (96%)	6

* Zwei Fälle eingeschlossen, bei denen der Fragebogen wegen Krankheit der Eltern von der Schule nicht zugestellt wurde.

† Drei Kinder eingeschlossen, die die Schule gewechselt hatten, deren Fragebögen aber von der alten Schule nachgeschickt wurden.

diejenige etwas erfolgreicher, in der mit einer ganzen Klasse gearbeitet wurde, gegenüber der mit einer zufällig ausgewählten Stichprobe. Das lag z. T. daran, daß mit der ersten Methode mehr Eltern erreicht wurden. Wurde eine ganze Klasse genommen, erhielten wir die Namen aus dem Schulregister, stellten das Material in der Schule zusammen und gaben die Briefe den Kindern am selben Tag mit. Somit waren wir sicher, daß in der Zwischenzeit niemand fortgezogen war. Andererseits konnte bei diesem Vorgehen der Lehrerfragebogen nicht eingesetzt werden, da man erwarten konnte, daß kein Lehrer – bei allem Wohlwollen – 40 Fragebogen ausgefüllt hätte. Deshalb entschieden wir, in der Hauptuntersuchung die zweite Methode anzuwenden, d.h. eine Stichprobe aus der schulärztlichen Kartei zusammenzustellen und den Eltern die Fragebögen durch die Schulen zuzustellen. Bei einem reibungslosen Ablauf konnten wir eine Antwortrate von 90% seitens der Eltern und einen Lehrerbericht für jedes Kind erwarten.

KAPITEL 3

Die Verhaltenserhebung: Zusammenstellung der Stichprobe und Feldarbeit

Die Stichprobe der Hauptuntersuchung

Im April 1961 begannen wir, die Stichprobe für die Haupterhebung zusammenzustellen. Wir strebten eine relativ große Stichprobe an, um sicherzustellen, daß weniger häufig zu erwartende Verhaltensformen, die der Fragebogen auch erfaßt, in der Stichprobe zu finden waren. Es wurde nun jede zehnte Karte aus der schulärztlichen Kartei gezogen, welche in den Büros der sieben Gesundheitsbezirke unseres Gebiets lagerten. Es war jedoch nicht sicher, ob die ausgewählten Kinder in den Schulen zu finden waren, die auf der Gesundheitsakte angegeben waren. Diese Angaben befanden sich in einigen Bezirken auf dem Stand der letzten schulärztlichen Untersuchung. In mehreren Fällen waren Schulwechsel von primary auf secondary schools oder auf Privatschulen bzw. Wohnortwechsel nicht vermerkt worden.

Als Vorsichtsmaßnahme stellten wir jeweils eine Liste der Kinder zusammen, die in einer bestimmten Schule sein sollten, und baten den Direktor dieser Schule dies nachzuprüfen. Um mögliche Ausfälle ersetzen zu können, stellten wir eine Ersatzstichprobe zusammen, wobei jeder 140. Name aus der Kartei genommen wurde. Die Namen dieser Kinder wurden auch den Schulen zur Überprüfung zugestellt. Stellten wir bei Erhalt der geprüften Namenslisten fest, daß Kinder innerhalb der Grafschaft die Schule gewechselt hatten, wandten wir uns – soweit es möglich war – an ihre neuen Schulen. Wenn Kinder jedoch die Grafschaft verlassen hatten oder unauffindbar waren, traten Kinder der Ersatzstichprobe an ihre Stelle.

Besondere Untersuchungsgruppen

Schulanfänger

Als die Hauptstichprobe zusammengestellt wurde, konnten die meisten der 5- bis 7jährigen Schulanfänger des Jahres 1960/61 nicht berücksichtigt werden, da sie noch nicht an der schulärztlichen Untersuchung teilgenommen hatten und somit in der Kartei nicht erfaßt waren. Da gerade diese Altersgruppe von erhöhter Bedeutung ist, entnahmen wir der Kartei jeden 10. Namen, nachdem diese verfügbar wurden.

Besondere Schultypen

In die Hauptuntersuchung wurden Kinder aus besonderen Schultypen nicht aufgenommen. Kinder dieser Schulen können in drei Gruppen eingeteilt werden: a) solche, die den Anforderungen des normalen Unterrichts nicht gewachsen sind, weil sie an erheblichen körperlichen Behinderungen leiden, z. B. blind, taub oder spastisch gelämt sind; b) solche Kinder, die den Anforderungen des normalen Unterrichts wegen geistiger oder emotionaler Störungen nicht gewachsen sind, z. B. lernbehinderte oder fehlangepaßte Kinder; c) solche Kinder, die normale Schulen hätten besuchen können, aber denen der Besuch einer besonderen Schule in der Annahme angeraten wurde, daß ein solcher Wechsel ihrer körperlichen oder geistigen Gesundheit guttäte, z. B. körperlich schwache Kinder, Asthmatiker und Kinder mit bestimmten Formen von Fehlanpassung.

Keine Untersuchung kindlichen Verhaltens wäre umfassend, wenn nicht zumindest die letzten beiden Gruppen einbezogen würden. Aus diesem Grund sollte eine Stichprobe aus jedem 10. Kind all derer gebildet werden, deren Wohnsitz in Buckinghamshire war und die vom Schulamt in besondere Schulen innerhalb oder außerhalb der Grafschaft eingewiesen worden waren.

Kinder in Privatschulen

Es wurde lange überlegt, ob die Repräsentativität der Stichprobe dadurch erhöht würde, wenn Kinder aus Privatschulen mituntersucht würden. Leider schien dies praktisch nicht durchführbar zu sein. Beispielsweise war keine zentrale Kartei vorhanden, aus der man die Namen der Kinder hätte bekommen können. Man hätte Namen und Adressen nur über die 101 Privatschulen erfahren können, wobei es nicht sicher war, ob alle Schulen kooperiert hätten. Selbst wenn dies möglich gewesen wäre, so hätte noch ein Problem bestanden: Viele der größeren Schulen wurden von Schülern besucht, die aus anderen Grafschaften kamen, und umgekehrt konnte angenommen werden, daß viele Schüler aus Buckinghamshire in Internaten in anderen Teilen des Landes waren. Es erschien uns jedoch notwendig, die Einbuße an Repräsentativität abzuschätzen. Deshalb wurden die Direktoren der Privatschulen brieflich um die Zahl der Schüler im jeweiligen Alter gebeten, die aus Buckinghamsire kamen.

88 der angeschriebenen Schulen beantworteten unsere Fragen. Nach Schätzung des Anteils der verbleibenden 13 Schulen wurde festgestellt, daß annähernd 6000 Privatschulkinder zwischen 5 und 15 Jahren in unserer Untersuchung nicht erfaßt würden. Damit waren Kinder aus den sozialen Schichten I und II unterrepräsentiert.

Versand der Fragebögen

Nachdem die Namenslisten in den Schulen geprüft worden waren, bestand die Stichprobe aus 6463 Kindern von 330 Schulen. Jede Schule[1] erhielt eine bestimmte Anzahl Briefe, die an die Mütter der Kinder adressiert waren, eine Namensliste der teilnehmenden Kinder sowie ein Begleitschreiben an den Direktor. Zusätzlich wurde ein Lehrerfragebogen für jedes ausgewählte Kind beigefügt. Die Direktoren, die jetzt mit dem Vorgang voll vertraut waren, wurden gebeten, die Briefe den betreffenden Kindern zu geben und die Klassenlehrer zu bitten, die Fragebögen für die betreffenden Kinder auszufüllen. Der Umschlag enthielt einen erläuternden Brief an die Mutter, einen Fragebogen und einen adressierten Umschlag für die Rückantwort. Aufgabe der Lehrer war es, die Rückantworten einzusammeln und ungeöffnet an uns weiterzureichen.

Da die Namenslisten vorher geprüft waren, blieb der Verlust durch Wohnortwechsel sehr klein; einige Kinder waren zwar nach Prüfung der Listen weggezogen, in anderen Fällen waren Irrtümer bei der Prüfung der Listen unterlaufen. In der ganzen Grafschaft konnten nur 67 Kinder (1%) nicht erreicht werden. Weitere 39 Kinder gingen der Untersuchung verloren, da 3 Schulen ihre Teilnahme absagten.

Der Rücklauf der Fragebögen

Wird die gesamte Stichprobe betrachtet, so wurden 93% der den Eltern zugestellten Fragebögen vollständig oder nahezu vollständig ausgefüllt und zurückgegeben. Bei den Lehrern betrug die Antwortquote 97%. In der Rücklaufquote waren nur geringe Unterschiede zwischen verschiedenen Gegenden der Grafschaft zu beobachten.

Da die Lehrerbögen für die meisten der Kinder ausgefüllt zurückgegeben wurden, deren Eltern den Fragebogen nicht einhändigten, lagen einige Daten vor, anhand derer diese Kinder mit denen verglichen werden konnten, deren Eltern die Bögen zurückgegeben hatten. Diese beiden Gruppen unterschieden sich in einigen wichtigen Merkmalen[2]. Die Kinder der Eltern, die den Fragebogen nicht beantwortet hatten (non-responders = NR), waren meist Jungen und zwar insbesondere älter als 11 Jahre. Jungen und Mädchen von NR-Eltern wurden eher von ihren Lehrern in ihrer Leistung als unterdurchschnitt-

---

1 Dieses Vorgehen wurde nicht bei Spezialschulen mit Internat angewandt: Hier wurden die Fragebögen den Eltern direkt per Post und nicht über die Schule zugestellt.

2 Die in diesem Abschnitt dargelegten Unterschiede sind alle auf dem 1%-Niveau signifikant (chi-Quadrat-Test).

lich bewertet: 53% Jungen und 40% Mädchen im Vergleich zu jeweils 34% und 24% in der Gruppe der Kinder, deren Eltern den Fragebogen beantwortet hatten (responders = R). In ihrem Verhalten in der Schule wurden die Jungen von NR-Eltern eher als die anderen Jungen beschrieben als „uninteressiert an der Schule" (18% NR zu 6% R), „arbeitet im Unterricht nicht mit" (10% NR zu 4% R), „lügt oft" (9% NR zu 3% R), „hat ein- oder mehrmals gestohlen" (5% NR zu 2% R). Bei den Mädchen wurden Unterschiede im Verhalten zwischen Kindern von R- und NR-Eltern nur darin festgestellt, daß von den letzteren eher gesagt wurde, daß sie „im Unterricht nicht mitarbeiten" (5% NR zu 2% R), und daß sie „ein- oder mehrmals gestohlen haben" (4% NR zu 1% R). Sowohl Jungen als auch Mädchen der NR-Gruppe blieben eher „einzelne oder halbe Tage ohne triftigen Grund, aber offenbar mit Einwilligung und Wissen der Eltern" vom Unterricht fern.

Aufgrund dieser Ergebnisse scheint es wahrscheinlich, daß der Ausfall der NR-Kinder aus der Stichprobe zu einer Unterschätzung der Anzahl der Kinder mit Verhaltensproblemen in der Schülerpopulation geführt haben kann. Dies trifft besonders auf die männliche Population zu, und es muß angenommen werden, daß einige Jungen mit Neigungen zu Delinquenz in unserer Untersuchung nicht erfaßt wurden[1].

---

1 Diese Annahme wird in einer Nachuntersuchung (Taylor, 1968) dadurch unterstützt, daß ein höherer als erwarteter Anteil der Kinder von NR-Eltern seit der Untersuchung vor Gericht erschienen ist.

KAPITEL 4

Das Kind in seiner häuslichen Umwelt

Die in Kapitel 3 beschriebene Untersuchung lieferte uns Informationen über mehr als 6000 Schulkinder. Diese Stichprobe stellte einen ziemlich repräsentativen Querschnitt durch die Population der Kinder dar, die staatliche Schulen in Buckinghamshire besuchten (Tabellen 3 und 4).

Tabelle 3. Verteilung der Kinder der Stichprobe nach Alter und Geschlecht.

Alter am letzten Geburtstag	Jungen	Mädchen
5 Jahre	251	209
6	356	312
7	369	336
8	342	336
9	319	291
10	308	289
11	315	314
12	307	270
13	321	292
14	322	336
15	44	56
nicht erfaßt	4	5
Summe	3258	3046

Aus den Angaben der Eltern konnten die Verteilungen der verschiedenen Verhaltensformen in den Altersgruppen von 5 bis 15 Jahren erstellt werden.

Analyse der Verhaltensformen

In diesem Kapitel wird jede einzelne Verhaltensweise für sich analysiert. Wo es jedoch geeignet scheint, haben wir verschiedene Items unter einer allgemeinen Verhaltenseinheit zusammengefaßt. In den Diagrammen wird die Bezeichnung der Items angegeben; des weiteren sind die Nummern der Fragen des entsprechenden Fragebogens (s. Anhang 3, S. 218), die sich auf das jeweilige Verhalten beziehen, hinter der Überschrift vermerkt (z.B. F. 55)[1].

1 Wenn Wahrscheinlichkeiten angegeben werden, sind sie mit dem chi-Quadrat-Test errechnet worden; wo notwendig, wurde Yates' Korrektur angewandt.

Tabelle 4. Verteilung der Kinder nach Alter, Geschlecht und Beruf des Vaters.

Berufsgruppe des Vaters	Jungen 5–10 Jahre	Jungen 11–15 Jahre	Mädchen 5–10 Jahre	Mädchen 11–15 Jahre
Freie (akademische) Berufe, Führungstätigkeiten, höhere Verwaltungs- und Überwachungstätigkeiten	425	222	392	256
Untere Überwachungstätigkeiten und andere nicht-manuelle Berufe	306	163	247	186
Manuelle Facharbeiter	685	427	591	440
Manuelle angelernte Arbeiter, manuelle Routinetätigkeiten	531	339	465	304
Arbeitslose und Arbeitsunfähige	3	3	5	8
Nicht erfaßt	69	85	73	79
Summen	2 019	1 239	1 773	1 273

Eßverhalten

Appetit (F. 55)

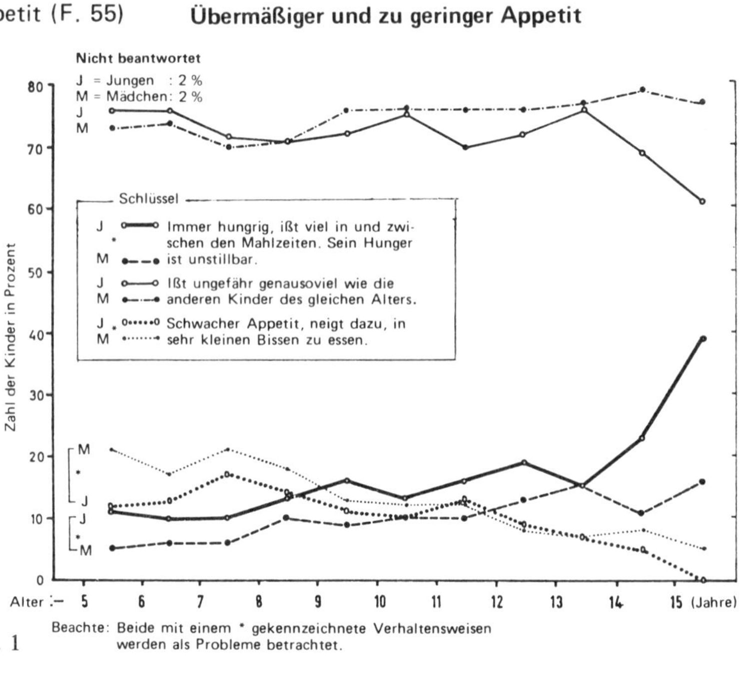

Abb. 1

Die Verteilung der Appetitstärke scheint auf „Problemverhalten" an beiden äußeren Skalenbereichen hinzuweisen: An dem einen Ende befindet sich das Kind mit übermäßig starkem Appetit, an dem anderen das Kind, das in sehr kleinen Bissen ißt.

a) Starker Appetit. Wir fanden, daß starker Appetit häufiger mit steigendem Alter auftritt; im 15. Lebensjahr erreicht diese Entwicklung bei beiden Geschlechtern ihren Höhepunkt. Jungen werden in fast jedem Alter eher als Mädchen als „immer hungrig" angesehen. Dieser Unterschied war besonders groß im Alter von 15 Jahren, wo von 39% der Jungen gegenüber nur 16% der Mädchen gesagt wurde, sie hätten unstillbaren Appetit ($P < 0{,}05$).

b) Schwacher Appetit. Viele Kliniker haben darauf hingewiesen, daß elterliche Klagen über schwachen Appetit weit verbreitet sind. Mackenzie (1953) vermutet beispielsweise, daß wenigstens ein solcher Fall in der kinderärztlichen Praxis pro Woche vorgestellt wird; Kanner (1957) spricht von schwachem Appetit als „a widespread cultural phenomenon in our midst". In der vorliegenden Untersuchung war über jedes 8. Kind (12,5%) angegeben worden, daß sein Appetit schwach sei. Die Häufigkeit variierte jedoch mit dem Alter (s. Abb. 1). Unter den 5- bis 10jährigen wurden 17% der Mädchen und 13% der Jungen als schlechte Esser eingestuft gegenüber nur 9% der Mädchen und 8% der Jungen im Alter von 11 Jahren und älter ($P < 0.001$ in jedem Fall). Bemerkenswert ist auch, daß in den jüngeren Jahrgängen Mädchen eher als Jungen als wenig hungrig beschrieben wurden ($P < 0.001$); das traf auf die älteren Kinder zwischen 11 und 13 Jahren nicht zu: Hier war das Verhältnis umgekehrt.

Macfarlane et al. (1954) konnten in der Verbreitung der Störung keine Unterschiede zwischen Jungen und Mädchen beobachten; sie stellten jedoch die Tendenz fest, daß die Häufigkeit mit zunehmendem Alter abnimmt.

Mäkelei am Essen (F. 53)

Obwohl über 40 bis 50% aller Kinder der Stichprobe berichtet wurde, daß sie „fast alles essen", wurde über ungefähr jeden 5. Jungen bis zum 11. Lebensjahr und der gleichen Zahl Mädchen bis zum 10. Lebensjahr angegeben, daß sie bei der Wahl ihrer Nahrungsmittel übertrieben wählerisch seien. Diese Erscheinung nahm mit zunehmendem Alter in ihrer Häufigkeit leicht ab, doch zeigte auch bei älteren Kindern jeder siebte ein solches Verhalten. Am häufigsten mäkelten 11jährige Jungen und 10jährige Mädchen am Essen; insgesamt ist die Alterskurve jedoch relativ flach. Die Jungen der Stichprobe mäkelten in den meisten Altersgruppen etwas häufiger als die Mädchen. Dieser Unterschied war jedoch nur bei den 11jährigen signifikant ($P < 0.05$).

Frühere Untersuchungen unterschieden sich nach Methode und Stichprobenzusammensetzung; dies kommt auch in ihren Ergebnissen zum Ausdruck.

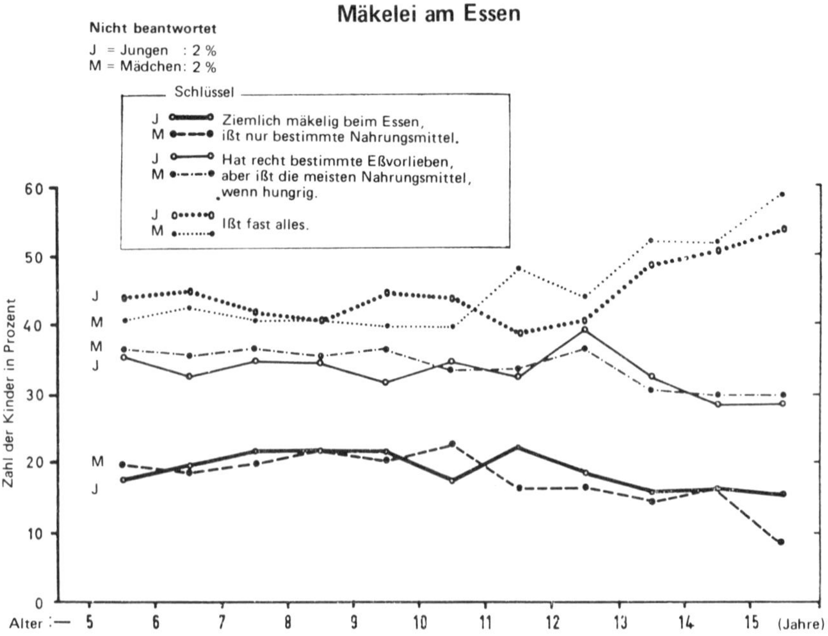

Abb. 2

Baldwin (1944), ein Ernährungsexperte, interviewte 76 Mütter im Rahmen der Fels Studie und fand, daß 56% der untersuchten Kinder am Essen mäkelten. Ackerson (1931) fand, daß 8% der Mädchen und 10% der Jungen, die in Kliniken in Behandlung waren, „wechselnden Appetit hatten und beim Essen wählerisch" waren. Er stellte weiter fest, daß die Häufigkeit bei Jungen in verschiedenen Altersstufen nicht schwankt, während bei Mädchen die Häufigkeit nach dem 12. Lebensjahr absinkt. Gesell und Ilg (1946) behaupten, daß „Vorlieben und Abneigungen nach dem 8. Lebensjahr schwächer werden". Ihre Daten wurden jedoch an ungefähr 50 amerikanischen Kindern von hohem sozioökonomischen Status und überdurchschnittlicher Intelligenz gewonnen. Macfarlane et al. (1954) fanden den Höhepunkt des Mäkelns im 6. Lebensjahr, wo 29% der Jungen und 51% der Mädchen in diese Kategorie fielen; die Häufigkeit fiel dann auf nur 4% der Jungen und 9% der Mädchen in der Gruppe der 10jährigen stark ab, obwohl sie bei den 12jährigen wiederum auf jeweils 17% und 24% anstieg.

Furcht

Vier Objekte der Furcht wurden im Elternfragebogen erfaßt: vor der Dunkelheit, vor Tieren, vor Fremden und extreme Schüchternheit oder Furcht vor anderen Kindern. Die Daten für jedes Furchtobjekt werden im folgenden einzeln erörtert. Wenn wir jedoch die gesamte Gruppe dieser Furchtobjekte betrachten, zeigt sich, daß sich zwei Verteilungstypen ergeben. Einerseits hingen Reaktionen auf Tiere und die Dunkelheit eindeutig vom Alter ab: Unter den 5jährigen zeigte ungefähr die Hälfte der Stichprobe eine gewisse Unbehaglichkeit gegenüber beiden Bereichen, dieser Anteil verringerte sich aber rapide mit zunehmendem Alter. In der anderen Objektgruppe – Furcht vor fremden Erwachsenen und fremden Kindern – bestand ein sehr geringer Zusammenhang mit dem Alter. Man könnte nicht ohne Grund die Annahme vertreten, daß Schüchternheit – wenigstens bis zu einem gewissen Grad – ein Teil der Persönlichkeit des Kindes und nicht nur eine vorübergehende Erscheinung in der Entwicklung ist. Es ist auch aus den Abbildungen 5 und 6 ersichtlich, daß Kinder eher in der Gesellschaft fremder Erwachsener als in der anderer Kinder schüchtern sind.

Furcht vor der Dunkelheit (F. 48)

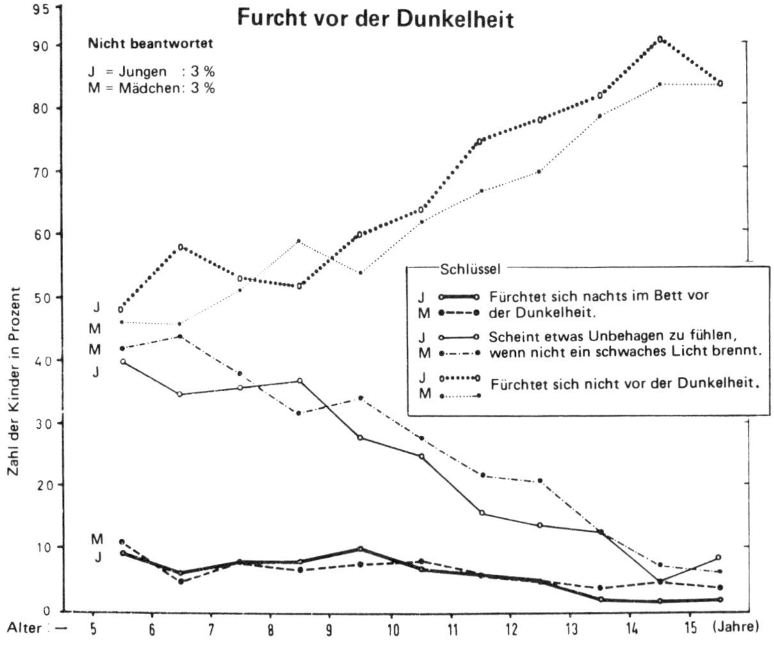

Abb. 3

Furcht vor der Dunkelheit trat bei beiden Geschlechtern in allen Altersgruppen dann am häufigsten auf, wenn die Kinder nachts im Bett lagen. Der Anteil der Kinder beiderlei Geschlechts, von dem gesagt wurde, er fürchte sich vor der Dunkelheit, blieb bis zum 10. Lebensjahr relativ konstant und verringerte sich dann. In der mittleren Kategorie „fühlt sich unbehaglich, wenn nicht ein schwaches Licht brennt" sank die Häufigkeit mit zunehmendem Alter konstant ab; umgekehrt stieg der Anteil der Kinder, die sich nicht fürchteten, von weniger als der Hälfte der 5jährigen auf ungefähr 60% der 11jährigen bis auf schließlich mehr als 80% der 14- bis 15jährigen. Lapouse und Monk (1959) geben an, daß diese Ängste häufiger bei 6- bis 8jährigen als bei 9- bis 12jährigen auftreten.

Wie aus Abbildung 3 zu ersehen ist, bestand bis zum 13. Lebensjahr eine nur sehr geringe Differenz zwischen dem Anteil der Jungen und dem der Mädchen, die zu irgendeinem Zeitpunkt Furcht vor der Dunkelheit hatten. Im allgemeinen fühlten sich Mädchen ohne irgendeine Beleuchtung eher unbehaglich als Jungen.

Furcht vor Tieren (F. 46)

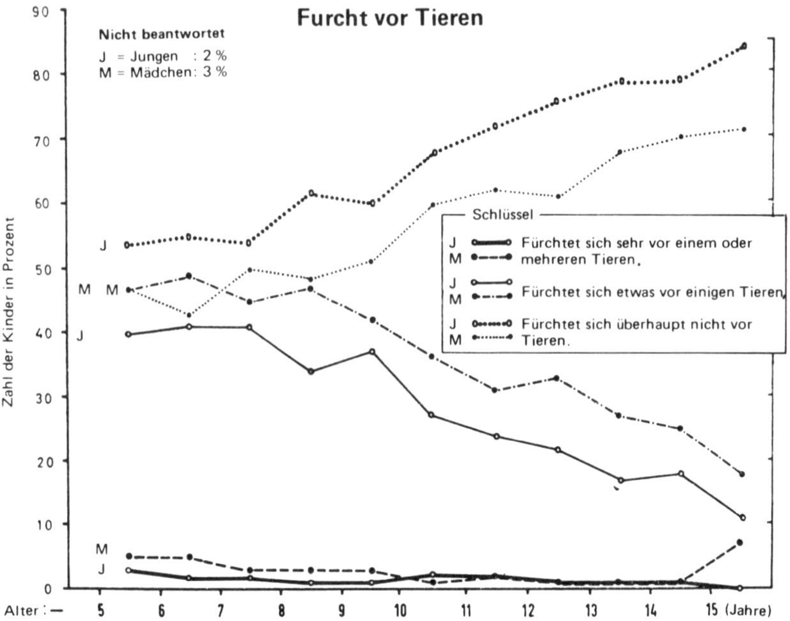

Abb. 4

Abbildung 4 zeigt, daß nur eine kleine Minderheit der Schulkinder große Furcht vor Tieren hatte, aber wenigstens ein Drittel der Kinder unter 11 Jahren als „etwas furchtsam" bezeichnet wurde. Es wird ebenso deutlich, daß diese Furcht am häufigsten über jüngere Kinder berichtet wird und mit zunehmendem Alter gleichmäßig zurückgeht. Ähnliche Ergebnisse finden sich bei Lapouse und Monk (1959), Cummings (1944) und Jersild und Holmes (1935). Es ist wahrscheinlich, daß der Häufigkeitsgipfel in der Vorschulzeit liegt: Macfarlane et al. (1954) fanden, daß die Furcht vor Hunden am stärksten bei 3jährigen ausgeprägt ist.

In allen Altersgruppen wurde eher von Mädchen als von Jungen berichtet, daß sie schwache Furcht vor einigen Tieren hatten. In der Gruppe der sehr Furchtsamen bestand eine Geschlechtsdifferenz bis zum 9. Lebensjahr, wo diese Furcht bei Mädchen (4%) zweimal häufiger auftrat als bei Jungen (2%) ($P < 0.01$). Diese Geschlechtsdifferenz erschien im 15. Lebensjahr wieder, wo über keinen einzigen Jungen, aber über 7% Mädchen ausgesagt wurde, daß sie sich sehr vor einem Tier fürchteten. Dieser Unterschied scheint darauf hinzudeuten, daß Mädchen besonders in der Adoleszenz dazu neigen, diese Furcht zu erleben; die Zahl der 15jährigen in der Untersuchung war je-

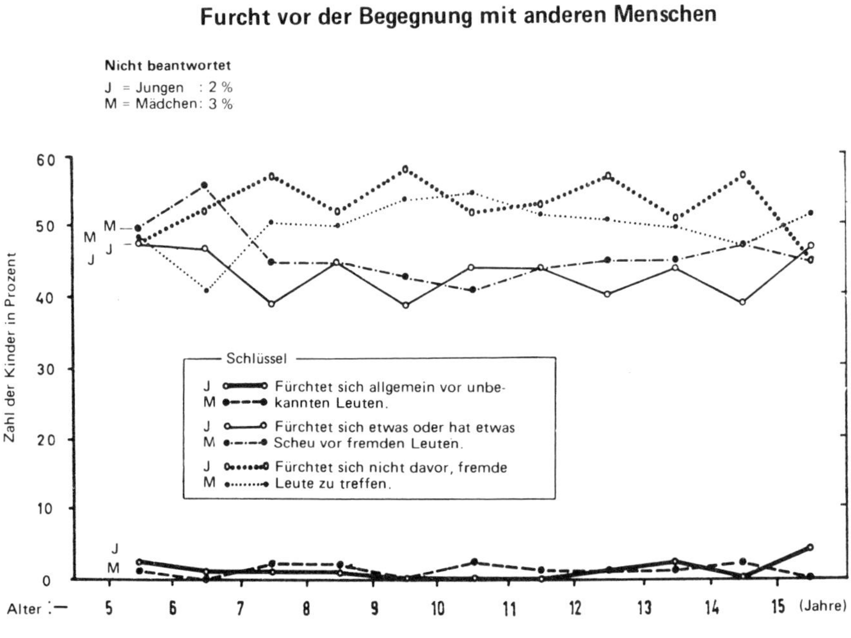

Abb. 5

doch gering (56 Mädchen und 44 Jungen), da nur Kinder im schulpflichtigen Alter aufgenommen wurden. Es wäre deshalb denkbar, daß einige wenige atypische Fälle zu stark ins Gewicht fielen.

Furcht vor der Begegnung mit anderen Menschen (F. 47).

Abbildung 5 zeigt, daß die extremste Stufe dieses Items, d.h. „fürchtet sich allgemein vor unbekannten Leuten" selten unterstrichen wurde. Sie wurde nur bei 37 Mädchen (12 pro Tausend) und 28 Jungen (9 pro Tausend) als zutreffend befunden. „Etwas" Furcht oder Schüchternheit vor fremden Menschen wurde dagegen von fast der Hälfte der Stichprobe berichtet. Im Gegensatz zu den zwei schon besprochenen Furchtobjekten wies diese Form der Schüchternheit keine eindeutige Beziehung zum Alter auf. Der Anteil schüchterner Jungen schwankte zwischen 39 und 45% mit leichten Anstiegen in den jüngsten und ältesten Altersgruppen; bei Mädchen erreichte die Verteilungskurve ihren Gipfel in der Altersgruppe der 5- bis 6jährigen, sank am tiefsten im 10. Lebensjahr und stieg beim Beginn der Adoleszenz wieder an.

In der extremsten Stufe bestand kein Zusammenhang zwischen Furcht vor fremden Leuten und dem Geschlecht des Kindes, aber in den meisten Al-

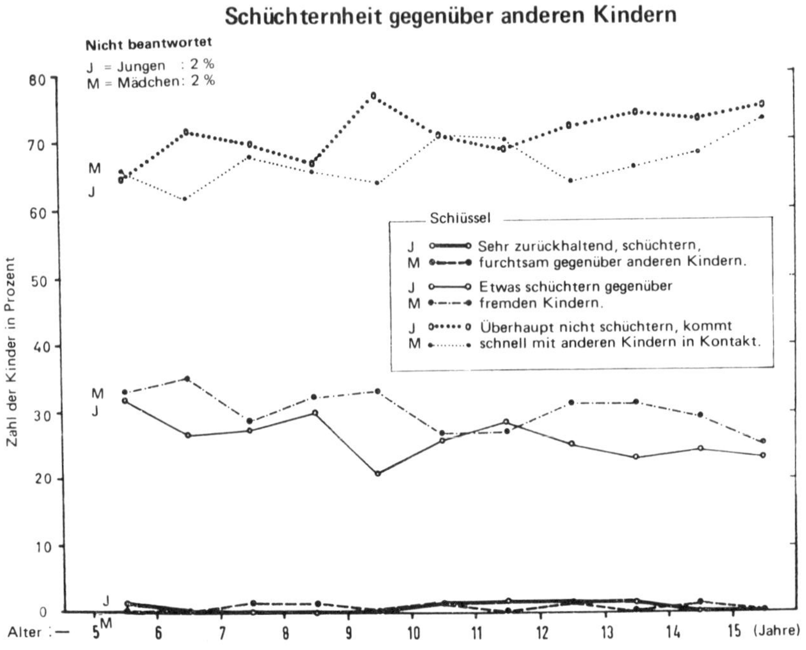

Abb. 6

tersgruppen zeigten Mädchen zu einem gewissen Grad mehr Zeichen der Schüchternheit als Jungen.

Schüchternheit gegenüber anderen Kindern (F. 54).

Dieses Item erfaßte das am geringsten verbreitete Furchtobjekt. Es wurde in stärkster Ausprägung nur über 19 untersuchte Mädchen (6 pro Tausend) und 17 Jungen (5 pro Tausend) berichtet. Die Diagramme zeigen keine Geschlechtsunterschiede, aber eine Analyse der Daten nach Alter (s. Abb. 6) ergibt, daß Jungen diese Gefühle nur nach dem 9. Lebensjahr entwickeln, während sich bei Mädchen das Auftreten gleichmäßig über alle Altersgruppen verteilt.

In der mittleren Stufe lagen ähnliche Verhältnisse wie bei der generalisierten Schüchternheit vor fremden Menschen vor, die schon besprochen wurde: Die Kurve verläuft relativ konstant über alle Altersgruppen; Mädchen neigten etwas mehr dazu, schüchtern gegenüber fremden Kindern zu sein, als Jungen. Der Anteil der Kinder, die schüchtern gegenüber Gleichaltrigen waren, blieb jedoch unter dem der Schüchternheit gegenüber fremden Menschen allgemein und war nie größer als ein Drittel der Stichprobe.

Schulzentrierte Probleme

Die meisten Reaktionen der Kinder auf die Schule wurden vom Lehrerfragebogen erfaßt (s. Kapitel 6). Die Eltern wurden aber über drei Aspekte dieses Verhaltenskomplexes befragt: Schwänzen, Leseschwierigkeiten und Abneigung gegen die Schule.

Schuleschwänzen (F. 63).

Nach Angaben der Eltern trat Schuleschwänzen sehr selten auf: 41 Jungen (13 pro Tausend) und 31 Mädchen (10 pro Tausend) der Gesamtstichprobe sollen mehr als drei- oder viermal im Jahr geschwänzt haben und nur 17 Kinder mehr als ein- oder zweimal im Monat. Diese Schätzungen sind niedrig zu veranschlagen, da erfolgreiches Schwänzen den Eltern nicht bekannt zu werden braucht, wenn es geschickt angestellt wird.

Trotz der geringen Häufigkeit kam klar zum Ausdruck, daß Schuleschwänzen mehr über Kinder, die am Ende ihrer Schulzeit stehen, berichtet wurde: 49% der Jungen und 39% der Mädchen befanden sich in der Gruppe der 14- bis 15jährigen. Bis zum 14. Lebensjahr unterschieden sich in allen Altersgruppen die jeweiligen Anteile der Jungen und Mädchen kaum; in der Gruppe der 15jährigen schwänzten jedoch 16% der Jungen gegenüber nur 4% der Mädchen. Diese Verteilung unterscheidet sich von jener, die an Kindern einer klinischen Stichprobe gefunden wurde (Ackerson 1931, Mullen 1950); hier schwänzten in jeder Altersstufe mehr Jungen. Dieser Unterschied mag sehr wohl auf die

Selektion der Fälle zurückzuführen sein. Schulschwänzer, die in child guidance clinics überwiesen werden, sind meist chronische Fälle bzw. Kinder, die in ihrer Abwesenheit von der Schule z. B. wegen Stehlen in Schwierigkeiten geraten. Solche Verhaltensweisen sind eher bei Jungen anzutreffen. Unsere Stichprobe erfaßt wesentlich leichtere Fälle. Abbildung 7 zeigt beispielsweise, daß kein Mädchen öfters als ein- oder zweimal monatlich schwänzte; nur fünf Mädchen überhaupt fielen in diese Kategorie, somit war die Häufigkeit in den einzelnen Altersstufen zu gering, um aufgeführt zu werden.

Abneigung gegen die Schule (F. 50).

Abbildung 8 verdeutlicht, daß nur eine Minderheit der Eltern angab, ihre Kinder – 6% der Jungen und 3% der Mädchen – hätten eine „aktive" Abneigung gegen die Schule. Dieser Anteil blieb relativ konstant über alle Jahrgänge bis zum 12. Lebensjahr, wo er langsam bei beiden Geschlechtern anstieg. Es war jedoch zu beobachten, daß mit steigendem Alter der Anteil derjenigen, die von der Schule begeistert waren, stetig absank, während die Zahl derer mit relativ neutralen Gefühlen gegenüber der Schule anstieg[1].

Schuleschwänzen

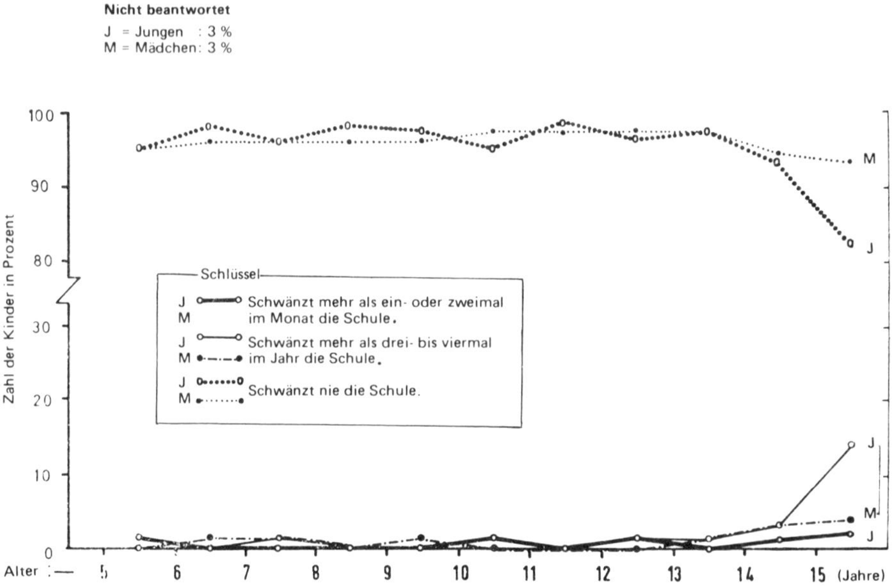

Abb. 7

1 Bemerkenswert ist die Ähnlichkeit der Antwortverteilung für „Einstellung zur Schule" und die in Abb. 36 dargestellte der „Ängstlichkeit" (Sich sorgen) (s. S. 73).

Abneigung gegen die Schule

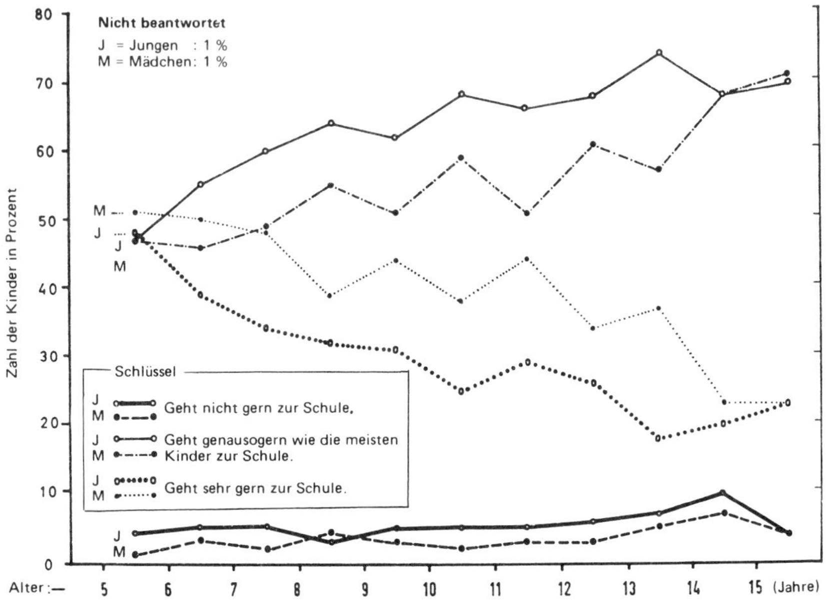

Abb. 8

Dieses Abklingen der Begeisterung für die Schule war auch von Fitt (1956) in seiner Untersuchung der Einstellung neuseeländischer Kinder zur Schule festgestellt worden.

In den meisten Altersgruppen neigen Jungen mehr dazu, Abneigung gegenüber der Schule zu zeigen; der Unterschied zwischen den Geschlechtern in der Gesamtstichprobe (6% der Jungen: 3% der Mädchen) war hochsignifikant ($P < 0.001$). Umgekehrt wurde über eine größere Zahl Mädchen (40%) als Jungen (30%) berichtet, sie gingen sehr gern zur Schule, obwohl sich diese Differenz am Anfang und am Ende der Schulzeit stark verringerte.

Der Unterschied zwischen Jungen und Mädchen in ihrer Einstellung zur Schule steht wiederum in enger Übereinstimmung mit den Ergebnissen anderer Untersuchungen (Fitt 1956, Wisenthal 1965).

In dieser Untersuchung konnte die Verbreitung der extremeren Form von „Schulphobie", die sich in der Weigerung, zur Schule zu gehen, äußert, leider nicht abgeschätzt werden (Hersov 1961a und b, Coolidge et al. 1964, Frick 1964). Viele Kinder, die eine Abneigung gegen die Schule hatten, blieben dennoch recht selten vom Unterricht fern[1]. Einige Autoren sind darüberhinaus der Ansicht (Estes et al. 1956, Eisenberg 1958, Tyerman 1968), daß die Bezeichnung „Schulphobie“ falsch sei und daß in solchen Fällen eigentlich Unwille, von der Mutter getrennt zu werden, also Trennungsangst, vorläge und nicht eine bestimmte Aversion gegen die Schule als solche. Chazan (1962) hat jedoch darauf hingewiesen, daß die Schulsituation nicht ohne Bedeutung bei der Entstehung der Schulphobie zu sein braucht. Anhand einer Gruppe von 33 Kindern aus einer child guidance clinic, die an Schulphobie litten, stellte er fest, daß das Problem während des ersten Trimesters in einer neuen Klasse oder an einer neuen Schule auftrat. In unserer Stichprobe nahm die Zahl derer, die eine Abneigung gegen die Schule hatten, bei den Schülern, die die erste Klasse der secondary school besuchten, nicht zu. Da die Untersuchung aber im Sommer durchgeführt wurde, waren sie schon im dritten Trimester, so daß sie genug Zeit gehabt hatten, sich den veränderten Verhältnissen anzupassen.

Leseschwierigkeiten (F. 66).

Obwohl die meisten Eltern der Stichprobe angaben, daß ihre Kinder so schnell wie oder schneller als andere Kinder lesen gelernt hätten, gab es doch beträchtlich viele, deren Kinder dabei Schwierigkeiten hatten. Davon waren jeder fünfte Junge und jedes zehnte Mädchen betroffen. Schwierigkeiten beim Lesenlernen gehörten – insbesondere Jungen – zu den wesentlichen Problemen, die von den Eltern berichtet wurden.

In der Altersverteilung der Kinder, die Leseschwierigkeiten gehabt haben sollen, kommen wahrscheinlich nicht nur die aktuellen Probleme des Kindes zum Ausdruck, sondern auch die Annahme der Eltern, daß solch ein Problem existierte. So wurde über nur relativ wenig 5jährige – 5% der Mädchen und 7% der Jungen – berichtet, daß Lesen für sie schwierig sei. Diese Gruppe wuchs bis zum 8. Lebensjahr auf den Höchstwert von 27% der Jungen und 14% der Mädchen an. Bei diesem hohen Anteil leseschwacher Kinder unter den 8jährigen wäre auch eine größere Häufigkeit bei jüngeren Kindern zu erwarten gewesen. Der beobachtete Anstieg beruht wahrscheinlich nicht auf einem wirklichen Anwachsen der Zahl leseschwacher Kinder, als vielmehr darauf, daß mehr Eltern erkannten, daß ihre Kinder nicht so rasche Fortschritte gemacht hatten, wie sie es sich eigentlich gewünscht hätten. Die meisten Eltern würden kaum bemerken, daß ihr 5jähriges Kind Schwierigkeiten beim Lesen hat, es sei denn, das Kind würde darüber unglücklich werden oder der

---

1 Bei einigen Fällen, die im Rahmen des kasuistischen Teils der Untersuchung interviewt wurden, fiel auf, daß die Anwesenheit selbst dann gut war, wenn sich die Abneigung gegen die Schule in psychosomatischen Symptomen äußerte oder das Kind mit Gewalt zur Schule gebracht werden mußte.

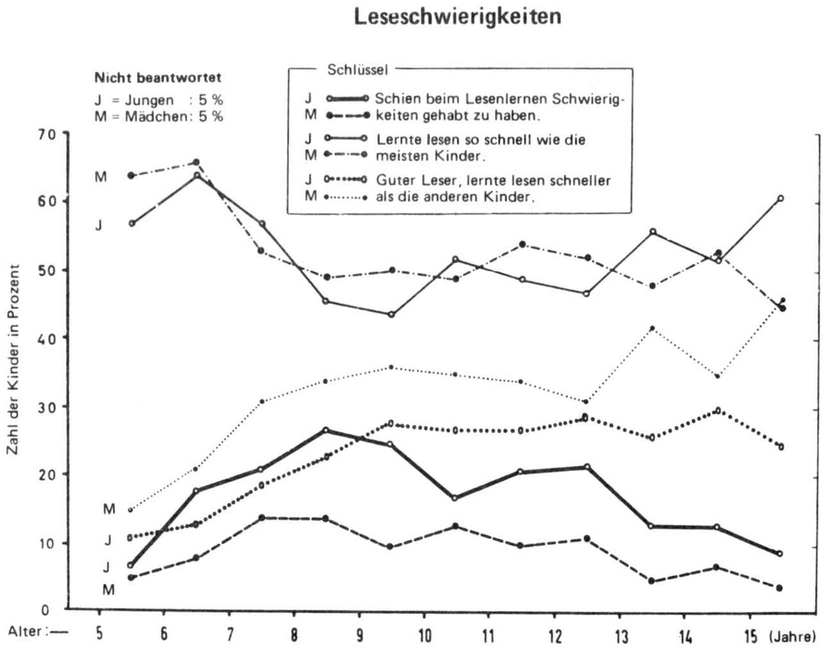

Abb. 9

Lehrer machte sie darauf aufmerksam. Die Erwartungen der Eltern an einen 7jährigen sind höher, und schlechte Leistungen sind weniger leicht zu übersehen. Interessant ist auch die Tatsache, daß der Anteil guter Leser vom 5. bis zum 9. Lebensjahr stetig anstieg, da sich die Eltern der Fähigkeiten ihrer Kinder auf diesem Gebiet zunehmend bewußt wurden.

Nach dem achten Lebensjahr sank die Zahl der als leseschwach bezeichneten Kinder; dies geschah bei den Jungen allerdings nur unregelmäßig. Bei den Mädchen war eine gleichmäßigere Abnahme mit zunehmendem Alter zu beobachten.

In allen Altersgruppen war die Zahl leseschwacher Jungen größer als die der Mädchen. Umgekehrt wurden in allen Altersgruppen Mädchen eher als Jungen als gute Leser, die schnell lernten, eingestuft. Somit bestand in der mittleren Kategorie „so schnell wie die meisten Kinder“ nur ein geringer Unterschied zwischen den Geschlechtern.

Es ist bemerkenswert, daß die Angaben der Eltern, nach denen Mädchen öfter als Jungen gute Leser sind, sich in Übereinstimmung befinden mit den Ergebnissen neuerer Untersuchungen, in denen Kinder getestet wurden (Pidgeon 1960, Wisenthal 1965, Pringle et al. 1966).

Schlafstörungen

Unruhiger Schlaf (F. 71).

Abbildung 10 zeigt, daß den Angaben der Eltern zufolge die Mehrzahl der Kinder (62% der Jungen, 63% der Mädchen) ruhig schlief. Wenn Angaben über unruhigen Schlaf gemacht wurden (25% der Jungen, 23% der Mädchen), trat er meistens jede Nacht auf oder sehr selten (zwei- oder dreimal im Jahr). Der Anteil mittlerer Häufigkeiten war gering. Von allen unruhig schlafenden Kindern schlief ein großer Teil, nämlich 32% der Jungen und 29% der Mädchen jede Nacht unruhig. Es erscheint daher wahrscheinlich, daß diese Form der Unruhe in ihrem häufigen Auftreten ein hartnäckiges Merkmal vieler Kinder ist. Die Verteilung variierte nur gering mit dem Alter und dem Geschlecht.

Alpträume (F. 70).

Auch hier wurde über die Mehrheit der Kinder angegeben, daß sie nie oder fast nie Alpträume hätten. Im großen und ganzen sollen unangenehme Träume nur selten aufgetreten sein: über 75% der Kinder mit Alpträumen wurde berichtet, daß sie solche Träume nur einmal in zwei- oder drei Monaten oder

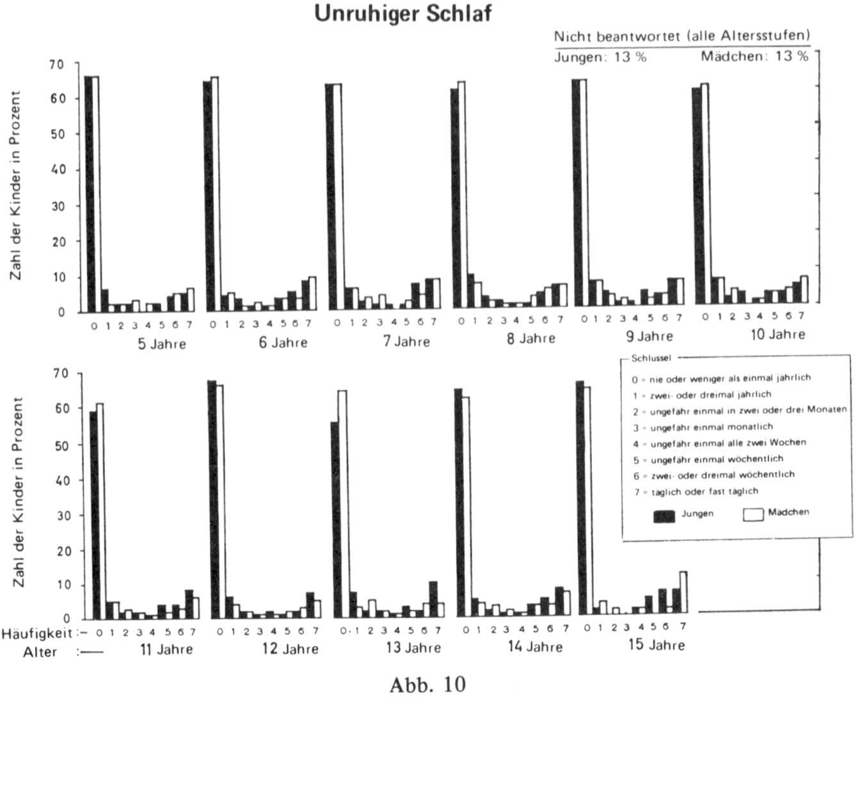

Abb. 10

noch seltener hätten. Häufiges Alpdrücken trat in allen Altersgruppen selten auf; nur fünf Mädchen und sieben Jungen waren insgesamt davon betroffen (s. Abb.11).

Es bestand im Auftreten von Alpträumen kein Unterschied zwischen den Geschlechtern, und bei beiden nahm mit zunehmendem Alter das Auftreten von Alpträumen ab. So hatten unter den 5jährigen 31% der Jungen und 28% der Mädchen wenigstens zwei- oder dreimal im Jahr Alpdrücken; unter den 10jährigen betrugen die entsprechenden Anteile 18% und 22%; im 14. Lebensjahr sanken sie auf jeweils 10% und 14%. Diese Abnahme scheint durch die geringer werdende Zahl der Kinder mit gelegentlichen Alpträumen zustandegekommen zu sein: Diese Träume können deshalb entweder Entwicklungserscheinungen sein oder aber sie werden den Eltern seltener mitgeteilt, wenn die Kinder älter werden. Der Anteil der Kinder, die nach Darstellung ihrer Eltern relativ häufig an Alpträumen leiden, d.h. einmal in zwei Wochen oder häufiger, zeigte nur geringe Variation mit dem Alter.

Lapouse und Monk (1958) fanden auch ein häufigeres Auftreten von Alpträumen bei 6- bis 8jährigen als bei älteren Kindern. Macfarlane et al. (1954) stellten jedoch fest, daß die 10jährigen beiderlei Geschlechts am häufigsten hierunter litten.

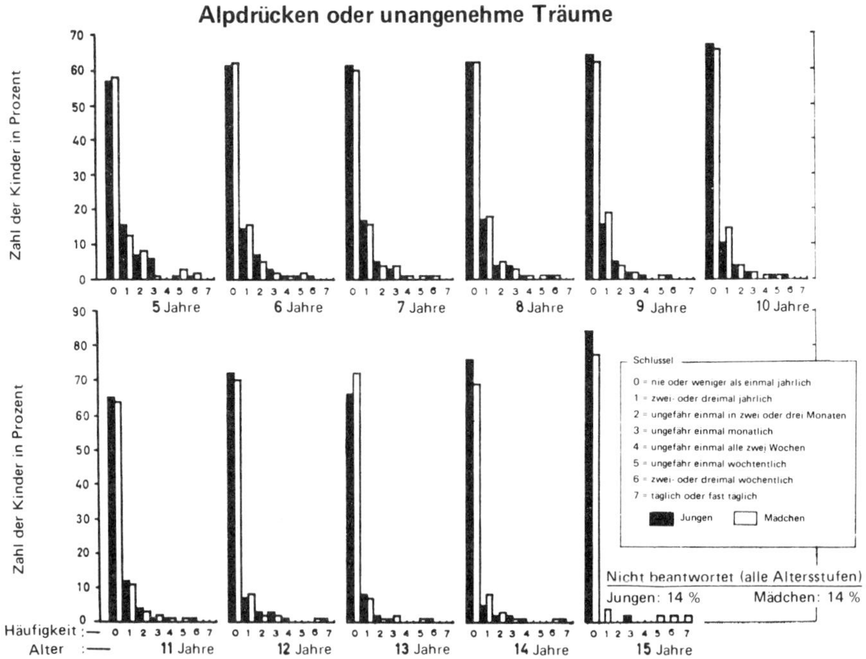

Abb. 11

Bettnässen (F. 72).

Aufgrund der Alters- und Geschlechtsdaten zum Bettnässen (s. Abb. 12) können zwei klare Aussagen gemacht werden. Erstens trat erwartungsgemäß dieses Verhalten viel häufiger in jüngeren Altersgruppen auf und selten bei älteren Kindern. Zweitens war das berichtete Vorkommen bei Jungen durchgehend größer als bei Mädchen.

Legen wir die Häufigkeiten aller Altersgruppen zugrunde, so wird von 5% der Jungen und 3% der Mädchen berichtet, daß sie wenigstens einmal in zwei Wochen bettgenäßt hätten; dies trat bei 2% der Jungen und 1% der Mädchen nächtlich auf; über alle Häufigkeitsstufen waren 11% der Jungen und 8% der Mädchen Bettnässer. In mehreren anderen Untersuchungen finden sich unterschiedliche Häufigkeitsschätzungen. Gordons Wert (1942) betrug 7% von 200 Schulkindern im Alter von 5 bis 14 Jahren Bremer (1951) nennt 4,4% von 271 Kindern im Alter von 5 bis 14 Jahren; Gedda (1948) 3,6% von 7jährigen Kindern und Hallgren (1956) fand in der gleichen Altersgruppe 8% der Jungen und 4% der Mädchen einer großen repräsentativen Stichprobe, die Bettnässer waren.

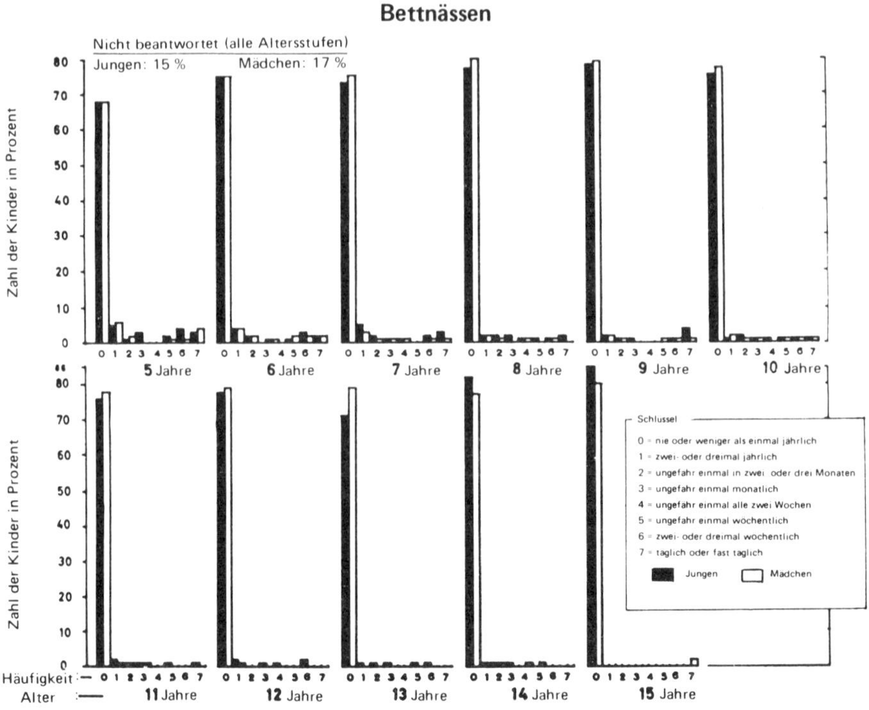

Abb. 12

Schätzungen von child guidance Populationen liegen verständlicherweise höher. Addis (1935) gibt für Londoner Kliniken im Jahre 1932 einen Wert von 18% an; Kanner (1957) spricht von 24% Bettnässern unter seinen Patienten; Ackerson (1931) von 12% der Mädchen und 14% der Jungen. Die Bakwins (1954) fanden, daß 26% von 1000 Kindern, die die Poliklinik des Bellevue Hospitals in New York aufsuchten, Enuretiker waren.

Der Einfluß des Alters auf die berichtete Häufigkeit kommt in mehreren Untersuchungen klar zum Ausdruck. Michaels und Goodman (1934) berichteten, daß ungefähr 9,2% einer Gruppe 8jähriger normaler Kinder und 3,9% der 10jährigen in einem American Recreation Camp noch bettnäßten. McConachie (Ministry of Education 1954–5), ein Schularzt, stellte in einer Stichprobe von 1600 Schulkindern fest, daß der Anteil derjenigen, die mehr als einmal in der Woche bettnäßten, von 10% in der Gruppe der 5jährigen auf 2,5% der 13jährigen oder älteren Kinder abfiel. Bransby et al. (1955) berichteten, daß im 5. Lebensjahr der Anteil der Bettnässer in York 18% betrug, auf 9% im Alter von 9 bis 10 Jahren sank und schließlich 2,5% der Kinder über 12 Jahre ausmachte. In der Newcastle Untersuchung von Miller et al. (1960) wurde festgestellt, daß 9% der Stichprobe im Alter von 5 Jahren noch bettnäßten und zwar „entweder gewohnheitsmäßig oder so oft, daß ihre Eltern regelmäßige Vorkehrungen treffen mußten"; als sie das 9. Lebensjahr erreicht hatten, betrug ihr Anteil nur noch 7%. Ein National Survey (Blomfield und Douglas 1956) bezeichnete 4% der 6jährigen Jungen und Mädchen als Enuretiker; dieser Wert sank bei den Mädchen im Alter von 7; 9 Jahren auf 2%, während der Anteil der Jungen konstant blieb. Die Werte für gelegentliches Bettnässen fielen von 8% Jungen und 5% Mädchen im 6. Lebensjahr auf jeweils 5% und 4% im Alter von 7; 9 Jahren.

Dieses Absinken der Häufigkeiten mit zunehmendem Alter kommt in der Population der child guidance clinics nicht so deutlich zum Ausdruck (Barbour et al. 1963). Kanner (1957) berichtete von einem Häufigkeitsgipfel im Alter zwischen 8 und 11 Jahren; für diesen Unterschied hält er folgende Erklärung für wahrscheinlich: „Dies bedeutet, daß durch das Andauern des Bettnässens bis zu diesem Alter die Eltern und der Hausarzt die Notwendigkeit für eine psychiatrische Behandlung des Problems eingesehen haben".

Der klare Unterschied zwischen den Geschlechtern, der in unseren Daten erkennbar ist, ist auch von mehreren anderen Untersuchern bestätigt worden. Bransby (1955) fand, daß die Häufigkeit bettnässender Mädchen im Alter zwischen 4 und 10 Jahren nur 85% der der Jungen ausmachte. Blomfield und Douglas (1956) berichteten, daß die Häufigkeit der Mädchen nur 60% der der Jungen betrug. McConachie (Ministry of Education 1954–5) schätzte, daß im Alter von 10 Jahren die Zahl enuretischer Jungen doppelt so groß ist wie die der Mädchen; Hallgren (1956) fand ebenso ein signifikant höheres Vorkommen bei Jungen. Bei Kindern aus child guidance clinics sind nach Kanner (1957) 62% aller Bettnässer Jungen.

Antisoziales Verhalten

Da unser Fragebogen für die Eltern als normal betrachteter Kinder gedacht war, wurde nicht versucht, extrem antisoziales oder deliquentes Verhalten ausgiebig zu erfassen. Es konnte erwartet werden, daß solches Verhalten nur selten in dieser Population auftritt; wahrscheinlich hätten die Eltern keine Angaben darüber gemacht und wären über solche Fragen befremdet gewesen. Nur eine begrenzte Zahl Items wurde deshalb aufgenommen und zwar destruktives Verhalten, Stehlen, Lügen, Schuleschwänzen und Umherstreifen.

Destruktives Verhalten (F. 45).

Destruktives Verhalten

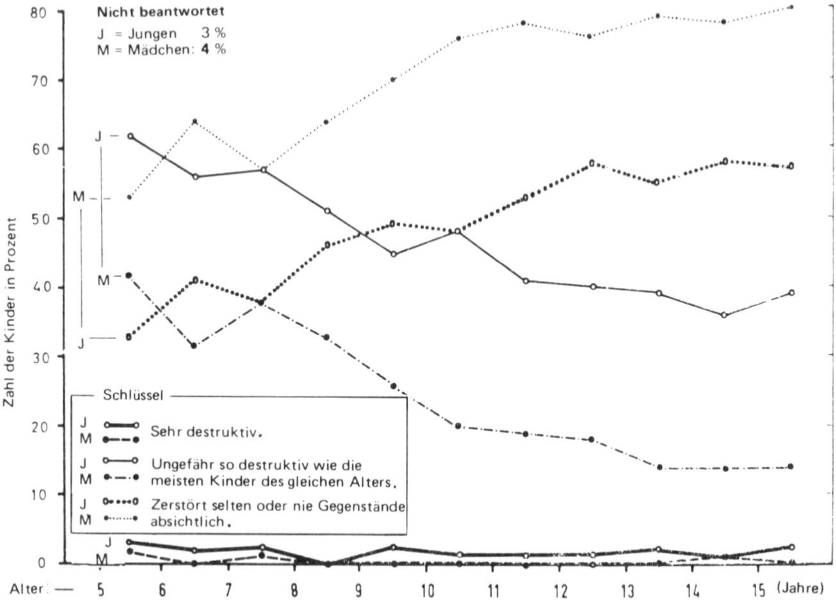

Abb. 13

Abbildung 13 zeigt, daß in allen Altersstufen nur eine sehr kleine Minderheit als „sehr destruktiv" angesehen wurde; insgesamt traf dies nur auf 13 Mädchen (4 pro Tausend) und 43 Jungen (13 pro Tausend) zu. Die beobachteten Verhaltensmuster der schwächeren Ausprägungen des Items waren dem „Entwicklungstypus" zuzurechnen. Bei schwacher Destruktivität lag der Häufigkeitsgipfel in der Gruppe der 5jährigen, wo dies von den Eltern von 62% der Jungen und 42% der Mädchen berichtet wurde; die Anteile sanken im Alter von 14 Jahren auf das Minimum von 14% der Mädchen und 36% der Jungen. So nahm in den höheren Altersgruppen die Zahl der Kinder zu, die als frei von Destruktivität bezeichnet wurden. Mit einem Anteil von 30% lagen hierbei die 15jährigen Mädchen an der Spitze. Den gleichen Trend berichteten Macfarlane et al. (1954) von normalen Kindern, sowie Ackerson (1931) und Grant (1958) von child guidance Patienten. Jungen wurden in allen Altersgruppen eher als Mädchen als „sehr destruktiv" eingestuft. Eine ähnliche und noch durchgängigere Geschlechtsdifferenz trat in der Kategorie „schwacher" Destruktivität klar zutage.

Stehlen (F. 51).

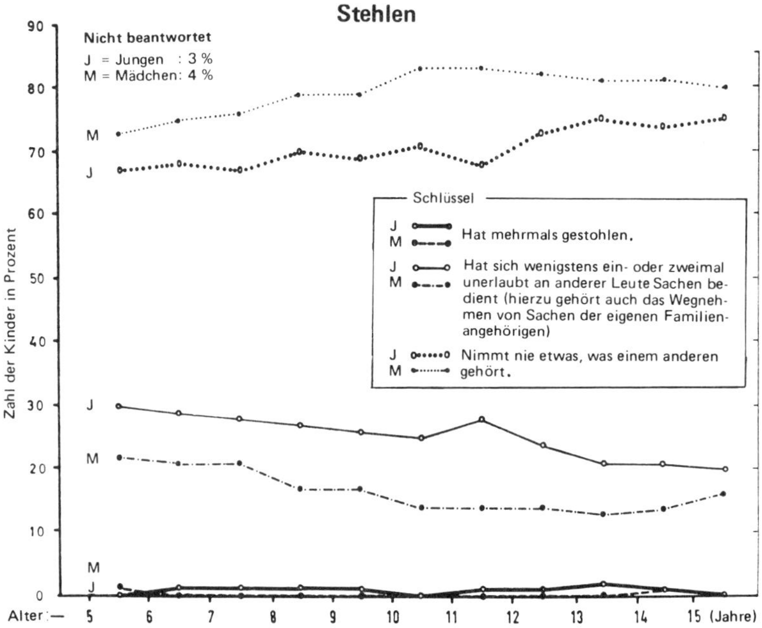

Abb. 14

Die Frage nach Stehlen war notwendigerweise behutsam formuliert worden und bezog sich auf vergangene wie gegenwärtige Vorfälle. Aus den Antworten ist klar zu sehen, daß die Mehrzahl der Eltern es verneinte, daß in irgendeinem Ausmaß je gestohlen worden sei. Nur über sehr wenige Kinder, fast alles Jungen, wurde berichtet, daß sie mehrmals gestohlen hätten. Andere Untersucher, die Stehlen als ein in Kliniken oder Gerichten anzutreffendes Problem dargestellt haben, geben verständlicherweise größere Häufigkeiten an (Kanner 1957, Ackerson 1931, Bakwin und Bakwin 1954).

In der schwächeren Kategorie „sich (unerlaubt) bedienen" überwogen auch die Jungen mit einem berichteten Vorkommen von 29% gegenüber 17% der Mädchen. Bei beiden Geschlechtern lag die Höchstquote für Stehlen in der Gruppe der 5- bis 6jährigen; die Häufigkeit nahm dann mit zunehmendem Alter ab.

Lügen (F. 49).

Abbildung 15 zeigt, daß die meisten Mütter von ihren Kindern glaubten, daß sie „manchmal schwindelten", aber nur relativ wenige würden „ziemlich oft absichtlich lügen": Die Unterscheidung zwischen „Schwindeln" und „absichtlichem Lügen" ist natürlich subjektiv. Sie hängt sicher ebensostark von dem Bezugssystem der Mutter wie auch vom Verhalten des Kindes ab. „Gelegentliches Schwindeln" deutet jedoch wahrscheinlich auf eine geringere Beachtung des Verhaltens seitens der Eltern hin.

Mit zunehmendem Alter wurde häufiger berichtet, daß die Kinder die Wahrheit sagten; von 39% der Mädchen und 25% der Jungen im Alter von 15 Jahren wurde angenommen, daß sie dies immer taten – verglichen mit 12% der Kinder beiderlei Geschlechts im Alter von 6 Jahren. Dieser offensicht-

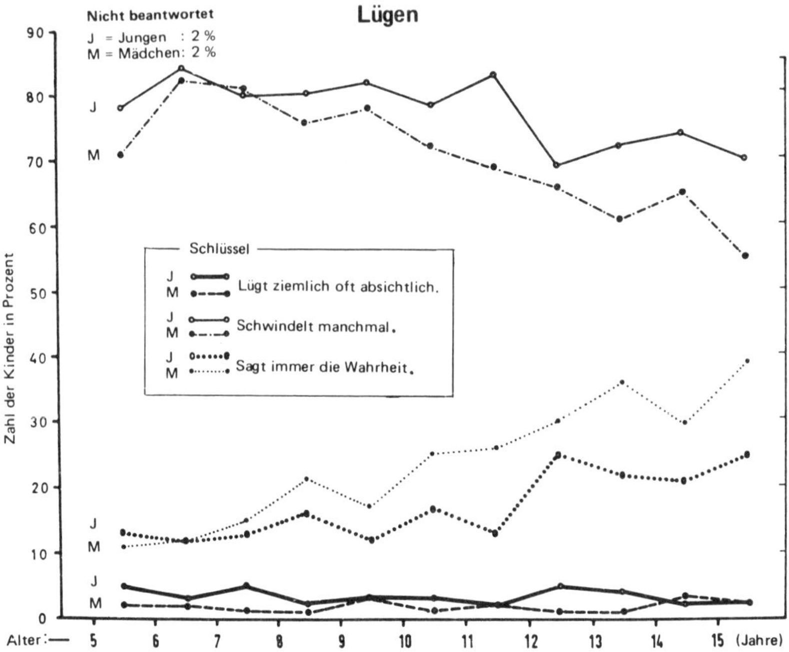

Abb. 15

liche Anstieg mit zunehmendem Alter kam auf Kosten des gelegentlichen Schwindelns und weniger des häufigen Lügens zustande. Es bestand kein Zusammenhang zwischen Alter und der Häufigkeit, mit der absichtlich die Unwahrheit gesagt wurde. Diese Häufigkeit blieb konstant bei durchschnittlich 3% der Jungen und 2% der Mädchen. In allen Altersgruppen wurde über Jungen eher als über Mädchen angegeben, daß sie entweder absichtlich lögen oder manchmal schwindelten.

In ihrer Stichprobe normaler Kinder fanden Macfarlane et al. (1954), daß nach einem Alter von 5 oder 6 Jahren die Häufigkeit des Lügens abnahm. Die Verhältnisse in der child guidance clinic sind jedoch gänzlich anders. Grant (1958) gab an, daß Lügen bei älteren Kindern, die im Maudsley Hospital behandelt wurden, zunahm; nach Ackerson (1931) nahm Lügen –meist als Mittel zur Verteidigung verwandt – bei beiden Geschlechtern bis zum 8. oder 9. Lebensjahr zu, wonach es bei Jungen abnahm, bei Mädchen jedoch bis zum 17. Lebensjahr zunahm.

Ungehorsam (F. 62)

Es überrascht vielleicht, daß die Verteilung berichteten gehorsamen Verhaltens sich erheblich von der der Kategorie „sagt immer die Wahrheit" unterschied. Die Musterkinder, die immer das taten, was von ihnen verlangt wurde,

Ungehorsam

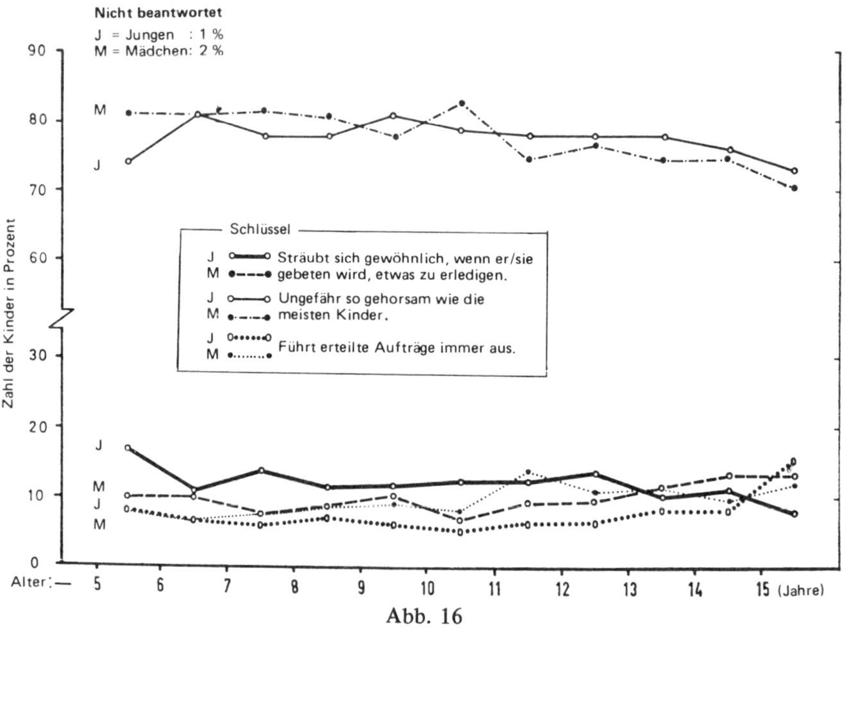

Abb. 16

machten nur 10% der Mädchen und 8% der Jungen aus. Dies ist allerdings keine zu niedrige Zahl, wenn wir Kanners Ansicht des „vollkommenen Gehorsams" als Ausdruck einer pathologischen Unterwürfigkeit akzeptieren, die aus der Unterdrückung von Spontaneität und Initiative resultierte.

Über weitere 10% der Mädchen und 13% der Jungen wurde berichtet, daß „sie sich gewöhnlich sträubten, wenn sie gebeten oder von ihnen verlangt wurde, etwas zu erledigen"; etwa 80% der Kinder wurden von ihren Eltern als „ungefähr so gehorsam wie die meisten Kinder" bezeichnet. Die Alters- und Geschlechtsunterschiede innerhalb dieser Verteilung waren bedeutungslos.

Die in diesem Zusammenhang relevante Information aus der psychiatrischen Literatur beschäftigt sich mit schwerwiegenderen Fällen von „Negativismus" und nicht mit Ungehorsam. Reynolds (1928) und Levy und Tulchin (1932) fanden die stärkste Verbreitung von Ungehorsam zwischen dem 2. und 3. Lebensjahr; Macfarlane et al. (1954) schätzten jedoch, daß Kinder im Alter zwischen 3 und 6 Jahren am ehesten dazu neigen. Andererseits verlagern Griffiths (1952) und Ackerson (1931) die Periode größter Häufigkeit in die Zeit vom 9. bis 11. Lebensjahr. In diesen Untersuchungen traten keine ausgeprägten Geschlechtsdifferenzen auf, obwohl Jungen als insgesamt ungehorsamer angesehen wurden.

Umherstreifen (F. 60)

Aus Abbildung 17 ist zu ersehen, daß die Mehrzahl der Kinder dieser Stichprobe nicht umherstreifte. Dieses Verhalten, wenn es überhaupt auftrat, wurde eher von Jungen (4%) als von Mädchen (1%) berichtet. Dies galt auch für die schwächere Kategorie („Bummelt oder geht mit Freunden spielen, ohne den Eltern Bescheid zu sagen"). Eine Veränderung im berichteten Verhalten trat bei beiden Geschlechtern in der Adoleszenz ein. Einerseits stieg die Zahl der Kinder an, die „weit oder lange umherstreifen". Andererseits nahm die Zahl der Kinder zu, von denen gesagt wurde, daß sie nie umherstreiften, während die Häufigkeit des Verhaltens der mittleren Kategorie sank. Diese Veränderung kann allerdings auch nur die geringere Besorgnis der Eltern über den Aufenthaltsort ihrer Kinder widerspiegeln, wenn diese älter werden.

In ihrer Untersuchung normaler Kinder fanden Macfarlane et al. (1954), daß Berichte über „Wegbleiben von zu Hause" mit dem 7. Lebensjahr aufhörten: „Es wurde von den Müttern nicht mehr als Wegbleiben angesehen, wenn die Kinder in ihren Augen alt genug waren, sich selbst zu schützen und mehr Freiheit zu genießen". In einer Gruppe von Kindern, die in psychiatrischen Kliniken in New York behandelt wurden, blieben nach Ackerson (1931) 20% der weißen Jungen und 20% der weißen Mädchen von zu

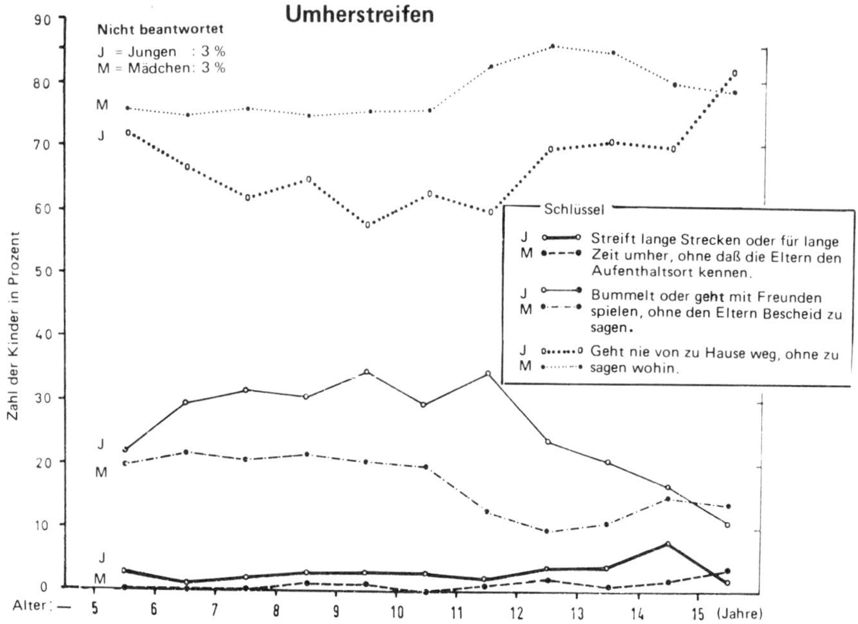

Abb. 17

Hause weg, wobei die größte Häufigkeit bei Jungen im Alter von 10 bis 12 Jahren und bei 17- oder 18jährigen Mädchen lag[1].

Physische Störungen

Der Bereich „körperlicher Zustand“ war im großen und ganzen auf einen separaten Teil des Fragebogens beschränkt, der in Kapitel 5 beschrieben wird. Es gibt jedoch physische Probleme, die sowohl auf psychische als auf somatische Störungen schließen lassen können. Diese wurden in den Verhaltensteil des Fragebogens mit der Acht-Stufen-Antwortskala eingefügt; im einzelnen waren es folgende Störungen: „Verstopfung“, „Kopfschmerzen“, „Bauchschmerzen“, „Erbrechen“, „Diarrhoe“ und „Einkoten“. Es wurde nicht versucht, diese Items in psychogene und somatogene Kategorien zu unterteilen. Das war bei der vorliegenden Information einfach unmöglich; es stellt selbst den Kliniker oft genug vor Probleme.

1 Diese sehr hohen Werte spiegeln wahrscheinlich die Art und Weise wider, in der Ackersons Stichprobe zusammengestellt wurde. Umherstreifende Kinder können eher zu delinquentem Verhalten verführt werden und aus weniger stabilen Verhältnissen kommen. Aufgrund beider Faktoren sind sie eher staatlicher Intervention in ihre Angelegenheiten und somit einer Überweisung an eine „behaviour clinic“ unterworfen.

Im allgemeinen haben diese Items eine ähnliche Verteilung: Die Häufigkeit der berichteten Fälle sinkt mit wachsender Verhaltensstärke. Physische Beschwerden traten bei den meisten davon betroffenen Kindern nur in längeren Abständen auf. Es bestanden zwischen den Items jedoch dahingehend Unterschiede, als daß Kopfschmerzen, Verstopfung und Bauchschmerzen in allen Häufigkeitsstufen sehr viel öfter vorkamen als Diarrhoe und Erbrechen; Einkoten war sehr ungewöhnlich. Es ist weiter von Interesse, daß bei Mädchen in der Adoleszenz das Vorkommen monatlicher Bauchschmerzen, Kopfschmerzen und in einem gewissen Grad auch Erbrechen anstieg.

Verstopfung (F. 68)

Aus den Histogrammen der Abbildung 18 ist ersichtlich, daß mehr als die Hälfte der Stichprobe (56% der Mädchen und 62% der Jungen) nie Verstopfung hatte. Bei denen, die darunter litten, sank die Stärke des Auftretens gleichmäßig ab, je mehr Kinder über diese Beschwerden klagten. 40% der Mädchen und 44% der Jungen litten darunter nur zwei- oder dreimal im Jahr; eine chronische Störung schien nur bei einer kleinen Gruppe

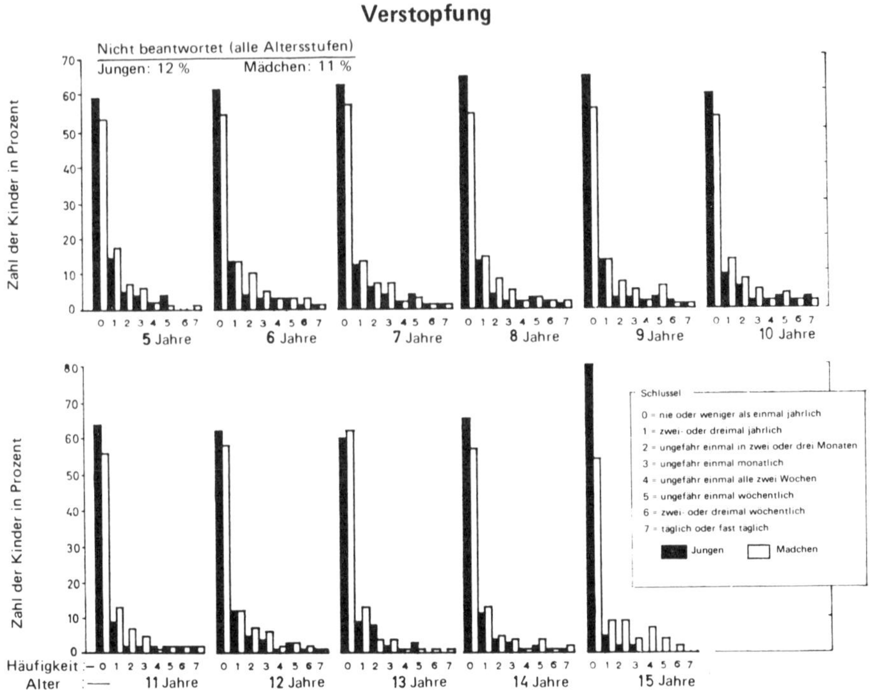

Abb. 18

vorzuliegen. In allen Ausprägungsstufen wurde von Mädchen eher als von Jungen berichtet, daß sie Verstopfung hätten ($P < 0.001$). Der größte Teil dieser Differenz ließ sich jedoch auf die Gruppen mit gelegentlicher und nicht mit häufiger Verstopfung zurückführen. Es war auch die Tendenz zu beobachten, daß Berichte über Verstopfung bei älteren Kindern abnahmen; es ist allerdings nicht auszumachen, ob diese Veränderung auf dem Zustand des Kindes oder dem Wissen der Mutter über derartige Vorfälle beruht.

Diarrhoe (F. 75)

Abbildung 19 stellt eine körperliche Unpäßlichkeit dar, die nur sehr selten berichtet wurde. Nur über 17% der Jungen und 14% der Mädchen wurde angegeben, daß sie unter Diarrhoe litten, und nicht mehr als 18% dieser Gruppe erlebten öfters als zwei- oder dreimal jährlich Anfälle von Diarrhoe.

Bei beiden Geschlechtern bestand eine abnehmende Tendenz im Auftreten, je älter die Kinder wurden; sie war jedoch nur schwach und unregelmäßig ausgeprägt. In allen Altersgruppen außer dem 5. Lebensjahr neigten Mädchen eher zu Diarrhoe als Jungen.

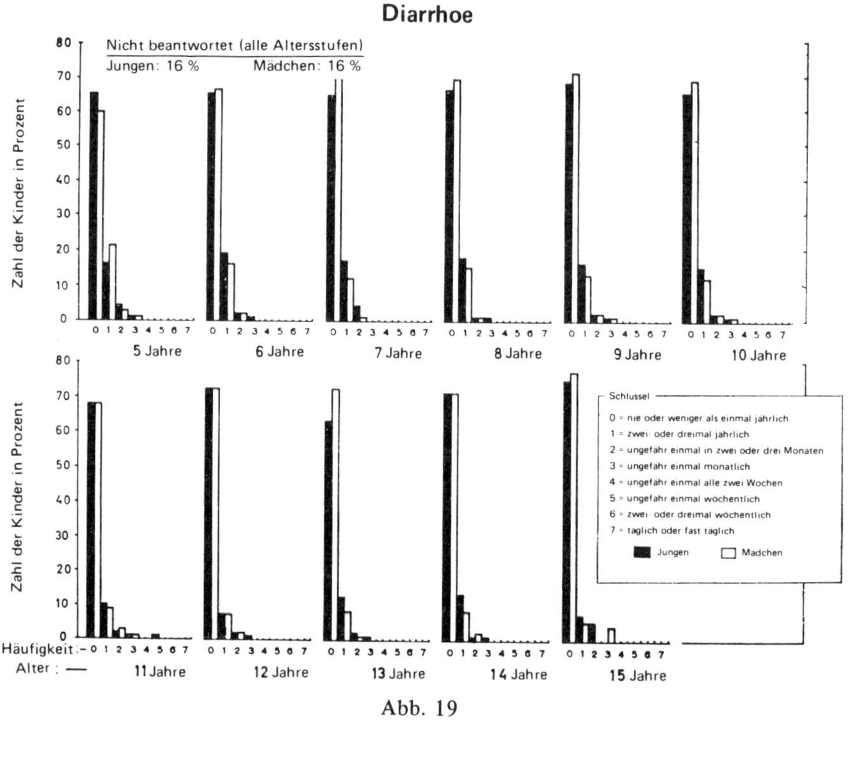

Abb. 19

Einkoten (F. 76)

Wie es bei einer Stichprobe von Schulkindern hätte erwartet werden können, wurde nur von einem sehr kleinen Anteil berichtet, daß Einkoten überhaupt auftrat. Dies kann natürlich eine Unterschätzung der wirklichen Verbreitung sein, da die Eltern von 18% der Kinder dieses Item nicht beantworteten. Abbildung 20 zeigt, daß Jungen (4%) signifikant häufiger einkoteten als Mädchen (2%) ($P < 0.001$). Betrachtet man die gesamte Gruppe der Enkopretiker, so kann festgestellt werden, daß die Jungen öfters einkoteten als Mädchen: Über 62% der männlichen Enkopretiker wurde angegeben, daß sie dies mehr als zwei- oder dreimal im Jahr taten, wogegen die entsprechende Zahl der Mädchen nur 44% betrug. Unter den 53 Kindern, die einmal wöchentlich oder öfters einkoteten, waren 40 (75%) Jungen; das gleiche Verhältnis der Geschlechter (1:3) wurde bei den Kindern gefunden, die den Angaben zufolge täglich einkoteten.

Berichte über Enkopresis wurden über Kinder, die älter als zehn Jahre waren, sehr selten gegeben. In der Gruppe der jüngeren Mädchen trat Enkopresis am häufigsten bei 5jährigen auf und selbst dann nur sehr selten, wobei solche Vorfälle meistens den Charakter von seltenen „Unfällen" hatten. Bei Jungen

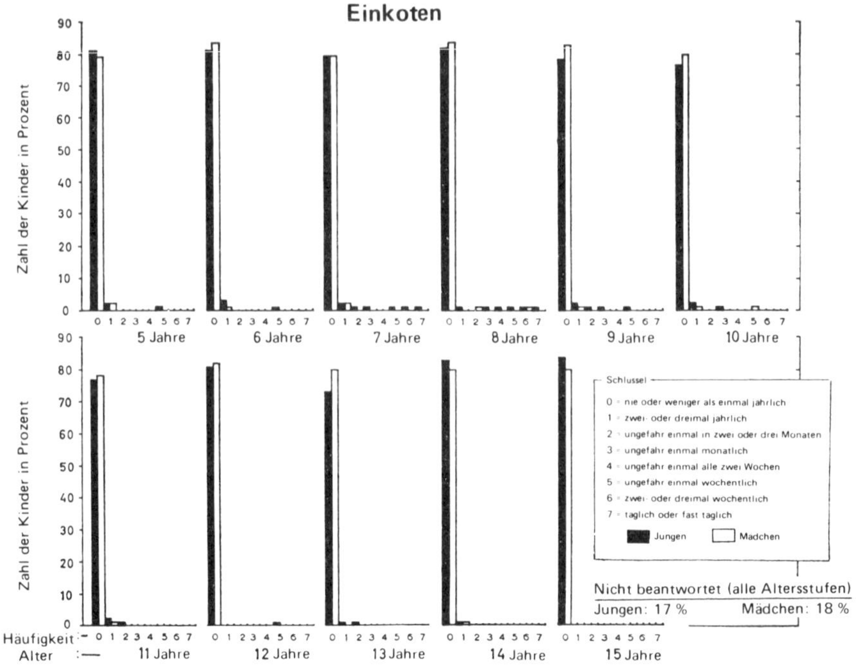

Abb. 20

lag der Gipfel sowohl der Verbreitung und der Frequenz im Bereich von sieben bis neun Lebensjahren.

Bauchschmerzen (F. 73)

Die Form der Verteilung, wie sie in Abbildung 21 dargestellt wird, ist der der Berichte über Kopfschmerzen nicht unähnlich (s. S. 61): Der Schweregrad sinkt mit zunehmender Verbreitung, und Mädchen nach der Menarche weisen ein besonderes Bild auf. Vom 12. Lebensjahr aufwärts klagte ein zunehmender Anteil Mädchen jeden Monat über Schmerzen; diese Frequenz wurde dann auch am häufigsten berichtet. Bis zum 10. Lebensjahr litten nur 4% der Mädchen an Bauchschmerzen; bei den 12–13jährigen war diese Zahl auf 15% gestiegen; in der Gruppe der 14- und 15jährigen klagte schließlich jedes vierte Mädchen über diese Beschwerden. Diese Werte stimmen mit den Ergebnissen anderer epidemiologischer Untersuchungen an Mädchen in der Adoleszenz überein: Heald et al. (1957) berichteten, daß 37% der Mädchen aus einer Schule in Neu-England, die zwischen 16 und 17 1/2 Jahren alt waren, an abdominalen Krämpfen litten; Van Laar et al. (1962) fanden, daß jedes sechste Mädchen aus einer Stichprobe holländischer Schulmädchen dieser Altersgruppe wegen schmerzhafter Menstruationsbeschwerden wenig-

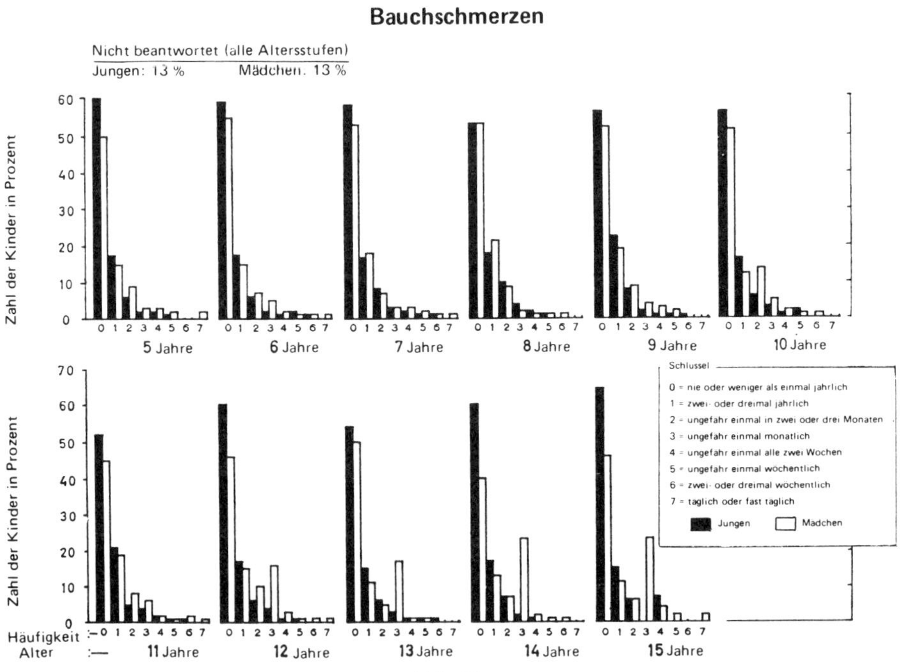

Abb. 21

stens ein Schultag fehlte. Da der beobachtete Anteil der Jungen bei 3% konstant blieb, scheint es wahrscheinlich, daß die Kategorie „Bauchschmerzen“ durch die Menstruationsschmerzen einiger Mädchen aufgebläht wird.

Nach der Menstruation wurde gesondert im Teil des Fragebogens über körperliche Gesundheit gefragt; ein Vergleich zeigt, daß 70 von 195 (36%) Mädchen im Alter von 11 bis 15 Jahren, bei denen auf Frage 73 geantwortet wurde, daß sie über monatliche Bauchschmerzen klagten, auch Schmerzen während ihrer Periode hatten. Selbst wenn diese Fälle ausgeschlossen werden, gab es immer noch einen relativ hohen Anteil von 11% Mädchen über 10 Jahre, die nach den Angaben einmal im Monat an Bauchschmerzen litten.

Die Verbreitung von Schmerzen, die mehr als einmal monatlich auftraten, ist bei Mädchen noch etwas größer (5%) als bei Jungen (3%), aber es besteht nur sehr geringe Variation mit dem Alter.

Erbrechen (F. 74)

Berichte über Erbrechen waren relativ selten: Nur 16% der Jungen und 17% der Mädchen sollen den Angaben zufolge einmal jährlich erbrochen haben.

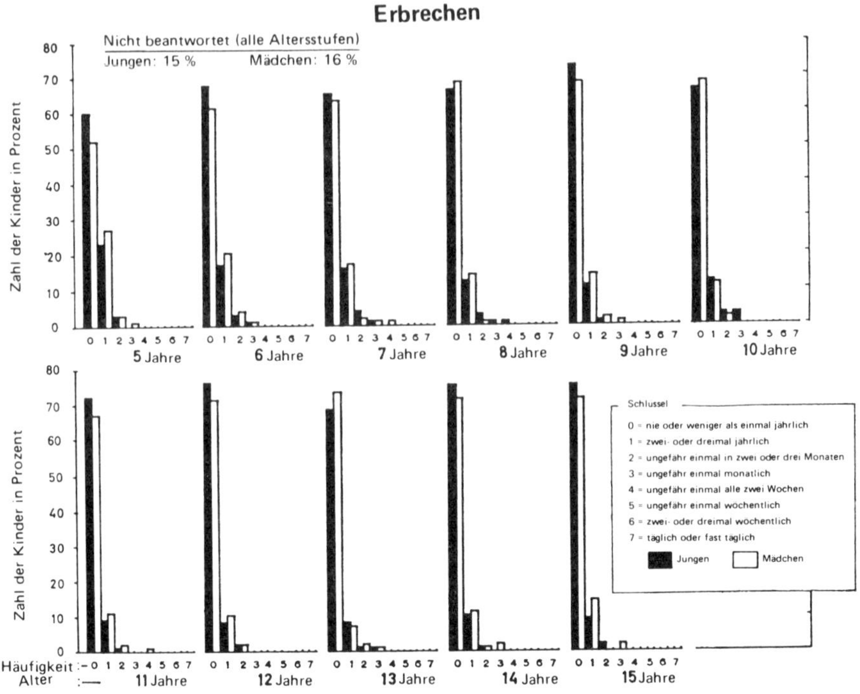

Abb. 22

Wie Abbildung 22 darlegt, erbrachen die meisten Kinder nicht mehr als zwei- oder dreimal jährlich. Nur von neun Mädchen und acht Jungen wurde berichtet, daß sie öfter als einmal monatlich erbrachen, und alle außer vier taten dies weniger als einmal wöchentlich. Sehr selten auftretendes Erbrechen, d.h. zwei- oder dreimal jährlich, war am häufigsten bei den jüngsten Kindern der Stichprobe zu beobachten und sank mit zunehmendem Alter ab. Häufiger auftretendes Erbrechen war zu selten, um Altersvergleiche anstellen zu können. Eine Periodik monatlichen Erbrechens entwickelte sich bei Mädchen nach dem 12. Lebensjahr. Ansonsten zeigten sich keine besonderen Geschlechtseinflüsse auf die Verteilung.

Kopfschmerzen (F. 69)

Bei mehr als der Hälfte der Gesamtstichprobe (54% der Jungen; 57% der Mädchen) wurden Kopfschmerzen, die wenigstens zwei- oder dreimal jährlich auftraten, angegeben. Diese Gesamtzahl ist jedoch etwas irreführend, da der Anteil der Kinder mit Kopfschmerzen gleichmäßig mit zunehmendem Alter anstieg. So wurden über nur ein Drittel aller 5jährigen Kopfschmerzen berichtet, während es bei den 14- oder 15jährigen zwei Drittel waren. In der Mehrzahl der Fälle schienen die Kopfschmerzen nicht häufig zu sein, und zwar traten sie nur einmal in zwei oder drei Monaten oder noch seltener auf. Insgesamt nahm der Anteil dieser Kinder ab, wenn die Kopfschmerzen in kürzeren Zeitabständen auftraten. Hierzu gab es jedoch eine Ausnahme. Unter den 12jährigen oder älteren Mädchen wurden wenigstens genausoott monatlich auftretende Kopfschmerzen angegeben wie selten auftretende, d. h. einmal in zwei oder drei Monaten. Dies wurde bei Jungen nicht beobachtet und spiegelt wahrscheinlich die Tendenz wider, daß Kopfschmerzen mit der Periode einhergehen, oder die Erwartung, daß sie zu dieser Zeit auftreten. Von sehr wenigen Kindern wurde berichtet, daß sie häufiger als einmal in der Woche an Kopfschmerzen litten, und die meisten dieser Kinder waren über zehn Jahre alt.

Im allgemeinen wurde von den älteren Kindern eher berichtet, daß sie häufige Kopfschmerzen hätten. So hatten 12% der Mädchen der Altersgruppe der 11- bis 15jährigen den Angaben zufolge wenigstens einmal alle zwei Wochen Kopfschmerzen, verglichen mit nur 5% der 5- bis 10jährigen ($P < 0.001$). Ähnliche Verhältnisse wurden bei den Jungen beobachtet, wo die jeweiligen Anteile 9% und 4% betrugen ($P < 0.001$). In der Präadoleszenz bestanden zwischen den Geschlechtern keine Unterschiede im Vorkommen, aber bei den älteren Kindern wurden Kopfschmerzen eher von Mädchen als von Jungen berichtet.

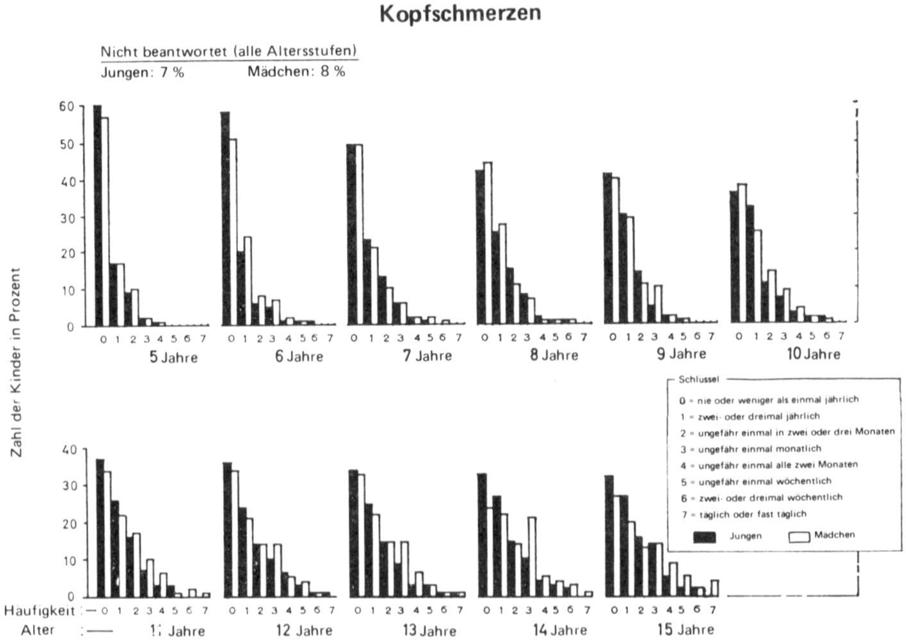

Abb. 23

Psychomotorisches Verhalten

Unruhe und Unteraktivität (F. 58)

Beide Extremantworten bei diesem Item wurden als möglicher Hinweis auf Verhaltensprobleme aufgefaßt. Die Antworten werden natürlich von den Erfahrungen und Erwartungen des berichtenden Elternteils beeinflußt. Wie Macfarlane et al. (1954) betont haben, ist es selbst in einem Interview schwierig, Berichte über Überaktivität von „der körperlichen Verfassung der Mutter, den Wohnverhältnissen und den dem Kind zugestandenen Beschäftigungsmöglichkeiten“ zu trennen.

a) Unruhe. Berichte über Unruhe und zappeliges Verhalten waren keinesfalls ungewöhnlich; insgesamt wurden 20% der Jungen und 14% der Mädchen so beschrieben. Von Jungen wurde eher als von Mädchen unruhiges Verhalten berichtet; dieser Unterschied bestand – wie aus Abbildung 24 zu ersehen ist – in jeder Altersgruppe. So hatten die Altersverteilungskurven der beiden Geschlechter bis zum 13. Lebensjahr einen sehr ähnlichen Verlauf. Bei beiden Geschlechtern wurde unruhiges Verhalten am häufigsten von den 7jährigen berichtet (25% der Jungen, 20% der Mädchen) und nahm dann bis auf eine Ausnahme gleichmäßig ab. Diese Ausnahme waren die ältesten Jungen bei

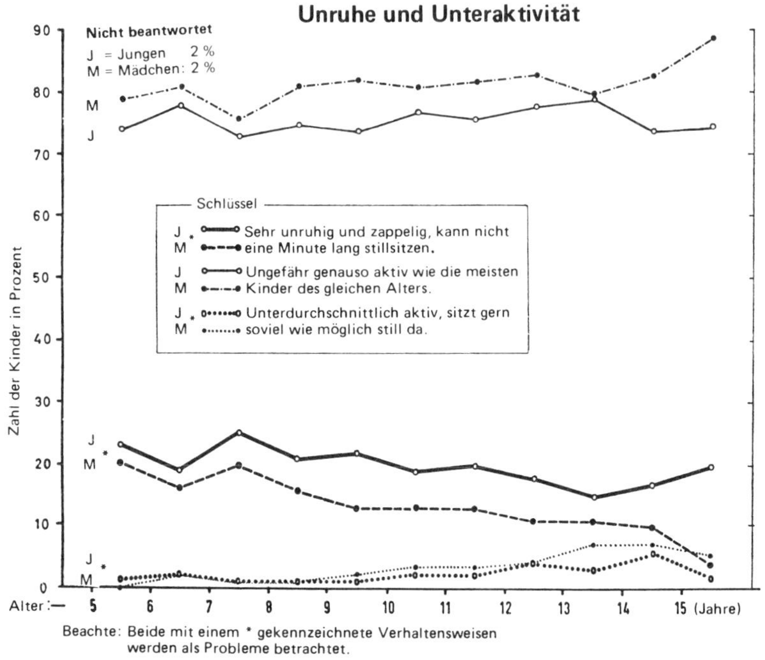

Abb. 21

denen die Häufigkeit wieder anstieg. Ein Abnehmen unruhigen Verhaltens mit zunehmendem Alter wurde von Macfarlane et al. (1954), der normale Kinder untersuchte, und von Ackerson (1931) anhand einer klinischen Population festgestellt. Auch Ackerson fand die größte Verbreitung bei den 7jährigen. Macfarlane bemerkt, daß der Gipfel in der Vorschulzeit liegt, konnte jedoch eine weitere Konzentration bei 7jährigen Jungen beobachten.

b) Unteraktivität. Nur ein relativ kleiner Teil der Kinder (3% der Mädchen, 2% der Jungen) wurde als „unterdurchschnittlich aktiv" beschrieben. Abbildung 24 verdeutlicht, daß dieser Anteil mit steigendem Alter zunahm, wobei im 14. Lebensjahr bei beiden Geschlechtern der Gipfel erreicht wird (7% der Mädchen, 6% der Jungen). Es bestand im Vorkommen von Unteraktivität kein Hinweis auf Unterschiede zwischen den Geschlechtern.

Tics (F. 64)

Selbst bei sehr weit gehaltenen Definitionen wurden Tics selten berichtet, besonders bei Mädchen; nur von 15 Mädchen und 40 Jungen wurde behauptet, daß sie sichtbare und andauernde Zuckungen hätten. Diese geringe Verbreitung überrascht nicht, da Pasamanick und Kawi (1956) nur 83 Kin-

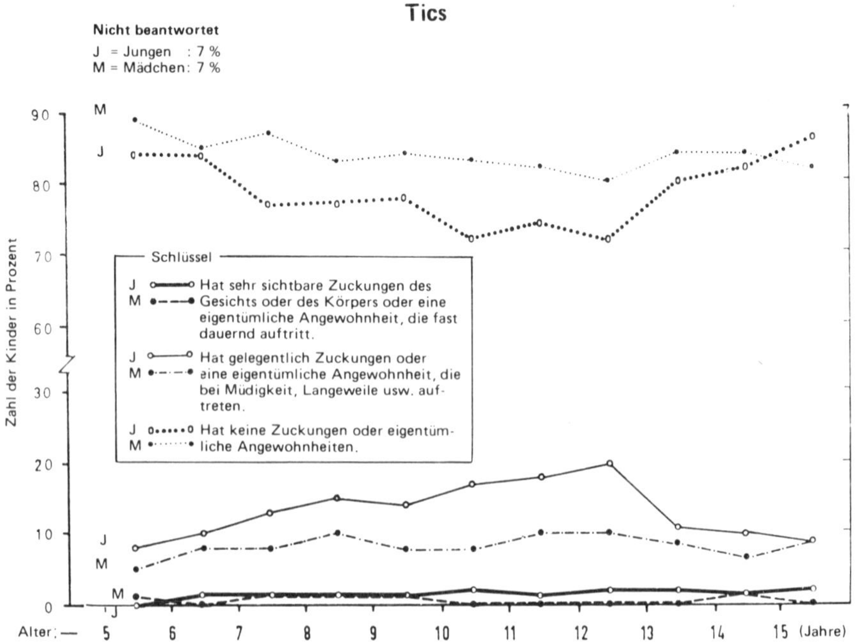

Abb. 25

der mit Tics fanden, die in einer stark frequentierten child guidance clinic in einem Zeitraum von 30 Jahren als Patienten geführt waren. Die große Mehrzahl der Kinder (80%) hatte den Angaben zufolge keine Zuckungen oder eigentümliche Angewohnheiten[1], aber bei einer recht ansehnlichen Minderheit traten einige Zuckungen und eigentümliche Angewohnheiten auf, wenn das Kind müde war oder sich langweilte. Das Vorkommen von Tics blieb bei Jungen in allen Altersgruppen von 6 bis 15 Jahren relativ konstant bei eins bis zwei Prozent. Bei den Mädchen war die Variation bis zum neunten Lebensjahr gering; in der Gruppe der 1165 10- bis 13jährigen Mädchen wurden jedoch nur zwei Fälle von Tics gefunden.

Jungen litten eher an Tics als Mädchen, und bei ihnen wurden auch häufiger gelegentliche Zuckungen oder eigentümliche Angewohnheiten beobachtet. In der mittleren Kategorie nahm die Zahl der betroffenen Jungen bis zum Höchstwert von 20% der 12jährigen mit dem Alter zu, um dann wieder abzunehmen. Der Anteil der Mädchen blieb dagegen in allen Altersgruppen von 6 bis 15 Jahren relativ konstant bei acht bis zehn Prozent.

---

1 Aus praktischen Gründen wurde die vertikale Achse in Abb. 25 gebrochen; dies muß beim Vergleich der drei Kurven für jedes Geschlecht berücksichtigt werden.

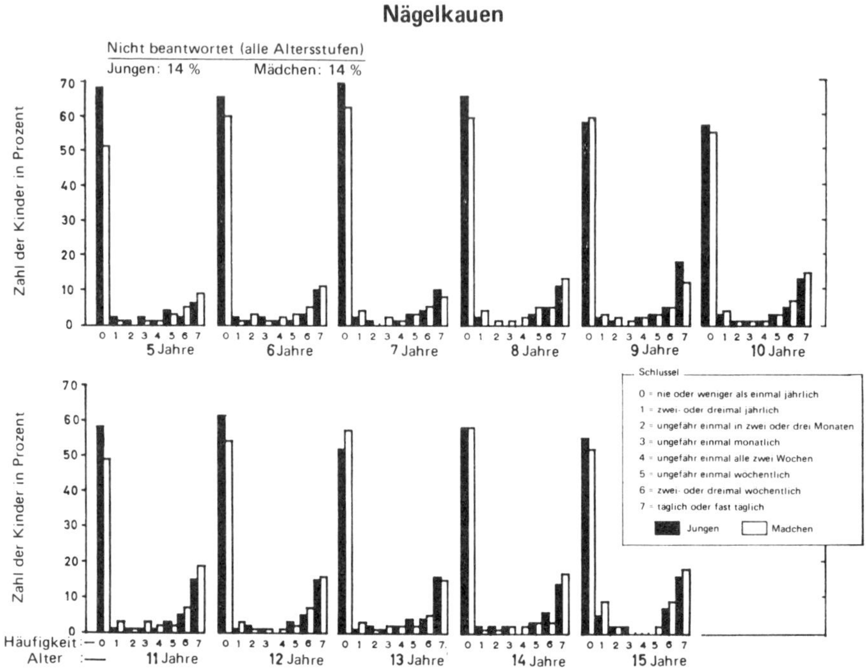

Abb. 26

Nägelkauen (F. 80)

Bei der Bestimmung der Verteilung des Nägelkauens ist es wichtig, sowohl Intensität wie Häufigkeit zu betrachten. In allen Altersgruppen verteilt sich Nägelkauen u-förmig: Entweder kauten die Kinder an ihren Nägeln überhaupt nicht oder sehr häufig. Auf fast allen Altersstufen kauten Mädchen etwas häufiger an ihren Nägeln als Jungen. Insgesamt wurde von 25% der Jungen und 29% der Mädchen berichtet, daß sie wenigstens zwei- oder dreimal jährlich an ihren Nägeln kauten; von diesen kauten 53% der Jungen und 48% der Mädchen täglich an ihren Nägeln. Frühere Erhebungen kamen je nach dem Alter der untersuchten Kinder und der zugrundegelegten Definition des Nägelkauens zu unterschiedlichen Häufigkeiten; es wurde jedoch immer wieder festgestellt – wie Tabelle 5 auf S. 65 darlegt –, daß es keinesfalls eine seltene Erscheinung ist.

Die Verbreitung variierte zu einem gewissen Grade mit dem Alter. Tägliches Nägelkauen war am seltensten bei 5jährigen (9% der Mädchen und 6% der Jungen). Die größten Häufigkeiten für tägliches Nägelkauen wurde bei 9jährigen Jungen (18%) und bei 11jährigen Mädchen (19%) gefunden (s. Abbildung 26).

Tabelle 5. Ergebnisse einiger früherer Untersuchungen über das Vorkommen von Nägelkauen bei Kindern

Autor	Zahl der Kinder	Altersspanne (Jahre)	Ort der Datenerhebung	Gefundene Verbreitung		
				Jungen %	Mädchen %	Mädchen und Jungen zusammen %
Billig (1941)	223	8–16	Schule	32	41	–
Birch (1955)	4000	5–18	Schule	–	–	51
Lapouse and Monk (1964)	482	6–12	Angaben der Mutter	–	–	27
Malone and Massler (1952)	4587	5–18	Schule	–	–	41
Valentine (1956)	272	5–15	Schule	–	–	45
Wechsler (1931)	3000	1–17	Schule und Vorschule	34*	33*	–
Macfarlane *et al* (1954)	Variierte von 116 mit 1 3/4 Jahren bis 41 mit 14 Jahren	1–14	innerhalb einer Längsschnittuntersuchung	17	23	–
Ackerson (1931)	5000	2–18	Psychiatrische Klinik	11	16	–

* Wechsler erfaßte einen Altersbereich von 1 bis 17 Jahren; die aufgeführten Werte sind jedoch nur nach seinen detaillierten Angaben über Schulkinder (5 bis 16 Jahre) errechnet worden.

† Hierbei handelte es sich um eine Längsschnittuntersuchung einer Gruppe von Kindern, die jährlich nachuntersucht wurden; die Stichprobe verringerte sich jedoch im Laufe der Zeit beträchtlich.

Daumenlutschen (F. 81)

Wie Nägelkauen trat Daumenlutschen häufig oder überhaupt nicht auf: 85% der 5- bis 10jährigen Kinder, die Daumen lutschten, taten dies zwei- oder dreimal wöchentlich oder öfter; der entsprechende Anteil bei den 11- bis 15jährigen betrug 76%. Die Verbreitung des Daumenlutschens nahm bei beiden Geschlechtern mit zunehmendem Alter ab, obwohl auf allen Altersstufen mehr Mädchen täglich Daumen lutschten als Jungen.

Während 20% der Mädchen und 10% der Jungen im Alter von fünf Jahren täglich Daumen lutschten, waren im Alter von 10 Jahren die Anteile auf 8% der Mädchen und 5% der Jungen gesunken und verringerten sich bis zum 14. Lebensjahr noch einmal um die Hälfte.

Es ist schon mehrfach belegt worden (Gesell und Ilg 1946, Macfarlane et al. 1954, Traisman und Traisman 1958), daß in der vorschulischen Entwicklungsphase Daumenlutschen am weitesten verbreitet ist; die vorliegende Stichprobe erfaßt deshalb also nur den Schwanz der Verteilung.

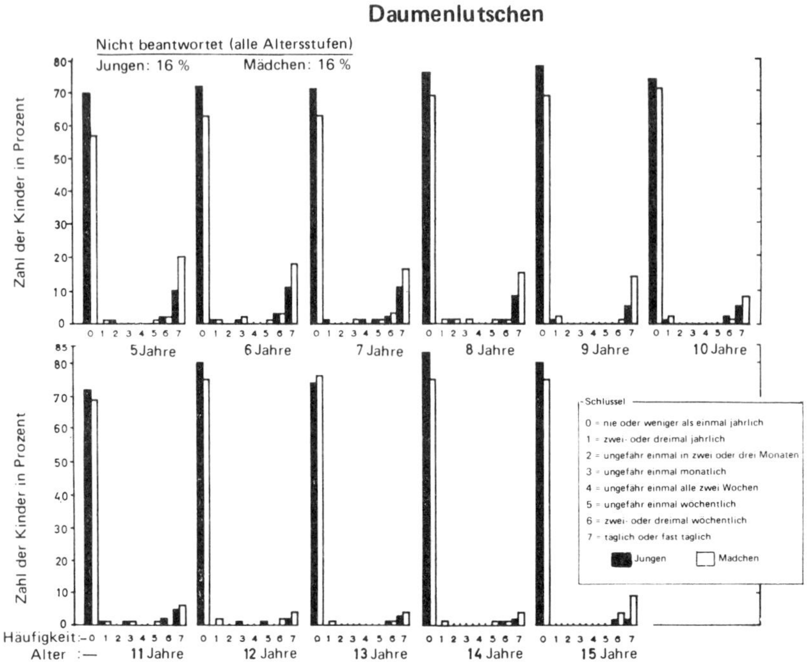

Abb. 27

Emotionales Verhalten

Weinen (F. 77)

Wie zu erwarten war, stand Weinen in engem Zusammenhang mit dem Alter. Mit zunehmendem Alter stieg nicht nur der Anteil der Kinder beständig, über die angegeben wurde, daß sie nie weinten, sondern es trat auch eine erhebliche Veränderung in der Häufigkeit jeglichen beobachteten Weinens ein. Bei den 5jährigen ist die Verteilung fast U-förmig. Von ungefähr einem Drittel der Kinder wurde berichtet, daß sie nie weinten, und von 25%, daß sie wenigstens zwei- oder dreimal wöchentlich weinten. Mit zunehmendem Alter veränderten sich die Verhältnisse allmählich dahingehend, daß Weinen im Alter von elf Jahren aller Wahrscheinlichkeit nach relativ selten auftrat. Der Anteil der Kinder, die nie weinten, stieg auch von 41% der Mädchen und 48% der Jungen im Alter von elf Jahren auf 64% der Mädchen und 77% der Jungen im 15. Lebensjahr.

Entgegen der landläufigen Meinung hatten bei jüngeren Kindern die Mädchen nur wenig Neigung, mehr zu weinen als die Jungen. Bei den älteren Kindern

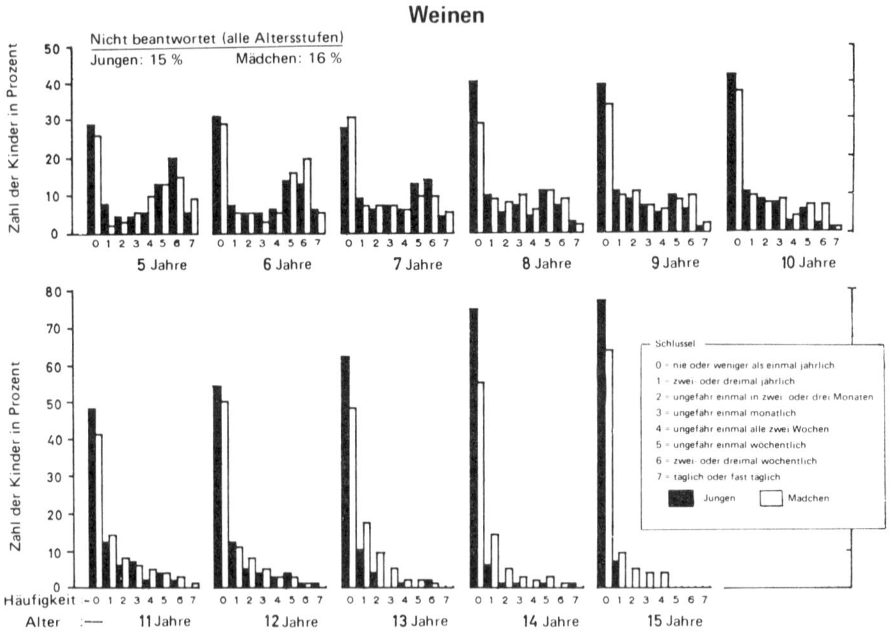

Abb. 28

vergrößerte sich allerdings der Unterschied zwischen den Geschlechtern zunehmend.

Quengeln (F. 57)

Bei beiden Geschlechtern war häufiges Jammern und Quengeln relativ ungewöhnlich und wurde im ganzen seltener berichtet, wenn die Kinder älter wurden.

Unter den 5jährigen jammerten sowohl 7% der Mädchen wie der Jungen den Angaben zufolge viel; bis zum 13. Lebensjahr war dieser Wert aber auf 3% gesunken.

Zur gleichen Zeit nahm die Zahl der Musterkinder zu, die „selten oder nie jammerten“.

Jungen schienen insgesamt weniger zu jammern als Mädchen; dies beruhte darauf, daß ein größerer Anteil Mädchen in die mittlere Kategorie eingestuft wurde. Häufiges Jammern und Quengeln wurde ebensooft über Jungen wie über Mädchen berichtet.

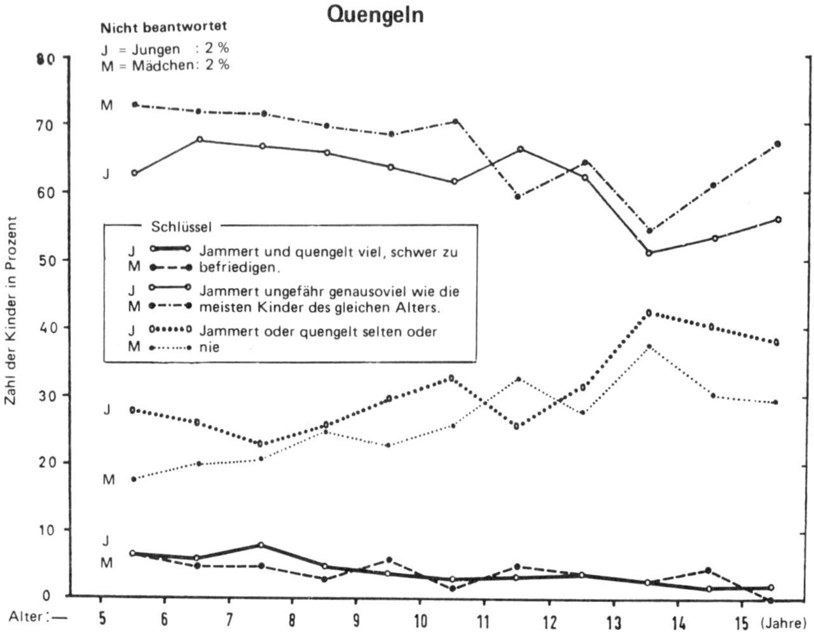

Abb. 29

Schmollen (F. 78)

Die Verteilungsform des Schmollens unterscheidet sich von der des Quengelns und Jammerns, da die Mehrzahl der Kinder den Angaben zufolge nie schmollte. Häufiges Schmollen war ungewöhnlich und verschwand bei Jungen nach dem achten Lebensjahr fast vollständig. Die Zahl der Kinder, die selten schmollten, war auch gering; der Anteil derer, über die angegeben wurde, daß sie zwei- oder dreimal jährlich schmollten, stieg mit zunehmendem Alter bis zum 13. Lebensjahr leicht an.

Reizbarkeit (F. 52)

Ungefähr drei Viertel aller Kinder wurden als gelegentlich verstimmt angesehen und 11% der Jungen wie auch der Mädchen wurden als „sehr reizbar" bezeichnet. Reizbarkeit stand in keinem Zusammenhang mit dem Geschlecht, und ausgeprägte Reizbarkeit wies keine durchgängige Veränderung mit dem Alter auf. Berichte über Ruhe und Gelassenheit wurden zahlreicher, je älter die Kinder wurden, wobei gleichzeitig die Zahl der Kinder abnahm, die als manchmal ärgerlich bezeichnet wurden. Macfarlane et al. (1954) und Ackerson (1931) berichten ähnliche Befunde.

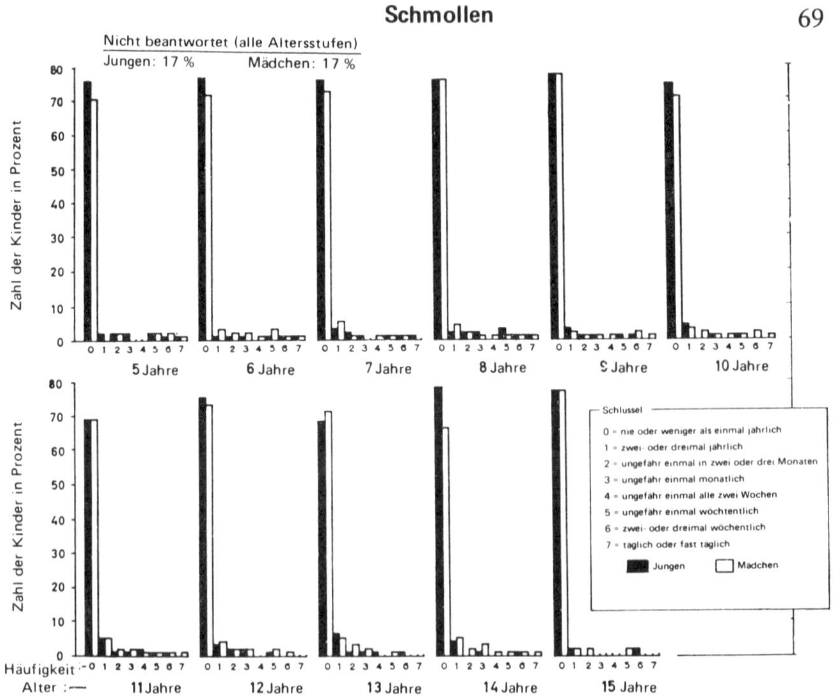
Schmollen
Nicht beantwortet (alle Altersstufen)
Jungen: 17 % Mädchen: 17 %
Zahl der Kinder in Prozent
5 Jahre
6 Jahre
7 Jahre
8 Jahre
9 Jahre
10 Jahre
11 Jahre
12 Jahre
13 Jahre
14 Jahre
15 Jahre
Häufigkeit:
Alter:
Schlüssel
0 = nie oder weniger als einmal jährlich
1 = zwei- oder dreimal jährlich
2 = ungefähr einmal in zwei oder drei Monaten
3 = ungefähr einmal monatlich
4 = ungefähr einmal alle zwei Wochen
5 = ungefähr einmal wöchentlich
6 = zwei- oder dreimal wöchentlich
7 = täglich oder fast täglich
Jungen
Mädchen

Abb. 30

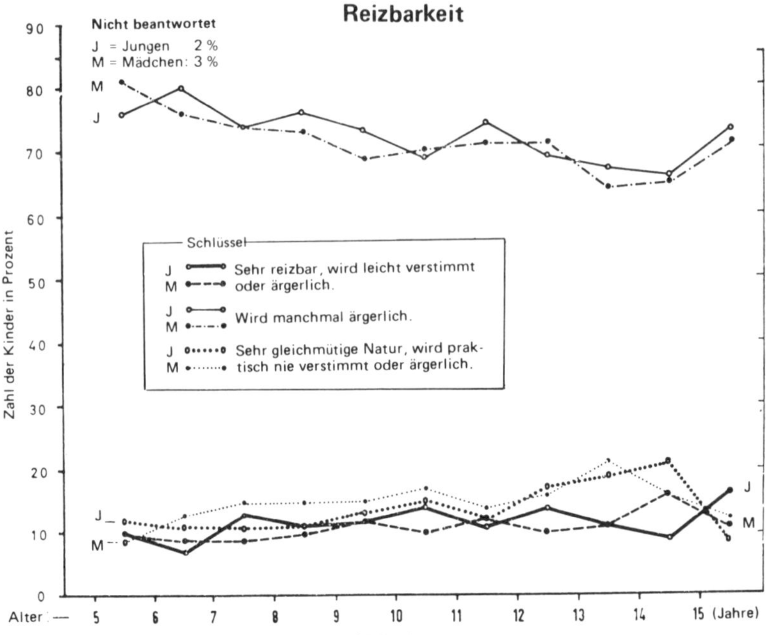
Reizbarkeit
Nicht beantwortet
J = Jungen 2 %
M = Mädchen: 3 %
Zahl der Kinder in Prozent
Schlüssel
J M Sehr reizbar, wird leicht verstimmt oder ärgerlich.
J M Wird manchmal ärgerlich.
J M Sehr gleichmütige Natur, wird praktisch nie verstimmt oder ärgerlich.
Alter:
15 (Jahre)

Abb. 31

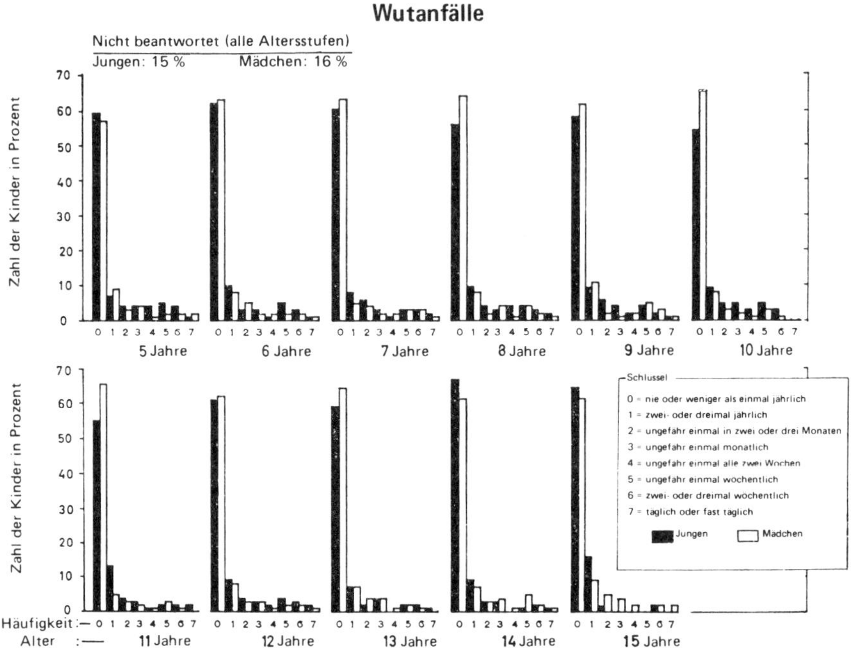

Abb. 32

Wutanfälle (F. 79)

Abbildung 32 zeigt, daß häufige Wutanfälle relativ selten waren. Dennoch hatten 6% der Mädchen und 7% der Jungen den Angaben zufolge wenigstens einmal in der Woche Wutanfälle, und 26% der Jungen und 20% der Mädchen wenigstens zwei- oder dreimal im Jahr Wutanfälle. Das Vorkommen häufiger Wutanfälle stand bei beiden Geschlechtern mit dem Alter in Zusammenhang. Bei den Jungen wurde über 10% der 5jährigen berichtet, daß sie wöchentlich oder öfters Wutanfälle hätten; diese Zahl fiel mit steigendem Alter beständig bis auf 2% im 15. Lebensjahr. Bei den Mädchen sank der entsprechende Wert nicht vor Vollendung des neunten Lebensjahres und stieg in der Gruppe der 14- und 15jährigen nochmals an. Andere Autoren (Bakwin und Bakwin 1954, Kanner 1957, Macfarlane et al. 1954) sind der Ansicht, daß Wutanfälle am häufigsten in der Vorschulzeit auftreten, wahrscheinlich kurz vor dem dritten Geburtstag.

In unserer Stichprobe wurden Wutanfälle über mehr Jungen als Mädchen mit Ausnahme der Gruppe der 14- bis 15jährigen berichtet.

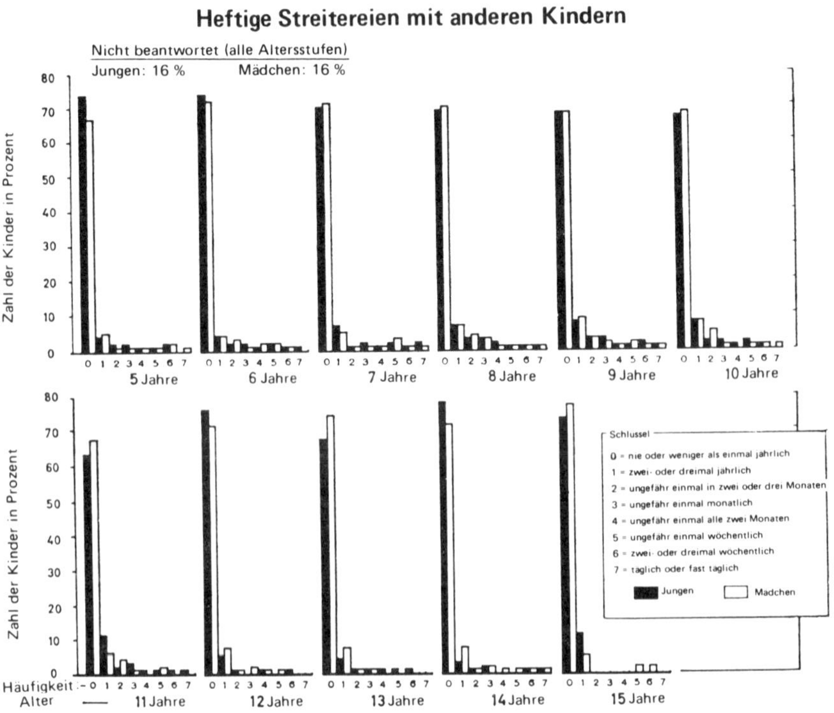

Abb. 33

Heftige Streitereien mit anderen Kindern (F. 82)

In allen Altersgruppen waren Berichte über Streitereien mit anderen Kindern ungewöhnlich: 70% der Stichprobe bzw. 84% derjenigen, deren Eltern die Frage beantworteten, stritten sich den Angaben zufolge entweder nie mit anderen Kindern oder weniger als einmal jährlich. Von denen, die sich öfters stritten, tat dies fast die Hälfte nur zwei- oder dreimal im Jahr. Wie Abbildung 33 zeigt, waren Berichte über häufige Streitereien selten, insbesondere nach dem 11. Lebensjahr. Es bestand kein signifikanter Unterschied zwischen den Geschlechtern.

Eifersucht (F. 59)

Nur 4% der Jungen aus der Stichprobe und 5% der Mädchen wurden als „sehr eifersüchtig“ beschrieben. Bei beiden Geschlechtern trat Eifersucht am häufigsten im Alter von fünf Jahren auf. Das galt sowohl für starke wie auch für schwache, gelegentlich auftretende Eifersucht. Nach dem fünften Lebensjahr stieg der Anteil der Kinder, die „selten oder nie eifersüchtig waren“,

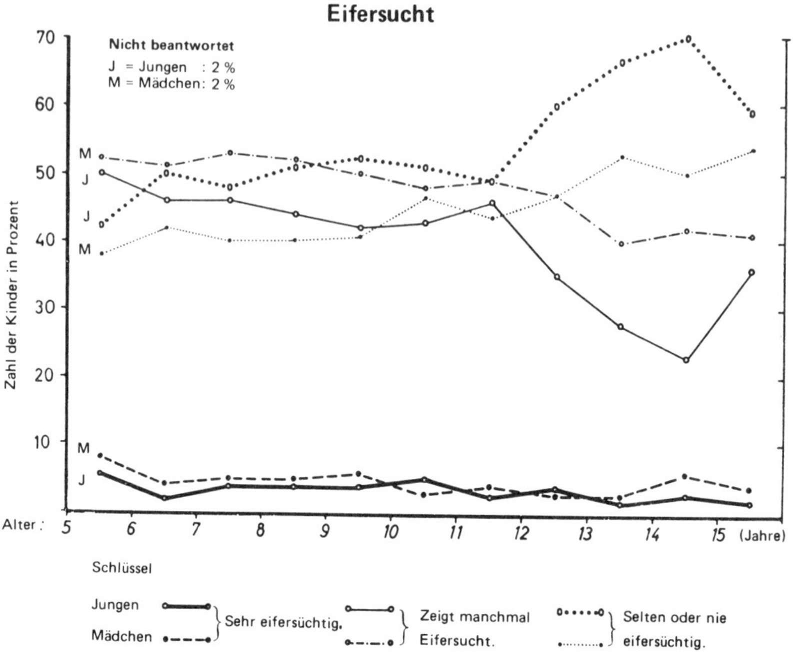

Abb. 34

von 40% der 5jährigen ständig bis auf mehr als 50% der Mädchen und 65% der Jungen, die älter als 13 Jahre alt waren. Auf allen Altersstufen wurde über Mädchen berichtet, daß sie eher als Jungen gelegentlich eifersüchtig seien, aber es bestand bei den sehr eifersüchtigen Kindern kein ausgeprägter Unterschied zwischen den Geschlechtern.

Stimmungsänderungen (F. 65)

Die Mehrzahl der Eltern stuften ihre Söhne und Töchter in jeweils eine von zwei fast gleichstarken Gruppen ein: Zur ersten Gruppe gehörten die Kinder, deren Stimmungen in den meisten Situationen gleichblieben, zur zweiten jene, deren Stimmungsänderungen als angemessene Reaktion auf Erlebnisse angesehen wurden. Eine kleine Minderheit von 4%, deren Stimmungen „sehr veränderlich" waren, fand sich durchgängig auf allen Altersstufen bis zum 13. Lebensjahr, wo bei den Mädchen ein Anstieg und bei den Jungen ein Abfall zu verzeichnen war. Diese Werte wurden eher durch Veränderungen im Kurvenverlauf der Kategorie der gleichmütigen Kinder ausgeglichen als durch Veränderungen in der mittleren Kategorie.

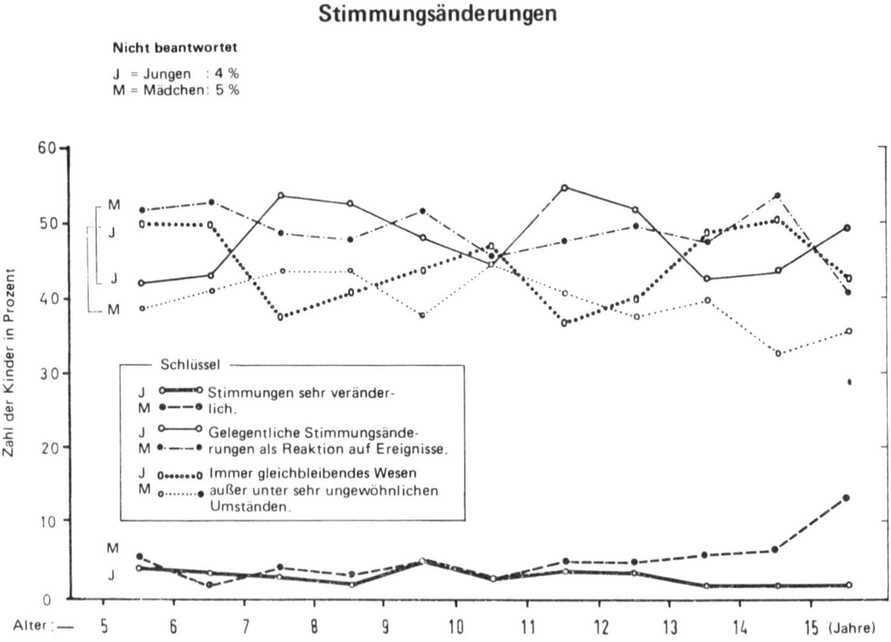

Abb. 35

Ängstlichkeit (Sich Sorgen) (F. 56)

Abbildung 36 verdeutlicht, daß der Anteil der Kinder, die sich „manchmal" Sorgen machten, von 40% der 5- bis 6jährigen auf 70% in der frühen Adoleszenz anstieg. Aber nur von einer Minderheit von 5% beiderlei Geschlechts wurde gesagt, daß sie sich „oft Sorgen zu machen schienen"; die Werte in dieser Kategorie zeigten keine eindeutige Beziehung zum Alter. Jungen wurden etwas häufiger als „sorglos" bezeichnet, während die Mädchen sich den Angaben zufolge eher „gelegentlich Sorgen machten".

Rückzugsverhalten (F. 61)

Nur bei weniger als 3% unserer Stichprobe wurde angegeben, daß sie häufig in sich versunken seien und „die Leute um sich herum vergessen". Dieses Verhalten wies keinen Zusammenhang mit dem Alter oder dem Geschlecht auf. Weitere 35% wurden als „gelegentlich in eine Traumwelt versunken" beschrieben. Letztere Kategorie schwoll bei den Mädchen nach dem Alter von ungefähr 11 1/2 Jahren an, was bei den Jungen nicht der Fall war, deren Häufigkeitsgipfel für diese Kategorie um das achte und neunte Lebensjahr lag. Griffiths (1952) fand, daß nach den Berichten der Eltern Rückzugs-

Ängstlichkeit (Sich Sorgen)

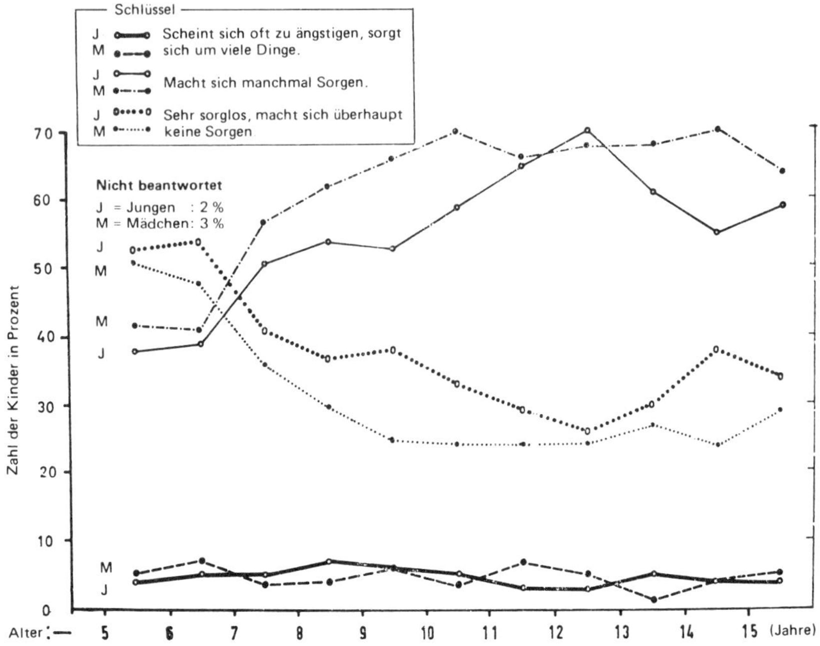

Abb. 36

verhalten bei Jungen am stärksten im Alter zwischen neun und elf Jahren ausgeprägt sei, während das Vorkommen bei Mädchen mit steigendem Alter ständig abnahm.

Die Bestimmung der Auffälligkeit

In der vorangegangenen Analyse wurde jede einzelne Verhaltensweise für sich betrachtet. Darüberhinaus war es für die weitere Analyse und Forschungsarbeit von Bedeutung, eine Methode zu haben, die es uns erlaubte, die Kinder nach dem Ausmaß der Abweichung ihres Verhaltens vom Normalverhalten einzustufen.

Tabelle 6 zeigt für alle Altersstufen vom 5. bis zum 15. Lebensjahr den Anteil der Kinder, deren Verhalten bei den angegebenen Dreifach-Wahl-Items in die Kategorie extremer Intensität eingestuft wurde. In den meisten Fällen zeigten weniger als 10% der Kinder solch extremes Verhalten. Bei anderen Items wie Unruhe, Mäkelei am Essen und Leseschwierigkeiten (unter Jungen) lagen die Anteile viel höher, und bei einer statistischen Betrachtungsweise – gegenüber einer klinischen – können diese Verhaltensweisen kaum

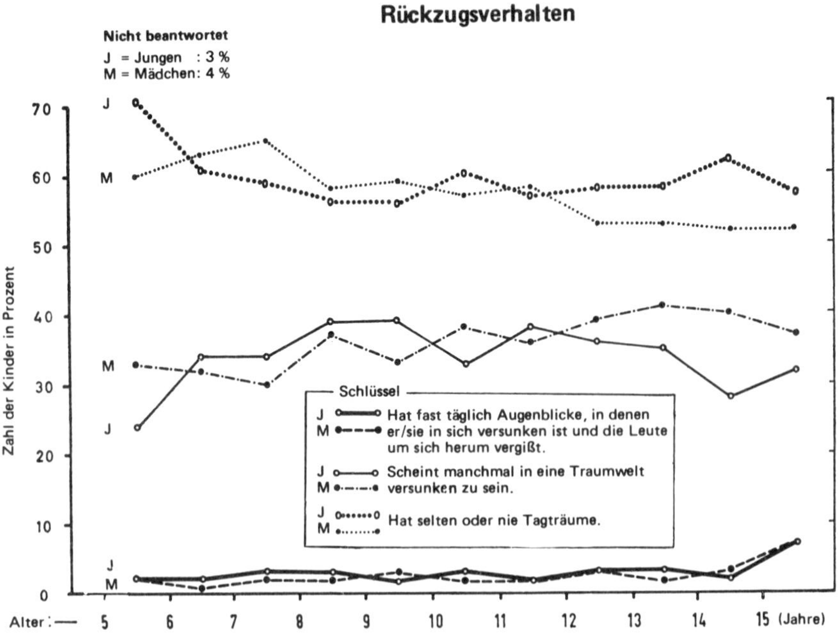

Abb. 37

als abnormal gelten. Aus operationalen Gründen entschieden wir uns, den cut-off-Wert bei 10% festzusetzen. Somit wurde jedes Verhalten, das auf den einzelnen Altersstufen bei 10% oder weniger Jungen oder Mädchen der Stichprobe auftrat, als auffällig für das betreffende Alter und Geschlecht bezeichnet. Darüberhinaus legten wir fest, daß dieses Kriterium bei beiden Polen der Skala Anwendung finden sollte: Somit galt z. B. „gehorcht immer“ bei Jungen fast aller Altersstufen und bei Mädchen, die nocht nicht das 11. Lebensjahr erreicht hatten, als auffälliges Verhalten.

Mit den Items, die Verhalten nicht in Intensitäts-, sondern in Häufigkeitsabstufungen erfaßten, wie Bettnässen, Nägelkauen, Wutanfälle, wurde gleichermaßen verfahren: So zeigt Tabelle 7 z. B., daß zwar tägliches Weinen in jedem Alter als auffällig gilt, daß aber wöchentlich ein- bis dreimaliges Weinen bei einem Kind unter elf Jahren kein auffälliges Verhalten darstellt.

Die Festsetzung des cut-off-Wertes bei 10% war natürlich willkürlich. Wenn wir den cut-off bei 5% gesetzt hätten, wären weniger Items als auffällig betrachtet worden, obwohl aus Tabelle 6 zu ersehen ist, daß der Unterschied erstaunlich gering gewesen wäre. Wenn wir den Kriteriumsbereich erweitert und den cut-off bei 15% oder 20% gesetzt hätten, wären wir Gefahr gelaufen, unsere Definition zu verwässern, da selbst Kategorien wie „gleichmüti-

Tabelle 6. Prozentsätze der Kinder mit „extremen" Verhaltensweisen auf allen Altersstufen vom 5. bis zum 15. Lebensjahr.

MÄDCHEN	5 Jahre	6 Jahre	7 Jahre	8 Jahre	9 Jahre	10 Jahre	11 Jahre	12 Jahre	13 Jahre	14 Jahre	15 Jahre
Sehr destruktiv	2	—	1	—	*	*	—	*	—	1	—
Furcht vor Tieren	5	5	3	3	3	1	2	2	1	1	7
Furcht vor Fremden	1	*	2	2	*	2	1	1	1	2	—
Furcht vor der Dunkelheit	11	5	8	7	8	8	6	5	4	5	4
Lügen	2	2	1	1	3	1	3	1	1	3	2
Abneigung gegen die Schule	1	3	2	4	3	2	3	3	5	7	4
Stehlen	1	—	—	—	*	—	—	*	—	1	—
Reizbarkeit	10	9	9	10	12	10	12	10	11	16	11
Mäkelei am Essen	20	19	20	22	21	23	17	17	15	17	9
Furcht vor anderen Kindern	—	*	1	1	*	1	*	1	*	1	—
Immer hungrig	5	6	6	10	9	10	10	13	15	11	16
Schwacher Appetit	21	17	21	18	13	12	12	8	7	8	5
Ängstlichkeit (Sich Sorgen)	5	7	4	4	6	4	7	5	1	4	5
Quengeln	7	5	5	3	6	2	5	4	3	5	—
Unruhe	20	16	20	16	13	13	13	11	11	10	4
Unteraktivität	—	2	1	1	2	3	3	4	7	7	5
Eifersucht	8	4	5	5	6	3	4	3	3	6	4
Umherstreifen	*	*	—	1	1	*	1	2	1	2	4
Rückzugsverhalten	2	1	2	2	3	2	2	3	2	3	7
Ungehorsam	10	10	8	8	11	7	10	10	12	14	14
Gehorcht immer	8	7	7	9	9	8	14	11	12	10	12
Schwänzen–überhaupt	*	1	1	*	1	*	*	1	1	3	4
Tics	1	—	1	1	1	*	—	*	—	1	—
Stimmungsänderungen	5	2	4	3	5	3	5	5	7	7	14
Leseschwierigkeiten	5	7	14	14	10	13	10	11	5	7	4

JUNGEN	5 Jahre	6 Jahre	7 Jahre	8 Jahre	9 Jahre	10 Jahre	11 Jahre	12 Jahre	13 Jahre	14 Jahre	15 Jahre
Sehr destruktiv	3	2	2	—	2	1	1	1	2	1	2
Furcht vor Tieren	3	3	2	1	1	2	2	1	1	1	—
Furcht vor Fremden	2	1	1	1	—	*	*	1	2	*	4
Furcht vor der Dunkelheit	9	6	8	8	10	7	6	5	2	2	2
Lügen	5	3	5	2	3	3	3	5	4	2	2
Abneigung gegen die Schule	4	5	5	3	5	5	5	6	7	10	4
Stehlen	—	1	1	1	1	*	1	1	2	1	—
Reizbarkeit	10	7	13	11	12	14	11	14	11	9	16
Mäkelei am Essen	19	20	22	22	22	18	23	19	17	17	16
Furcht vor anderen Kindern	1	*	—	—	*	1	1	1	1	*	—
Immer hungrig	11	10	10	14	16	13	16	19	15	23	39
Schwacher Appetit	11	13	17	14	11	10	13	9	7	5	—
Ängstlichkeit (Sich Sorgen)	4	5	5	7	6	5	3	3	5	4	5
Quengeln	7	6	8	5	4	3	4	4	3	2	2
Unruhe	23	19	25	21	22	19	20	18	15	17	20
Unteraktivität	1	2	1	1	1	2	2	4	3	6	2
Eifersucht	6	2	4	4	4	5	3	4	2	3	2
Umherstreifen	3	1	2	3	3	3	3	4	4	8	2
Rückzugsverhalten	2	2	4	3	3	3	2	3	3	2	7
Ungehorsam	17	11	14	12	12	13	13	14	11	12	9
Gehorcht immer	8	7	7	8	7	6	7	7	9	9	16
Schwänzen–überhaupt	1	—	1	—	*	2	—	2	1	4	16
Tics	*	1	1	2	1	2	1	2	2	1	2
Stimmungsänderungen	4	3	3	2	5	3	4	4	2	2	2
Leseschwierigkeiten	7	18	21	27	25	17	21	22	13	13	9

Beachte: * = weniger als 0,5 Prozent

Tabelle 7. Häufigkeit des als „auffällig" geltenden Weinens bei Kindern unterschiedlichen Alters.

Verhalten	Altersgruppen, in denen das Verhalten bei 10 % oder weniger der Kinder auftrat	
	Jungen (Jahre)	Mädchen (Jahre)
Weinen – täglich oder fast täglich	5–15	5–15
Weinen – wenigstens zwei- oder dreimal wöchentlich	8–15	10–15
Weinen – wenigstens einmal wöchentlich	11–15	11–15
Weinen – wenigstens einmal alle zwei Wochen	12–15	12–15
Weinen – wenigstens einmal monatlich	13–15	14–15
Weinen – wenigstens einmal in zwei oder drei Monaten	13–15	Nie

ge" Jungen unter sie gefallen wären. Die Wahl dieses Kriteriums hatte praktisch einen cut-off-Wert von vier auffälligen Items für die Stichprobe als Ganzes zur Folge (s. Kapitel 7). Jedes Kind erhielt einen Punkt für jedes Item des Fragebogens, das für sein Alter und Geschlecht auffällig war. Die Verteilung der Gesamtauffälligkeitsscores in der Stichprobe wird in Tabelle 8 dargestellt; diese Scores gehen in spätere Analysen ein, so z. B. im nächsten Kapitel, wo die Gesamtauffälligkeitsscores der Kinder zu einigen ihrer sozialen Merkmale und persönlichen Erfahrungen in Beziehung gesetzt werden.

Tabelle 8. Gesamtauffälligkeitsscores der Kinder der Stichprobe nach Geschlecht.

Gesamtauffälligkeitsscore	Jungen		Mädchen	
	Zahl	%	Zahl	%
Null	1224	39·3	1283	42·1
1	841	27·0	787	25·8
2	467	15·0	406	13·3
3	250	8·0	220	7·2
4	136	4·4	131	4·3
5	90	2·9	76	2·5
6	41	1·3	43	1·4
7	27		39	
8	12		19	
9	10	2·1	17	3·3
10	10		9	
11 oder mehr	7		15	

Beziehungen zwischen verschiedenen Verhaltensweisen

Eigentlich hätten wir neben der Verteilung der verschiedenen einzelnen Verhaltensweisen auch gern die Art und Weise beschrieben, in der sich einzelne Verhaltensitems mit anderen gruppierten. Die statistischen Techniken, die wir bei dem Versuch anwandten, solche Verhaltensmuster zu untersuchen, werden in Anhang 1 zusammengefaßt.

KAPITEL 5

Soziale Schicht, Familiengröße, Stellung in der Geschwisterreihe, körperlicher Zustand und Trennungserlebnisse

In Kapitel 4 betrachteten wir die Form der Beziehung zwischen berichtetem Verhalten und Alter sowie Geschlecht. In diesem Kapitel untersuchen wir die Zusammenhänge zwischen auffälligem Verhalten und einigen der berichteten Erfahrungen und Einflüsse, denen das Kind ausgesetzt war.

Soziale Schicht

Die soziale Schicht der Familie wurde durch die Einstufung des väterlichen Berufs auf der Hall-Jones-Skala des Berufsprestiges (Hall und Jones 1950) bestimmt.

Tabelle 9. Zusammenhang zwischen dem Gesamtauffälligkeitsscore des Kindes und dem Berufsstatus des Vaters.

Statusgruppen der Berufe der Väter	Prozentsatz der Kinder mit Gesamtauffälligkeitsscores in Höhe von					
	0	1	2	3	4–6	7+
1. Freie (akademische) Berufe und hohe Verwaltungstätigkeiten (N = 231)	44	29	11	6	9	1
2. Führungstätigkeiten (N = 371)	41	32	15	4	7	1
3. Kontroll-, Überwachungs- und andere nicht-manuelle Tätigkeiten (höhere Stufe) (N = 655)	40	27	15	8	8	2
4. Kontroll-, Überwachungs- und andere nicht-manuelle Tätigkeiten (untere Stufe) (N = 547)	40	28	14	8	8	3
5a. Nicht-manuelle Routinetätigkeiten (N = 320)	39	28	15	7	10	1
SUMME IN DEN NICHT-MANUELLEN BERUFEN (N = 2124)	40	29	14	7	8	2
5b. Manuelle Facharbeiter (N = 2108)	42	26	14	7	8	3
6. Manuelle angelernte Arbeiter (N = 1320)	39	25	15	8	9	3
7. Manuelle Routinetätigkeiten (N = 284)	39	22	14	11	10	4
SUMME IN DEN MANUELLEN BERUFEN (N = 3712)	41	25	15	8	8	3
Arbeitslose, Arbeitsunfähige, Tote (N = 106)	33	25	13	5	10	6

Der Beruf korreliert mit anderen Aspekten des sozioökonomischen Status wie Ausbildungshöhe, Einkommen, Lebensstil und stellt deshalb normalerweise einen einigermaßen brauchbaren, wenn auch nur groben, Index des sozialen Status dar. Tabelle 9 setzt den „Gesamtauffälligkeitsscore" des Kindes (s. S. 77) zum Beruf des Vaters in Beziehung; sie zeigt, welch geringe Variation zwischen den verschiedenen Statusgruppen auftrat. In jeder Gruppe gab ein ungefähr gleichgroßer Teil von Müttern an, daß auf ihre Kinder keine bzw. vier oder mehr auffällige Items zuträfen.

Stellung in der Geschwisterreihe und Familiengröße

Nach populären Erziehungsvorstellungen besteht oft ein Zusammenhang zwischen Verhalten und Zusammensetzung der Familie. So wurde die Ansicht, daß das Einzelkind eher Gefahr liefe, schlechter angepaßt zu sein, weil es „verwöhnt" sei oder „zu oft seinen Willen bekomme". Andererseits sollen Kinder aus großen Familien nicht genug Liebe und Zuwendung von ihren Eltern bekommen. Die ältesten Kinder können Opfer mangelnder Erfahrung der Eltern sein und sich durch neuen Familienzuwachs vernachlässigt fühlen; jüngste Kinder können unter der Behandlung ihrer älteren Brüder und Schwestern leiden. Es fällt nicht schwer, einsichtige Gründe dafür zu finden, daß ein Kind in dieser oder jener Stellung in der Geschwisterreihe oder in Familien jedweder Größe schlecht angepaßt sein könnte.

Tabelle 10. Gesamtauffälligkeitsscore nach Stellung in der Geschwisterreihe.

Stellung in der Geschwisterreihe	Prozentsatz der Kinder mit Gesamtauffälligkeitsscores in Höhe von					
	0	1	2	3	4–6	7+
Einzelkind (N = 692)	47	27	14	4	6	2
Jüngstes Kind (N = 1930)	45	26	13	8	7	1
Mittleres Kind (N = 1470)	38	27	13	9	9	4
Ältestes Kind (N = 1960)	35	27	15	9	10	4

Beachte: Die Zahl der in dieser Tabelle erwähnten Fälle liegt etwas unter der der Tabelle 11, weil in einigen Fragebögen die entsprechenden Angaben fehlten.

Tabelle 10 zeigt, daß Einzelkinder mit der geringsten und älteste Kinder mit der größten Wahrscheinlichkeit auffällige Items aufweisen. Es hat tatsächlich den Anschein, daß die Gegenwart jüngerer Brüder und Schwestern mit einem hohen Gesamtauffälligkeitsscore verknüpft ist: Der Anteil der Kinder mit vier oder mehr auffälligen Items liegt in der Kategorie der

Tabelle 11. Gesamtauffälligkeitsscore nach Familiengröße.

Zahl der Geschwister		Prozentsatz der Kinder mit Gesamtauffälligkeitsscores in Höhe von					
		0	1	2	3	4–6	7+
Keine, Einzelkind	(N = 692)	47	27	14	4	6	2
1	(N = 2319)	43	26	14	7	8	2
2–3	(N = 2398)	38	27	15	8	9	3
4–5	(N = 541)	36	28	14	7	10	5
6 oder mehr	(N = 203)	45	26	10	4	9	5

mittleren und ältesten Kinder ungefähr um 75% höher als bei Kindern ohne jüngere Geschwister ($P < 0.001$).

Die Höhe des Gesamtauffälligkeitsscores steht auch mit der Familiengröße in einem gewissen Zusammenhang. So zeigt Tabelle 11, daß mit steigender Familiengröße bis zu sechs Kindern der Anteil der Kinder ohne Angaben über auffälliges Verhalten sinkt, der der Kinder mit einem Gesamtscore von vier oder mehr auffälligen Items aber zunimmt. In den größten Familien, wo die Kinder sechs oder mehr Geschwister haben, steigt der Anteil der Kinder ohne auffällige Items wieder an.

Angesichts der engen Verbindung zwischen Familiengröße und Stellung in der Geschwisterreihe ist es sinnvoll, die entsprechenden Daten gemeinsam zu analysieren.

Tabelle 12 legt dar, daß die ältesten Kinder mit vier oder mehr jüngeren Geschwistern am stärksten Gefahr laufen, auffällige Verhaltensweisen zu entwickeln: Den Angaben der Eltern zufolge trafen auf 27% der Kinder aus dieser Gruppe vier oder mehr auffällige Verhaltensitems zu, verglichen mit 12% älterer Kinder in Zweikinder-Familien und nur 7% jüngster Kinder in großen Familien, die Gesamtauffälligkeitsscores von dieser Höhe erhielten.

Tabelle 12. Prozentsatz der Kinder mit einem Gesamtauffälligkeitsscore von vier oder mehr nach Familiengröße und Stellung in der Geschwisterreihe.

Stellung in der Geschwisterreihe	Familiengröße: 2 Kinder	3–4 Kinder	5 oder mehr Kinder
Ältestes Kind	12%	13%	27%
Mittleres Kind	—	13%	13%
Jüngstes Kind	7%	9%	7%

* Einzelkinder werden in dieser Tabelle nicht berücksichtigt

Die weitere Analyse erbrachte, daß sich weder das Geschlecht der Geschwister noch die Gegenwart oder das Fehlen von Geschwistern vom gleichen Geschlecht wie das betreffende Kind auf den Gesamtauffälligkeitsscore auswirkten. Es gab jedoch Hinweise darauf, daß das Alter von Bedeutung sein kann und zwar besonders bei Mädchen: Mädchen unter elf Jahren, die die ältesten Kinder in ihren Familien waren, hatten signifikant höhere Auffälligkeitsscores als vergleichbare Mädchen, die elf Jahre oder älter waren ($P < 0.05$), aber bei Jungen war der Unterschied kleiner und nicht signifikant.

Tabelle 13. Häufigkeit von Gesundheitsstörungen nach Angaben der Mütter der Kinder.

	Jungen		Mädchen	
Alter:	5–10 Jahre (N = 1876) (%)	11–15 Jahre (N = 1239) (%)	5–10 Jahre (N = 1772) (%)	11–15 Jahre (N = 1273) (%)
Gegenwärtig;				
Trägt immer eine Brille	3	5	2	4
Trägt manchmal eine Brille	3	7	4	11
Wird wegen seiner Augen in einer Poliklinik oder in einem Krankenhaus behandelt	3	3	3	3
Hatte während der letzten zwölf Monate dauernd Ohrenschmerzen oder laufende Ohren	4	1	5	2
Scheint manchmal Schwierigkeiten beim Hören zu haben	6	3	6	3
Trägt ein Hörgerät	—	—	—	—
Leidet an Kopfschmerzen mit Übelkeit	3	6	3	8
Wird im Auto, Bus oder Zug reisekrank	16	17	25	28
Hat häufig Erkältungen oder Halsschmerzen	16	10	19	13
Hat einen hartnäckigen und beschwerlichen Husten	5	3	5	2
Hat Übergewicht	4	6	5	8
Hat Untergewicht	6	5	5	5
Ist mehr als zweimal in seinem Leben ohnmächtig geworden	1	2	1	5
Hatte Hautausschlag oder andere Hautbeschwerden, die zwei Wochen oder länger dauerten	11	10	10	11
Muß eine besondere Stütze wegen Muskel- oder Knochenanomalien tragen (Prothese, Spezialschuhe z.B.)	2	1	1	1
Muß eine Zahnspange tragen	1	4	2	7
Stottert	2	2	1	1

Tabelle 13 Fortsetzung

	Jungen		Mädchen	
Alter:	5–10 Jahre (N = 1876) (%)	11–15 Jahre (N = 1239) (%)	5–10 Jahre (N = 1772) (%)	11–15 Jahre (N = 1273) (%)
Früher oder chronisch („Hat ein Arzt jemals gesagt, das Kind habe ...")				
Irgendeine Krankheit oder Störung der Knochen (nicht Knochenbrüche)	1	1	1	1
Irgendeine Krankheit oder Störung der Muskeln	1	1	1	1
Herzbeschwerden	1	—	1	1
Ekzem	5	3	4	3
Asthma	4	3	2	2
Tuberkulose	—	—	—	—
Irgendwelche chronische Lungenbeschwerden (wie chronische Bronchitis)	3	2	3	3
Veitstanz	—	—	—	—
Meningitis (Hirnhautentzündung)	—	1	1	—
Migräne	1	2	—	2
Hirnschlag	—	—	—	—
Anfälle oder Krämpfe	1	1	1	1
Diabetes	—	—	—	—
Rheumatisches Fieber	—	—	—	—
Hasenscharte oder Gaumenspalte	—	—	—	—
Irgendwelche Drüsenstörungen (nicht einfach geschwollene Halsdrüsen)	1	1	—	1
Heufieber und andere Allergien	1	1	1	1
Irgendeine andere körperliche Behinderung oder *chronische* Krankheit	2	2	1	1

Körperlicher Zustand

Die am häufigsten angegebenen Beschwerden waren „häufige Erkältungen", insbesondere bei jüngeren[1] Kindern der Stichprobe; Reisekrankheit, besonders ausgeprägt bei Mädchen; sowie Hautausschlag und „andere Hautbeschwerden".

Den Angaben zufolge hatten sehr wenige Kinder in der Vergangenheit schwere Krankheiten, wie auch sehr wenige an chronischen oder wiederkehrenden Krankheiten – abgesehen von Asthma, Ekzem oder „chronischem Lungenleiden" – gelitten hatten. Daher war es nicht möglich, auffälliges Verhalten zum Erlebnis einer bestimmten Krankheit wie Meningitis oder Diabetes in Beziehung zu setzen. Die Kinder konnten jedoch nach dem Schweregrad ihrer Krankheit eingeteilt werden, um Zusammenhänge zwischen auffälligem

1 Wir bezeichnen von hier ab Kinder unter elf Jahren als „jüngere" Knaben oder Mädchen, Kinder im elften Lebensjahr und älter als „ältere".

Verhalten und körperlichem Zustand ansatzweise zu untersuchen. Dies wurde wie folgt durchgeführt:

Gruppe 1. Kinder schwereren körperlichen Behinderungen oder Krankheiten wie Rheumatiker, Spastiker, Kinder mit Knochen- oder Muskelkrankheiten, Herzbeschwerden etc.. Hierunter fielen 478 Kinder, von denen einige auch leichtere Behinderungen oder psychosomatische Leiden hatten.

Gruppe 2. Kinder mit leichteren körperlichen Behinderungen wie hartnäckigem Husten oder Ohrenschmerzen, Übergewicht, sowie Brillen- und Zahnspangenträger usw.. Schwerere Behinderungen lagen jedoch nicht vor (3155).

Gruppe 3. Kinder mit sogenannten psychosomatischen Beschwerden, im wesentlichen zählten hierzu „Kopfschmerzen mit Übelkeit", aber auch Ekzem und Asthma, soweit Kinder mit diesen Krankheiten noch nicht in die Gruppen 1 und 2 eingeteilt waren (117 Kinder).

Gruppe 4. Eine „gesunde" Gruppe von 2460 Kindern ohne Angaben über körperliche oder psychosomatische Beschwerden.

Wir untersuchten zunächst die Verteilung der auffälligsten Kinder, indem in jeder Gruppe die Zahl der Kinder mit einem Gesamtauffälligkeitsscore von vier oder mehr festgestellt wurde.

Tabelle 14. Zahl der Kinder in verschiedenen Kategorien physischer Störungen und die jeweiligen Anteile von Kindern mit vier oder mehr auffälligen Verhaltensitems.

	Schwerere körperliche Störung (Gruppe 1)	Leichtere körperliche Störung (Gruppe 2)	Psychosomatische Störung (Gruppe 3)	Keine Störung (Gruppe 4)
Mädchen, 5–10 Jahre alt	130	940	18	682
Mädchen, 11–15 Jahre alt	97	713	27	407
Jungen, 5–10 Jahre alt	148	904	37	817
Jungen, 11–15 Jahre alt	103	598	35	554
Summen	478	3155	117	2460
Anteil der Kinder mit einem Gesamtauffälligkeitsscore von vier oder mehr in Prozent für jede Kategorie	22%	16%	10%	7%

Wie aus Tabelle 14 ersichtlich wird, wurden solche Kinder signifikant häufiger ($P < 0.001$) in Gruppen mit körperlichen Beschwerden als in der „gesunden" Gruppe gefunden. Weiterhin ist bemerkenswert, daß die Gruppe der Kinder mit schwereren Behinderungen oder schwereren Krankheiten in der Vergangenheit eine größere Häufung hoher Auffälligkeitsscores aufwies als die Gruppe mit nur leichteren Störungen. Kinder mit psychosomatischen Beschwerden, über die keine Angaben über andere Gesundheitsstörungen vorlagen, schienen sich hinsichtlich der Auffälligkeit nicht sehr von der „gesunden" Gruppe zu unterscheiden. Die Kinder der Gruppe 3 sind jedoch nicht unbedingt repräsentativ für alle Kinder mit psychosomatischen Beschwerden. In der Tabelle 15 haben wir die Gesamtauffälligkeitsscores der Kinder mit psychosomatischen Störungen allein (Gruppe 3) mit den Scores der Untergruppen von Kindern verglichen, die den Angaben zufolge sowohl an psychosomatischen Krankheiten wie auch an schwereren oder leichteren Störungen litten. Die Werte zeigen deutlich, daß in „gemischten" Fällen der Auffälligkeitsscore mit dem Schweregrad der anderen Kategorie von Störungen ($P < 0.01$) und nicht mit der Neigung zu psychosomatischen Krankheiten in Beziehung steht. Dieses Ergebnis läßt jedoch nicht den Schluß zu, daß das Erlebnis einer schweren Krankheit als solches zu auffälligem Verhalten führen muß, da sich die Kinder dieser Kategorie auch öfter und für längere Zeiträume als die anderen in Krankenhäusern aufhielten. Sie waren während ihres Krankenhausaufenthaltes auch zweimal häufiger als Kinder mit leichteren Störungen operiert wurden.

Tabelle 15. Prozentsatz der Kinder mit psychosomatischen Krankheiten, mit und ohne weitere körperliche Störungen, die einen Gesamtauffälligkeitsscore von vier und mehr hatten.

	N	Prozentsatz mit vier oder mehr auffälligen Items
Kinder mit psychosomatischer Krankheit allein	117	10
Psychosomatische Krankheit und leichtere körperliche Störungen	89	18
Psychosomatische Krankheit und schwerere körperliche Störungen	475	28

Wenn die angegebenen körperlichen Störungen mit einzelnen Verhaltensweisen in Beziehung gesetzt wurden, so traten bei Kindern, die an einer schweren Krankheit gelitten hatten, folgende Verhaltensweisen signifikant häufiger auf als bei Kindern mit leichteren Störungen: Weinen, hohe Reizbarkeit, Wutanfälle und Streit mit anderen Kindern. Unterschiede zwischen den beiden Gruppen fanden sich auch bei der Unruhe, sowohl im Schlaf als auch im Wachsein; keine Unterschiede bestanden bezüglich Ängstlichkeit, Furcht und Rückzugsverhalten.

Reaktionen auf die Menstruation

Die Mütter der Mädchen aller Altersstufen in unserer Stichprobe wurden gefragt, ob bei ihren Töchtern die Monatsblutung schon eingesetzt hätte und wenn ja, in welchem Alter. Fünf Reaktionen auf die Periode wurden zur Wahl gestellt: 1. macht sich darüber Sorgen; 2. fühlt sich krank; 3. klagt über Schmerzen; 4. muß vom Unterricht fernbleiben oder sich ins Bett legen; 5. hat gewöhnlich überhaupt keine Schwierigkeiten oder Belastungen. Die gewählten Antworten wurden dann untereinander, zum Alter des Kindes zur Zeit der Untersuchung und zum Gesamtauffälligkeitsscore in Beziehung gesetzt. Den Angaben der Mütter zufolge hatte zum Zeitpunkt der Untersuchung bei 565 Mädchen die Periode schon eingesetzt. Ungefähr zwei Drittel dieser Mädchen machten sich während der Periode überhaupt keine Sorgen oder empfanden keine Unannehmlichkeiten; die damit geplagt waren, klagten über Schmerzen, aber nur selten fühlten sie sich krank oder fehlten in der Schule.

Kein signifikanter Zusammenhang wurde zwischen früher Menarche und der Zahl der Beschwerden gefunden. Sicherlich bestand kein Hinweis darauf, daß Mädchen mit früher Menarche die Periode als größere Belastung empfanden; wenn überhaupt, gab es einen leichten Trend in die andere Richtung. Das Alter bei Beginn der Menstruation wurde auch zum Gesamtauffälligkeitsscore in Beziehung gesetzt, doch es ergab sich kein signifikanter Zusammenhang. Wenn jedoch berichtete Menstruationsbeschwerden und der Gesamtauffälligkeitsscore aufeinander bezogen wurden, so zeigte sich, daß 22% der Mädchen, die darüber klagten, vier oder mehr auffällige Items erhalten hatten, wogegen nur 14% der Mädchen, die davon frei waren, einen Wert dieser Höhe erreichten ($P < 0.01$). Es wurde sichergestellt, daß dies nicht auf dem Beitrag der „Bauchschmerzen" zum Gesamtauffälligkeitsscore beruhte. Menstruationsbeschwerden können also mit einer allgemeinen Auffälligkeit verknüpft sein. Andererseits könnten sie aber auf einen schlechteren körperlichen Zustand weisen, da Mädchen, die den Angaben zufolge an einer schwereren körperlichen Störung litten (s. S. 84), eher über schmerzhafte Blutungen klagten als andere Mädchen ($P < 0.05$).

Einlieferung ins Krankenhaus

In Tabelle 16 wird die Verteilung der Krankenhauseinlieferungen nach Häufigkeit, Dauer und Grund im einzelnen dargestellt. Während die Mehrzahl der Kinder nie in ein Krankenhaus eingeliefert worden war, stieg verständlicherweise die Zahl der Krankenhauspatienten mit dem Alter an. Un-

Tabelle 16. Stationäre Behandlung im Krankenhaus.

	Jungen		Mädchen	
	5–10 Jahre (%)	11–15 Jahre (%)	5–10 Jahre (%)	11–15 Jahre (%)
a. *Zahl der Einlieferungen*	(N = 1876)	(N = 1239)	(N = 1772)	(N = 1273)
Keine	60	53	67	54
Eine Einlieferung	31	35	28	34
Zwei Einlieferungen	6	8	4	8
Drei Einlieferungen	2	2	1	2
Vier Einlieferungen	—	1	—	1
Mehr als vier Einlieferungen	—	—	—	1
b. *Kumulierte Aufenthaltsdauer*[1,2]	(N = 741)	(N = 581)	(N = 586)	(N = 568)
Bis zu 3 Tagen	25	18	27	21
4 bis (inkl.) 6 Tage	19	19	21	18
7 bis (inkl.) 13 Tage	25	27	24	23
14 bis (inkl.) 20 Tage	10	11	8	13
21 Tage bis zu 1 Monat	7	10	9	10
1 Monat bis zu 3 Monaten	10	11	9	10
3 Monate bis zu 6 Monaten	2	2	2	2
6 Monate oder länger	2	2	1	1
c. *Einlieferungsgründe*[1,3]	(N = 741)	(N = 581)	(N = 586)	(N = 568)
Neuro-psychiatrische (Tics, Epilepsie, Meningitis, Enzephalitis usw.)	2	2	3	3
Allergische Krankheiten (z. B. Asthma)	1	1	1	1
Hals-, Nasen-, Ohrenkrankheiten	58	64	61	67
Angeborene Störungen (Schielen, Hasenscharte, Gaumenspalte, Entfernung überzähliger Zehen, Behandlung wegen Knochenmißbildungen, kosmetische oder plastische Chirurgie)	7	5	8	5
Gastro-intestinale Störungen	15	15	11	13
Orthopädische Störungen und Unfälle (Knochenbrüche, Verbrennungen, Schock oder Beobachtung nach Unfällen, Badeunfälle, Autounfälle, Entfernung von Fremdkörpern aus dem Speisetrakt, dem Auge usw.)	12	14	10	9
Herz-, Gefäß- und Atemstörungen	6	5	5	6
Infektionskrankheiten, Fieber usw.	5	5	4	6
Dermatologische Störungen	2	1	1	—
Verschiedenes (z. B. Diabetes)	13	11	7	9
Chirurgische Eingriffe jeglicher Art	73	77	71	77

[1] In den Abschnitten b) und c) der Tafel sind die Prozentsätze als Anteile an der Gruppe der ins Krankenhaus eingelieferten Kinder berechnet und nicht an der Gesamtgruppe.

[2] Die kumulierte Aufenthaltsdauer ist die gesamte Zeit, die ein Kind im Krankenhaus verbraucht hat, d. h. alle Einzelaufenthalte gehen hierin ein.

[3] Da diese Kategorien einander nicht ausschließen, kann ein Kind in mehreren aufgeführt werden, insbesondere wenn es mehrmals eingeliefert wurde.

ter den eingelieferten Kindern waren die meisten nur einmal für eine relativ kurze Zeit dort: Fast ein Viertel der Kinder wurde innerhalb von drei Tagen entlassen. Ungefähr 75% der Kinder erhielten chirugische Eingriffe wie Entfernung von Mandeln und adenoider Wucherungen. Nächsthäufiger Einlieferungsgrund waren gastrointestinale Störungen, gefolgt von orthopädischen Konditionen und Unfällen.

Natürlich waren die Kinder zu verschiedenen Zeiten vor der Untersuchung eingeliefert und entlassen worden. Daher konnte die unmittelbare Wirkung des Krankenhausaufenthaltes auf das Verhalten des Kindes nicht genau abgeschätzt werden. Die Mutter wurde jedoch gebeten, sich an die damaligen Umstände zu erinnern. Die Ergebnisse sind unten in der Tabelle 17 zusammengefaßt; aus ihnen ist ersichtlich, daß, je länger sich ein Kind im Krankenhaus aufgehalten hat, desto eher berichtet wird, es habe nach der Rückkehr nach Haus Verhaltenschwierigkeiten gehabt. Es zeigt sich aber auch, daß bei mehr als vier Fünfteln der ehemaligen Krankenhauspatienten nach ihrer Rückkehr nach Haus keine nachteilige Wirkung beobachtet werden konnte. Von einigen Kindern wurde sogar gesagt, ihr Verhalten habe sich insofern gebessert, als sie besser äßen und nicht mehr Daumen lutschten. Es ist möglich, daß die relativ kleine Zahl von Kindern, über die Verhaltensstörungen berichtet wurden, auf dem retrospektiven Charakter der Daten beruht, die vom genauen Erinnerungsvermögen der Mutter abhängen.

Tabelle 17. Anteil der Kinder, die nach den Angaben der Eltern nach ihrer Rückkehr vom Krankenhaus Verhaltensprobleme hatten, bezogen auf die kumulative Dauer des Krankenhausaufenthalts (alle Altersstufen, beide Geschlechter).

Aufenthaltsdauer	Zahl der Fälle	Prozentsatz mit Verhaltensproblemen
Bis zu 3 Tagen	569	9
4–6 Tage	492	11
7–13 Tage	625	12
14–30 Tage	497	13
1–3 Monate	259	21
über 3 Monate	87	22

Andererseits stellt ein Krankenhausaufenthalt im Leben des Kindes und der Mutter gewöhnlich ein dramatisches Ereignis dar, so daß die Begleitumstände wahrscheinlich erinnert werden können.

Tabelle 18 zeigt die Verteilung der Gesamtauffälligkeitsscores für Kinder mit unterschiedlich langen Krankenhausaufenthalten; wie zu erkennen ist, scheinen die zwei Variablen wenig zusammenzuhängen. Es muß jedoch betont werden, daß in Tabelle 18 der Zustand der Kinder, die zu allen Zeitpunkten von sofort nach der Geburt bis zum 15. Lebensjahr ins Krankenhaus eingeliefert worden waren, zum Zeitpunkt der Untersuchung beschrieben wird; darüberhinaus variierte die zwischen Entlassung und unserer Befragung verstrichene Zeit von Kind zu Kind beträchtlich.

Tabelle 18. Verteilung der Gesamtauffälligkeitsscores nach Alter zum Zeitpunkt der Erhebung und kumulativer Krankenhausaufenthaltsdauer.

Kumulative Krankenhausaufenthaltsdauer	Prozensatz der 5- bis 10jährigen Kinder mit Gesamtauffälligkeitsscore in Höhe von						Gesamtzahl der 5- bis 10-jährigen Kinder	Prozentsatz der 11- bis 15jährigen Kinder mit Gesamtauffälligkeitsscores in Höhe von						Gesamtzahl der 11- bis 15-jährigen Kinder
	0	1	2	3	4-6	7+		0	1	2	3	4-6	7+	
0	42	27	14	7	8	2	2321	46	25	13	6	7	2	1363
weniger als 7 Tage	36	26	18	9	9	2	602	44	24	14	7	8	3	440
7–13 Tage	33	27	14	11	11	4	326	37	30	10	9	10	4	285
2 Wochen–1 Monat	35	23	15	10	11	6	225	42	23	13	8	10	4	248
1–3 Monate	33	28	19	7	10	2	127	31	31	11	9	10	7	118
3 Monate oder länger	27	39	7	12	5	10	41	34	27	21	7	10	—	29

Während einerseits die Behauptung, daß im allgemeinen ein Krankenhausaufenthalt bleibende nachteilige Wirkungen auf Kinder habe, durch unsere Werte nicht gestützt werden kann, können damit andererseits Behauptungen nicht zurückgewiesen werden, daß die Hospitalisation in bestimmten Entwicklungsphasen einen schädlichen Effekt nach sich ziehen könne.

Trennungserlebnisse

Die verschiedenen Theorien zur Wirkung von Trennung (Yarrow 1961) geben Anlaß zu der Vermutung, daß es sich hierbei um ein komplexes Konzept handelt, daß mehrere Faktoren umfaßt, wie die Dauer der Trennung, das Alter oder die Entwicklungsstufe zum Zeitpunkt der Trennung; der Grund für die Trennung, z.B. wegen einer Krankheit des Kindes, der Zerrüttung des Elternhauses, der Geburt eines weiteren Kindes usw.: die Art und Weise der Trennung, d.h., ob das Kind ins Krankenhaus eingeliefert wird, ob es bei Verwandten wohnt oder in ein Kinderheim geht; die Häufigkeit von

Trennungserlebnissen; und in welchem Ausmaß beim Kind während der Trennung oder kurz nach dem Wiedersehen mit den Eltern Anzeichen von Kummer zu beobachten sind. Obwohl einige Information über alle diese Punkte vorlag, hatten wir nicht eine genügende Zahl von Fällen, um alle möglichen Kombinationen untersuchen zu können.

Der Fragebogen enthielt eine Anzahl Fragen zur Trennung des Kindes von den Eltern. Zusätzlich zu den Einlieferungen ins Krankenhaus, die wir in diesem Kapitel schon besprochen haben, wurden Informationen darüber gesammelt, ob das Kind zu irgendwelchen Gelegenheiten ohne seine Eltern länger als einen Monat von zu Haus entfernt war. Wir erkundigten uns auch danach, ob ein Elternteil seit der Geburt des Kindes aus irgendeinem Grund wenigstens einen Monat von zu Haus entfernt war und ob die Mutter außer Haus arbeitete. Die Informationen sind natürlich nicht so erschöpfend, wie man es sich für eine Untersuchung, die sich speziell mit Trennung und deren Wirkung beschäftigt, wünschen würde. Die Angaben sind mit den Mängeln aller retrospektiven Untersuchungen behaftet, wie der Gefahr schlechten Erinnerungsvermögens seitens der Eltern, dem Fehlen von Information über das Verhalten des Kindes vor der Trennung und den unkontrollierten Einflüssen, denen das Kind zwischen Trennungserlebnis und Zeitpunkt der Erhebung ausgesetzt war. Darüberhinaus machte die Vielzahl von Trennungsgründen, wie Tod eines Elternteils, und das Fehlen von Einzelheiten in einigen Antworten eine gründliche Analyse unmöglich. Dennoch sind im folgenden, da es sich hierbei um ein wichtiges und kontroverses Problem handelt, einige Bemerkungen über den Zusammenhang zwischen Auffälligkeit und Trennung angeführt.

Fast ein Viertel der Kinder (23%) hatte die Trennung von wenigstens einem Elternteil erlebt, da dieser Elternteil für einen Monat oder länger von zu Haus entfernt war. In der Mehrzahl der Fälle war das Kind nur vom Vater getrennt (13% der Stichprobe), aber die Mütter von 9% der Kinder waren wenigstens einen Monat vom Kind getrennt, und 2% der Kinder waren von beiden Elternteilen getrennt, wenn auch nicht unbedingt zur gleichen Zeit.

Tabelle 19 zeigt den Zusammenhang zwischen Abwesenheit der Eltern von zu Haus und einem Gesamtauffälligkeitsscore von wenigstens vier Items. Die Abwesenheit beider Elternteile, selbst zu verschiedenen Zeiten, war mit dem höchsten Anteil „auffälliger“ Kinder verknüpft; dieser Zusammenhang war bei alleiniger Abwesenheit der Mutter geringer ausgeprägt und noch schwächer bei alleiniger Abwesenheit des Vaters. Dieses Muster wiederholte sich und war statistisch signifikant in drei von vier Alters- und Geschlechtsgruppen; die jüngeren Mädchen waren die einzige Ausnahme.

Hinsichtlich der eigenen Abwesenheit der Kinder von zu Haus ergab sich aus den Angaben, daß, abgesehen von Krankenhausaufenthalten, sechs Prozent beiderlei Geschlechts der jüngeren Altersgruppe sowie acht Prozent der älte-

Tabelle 19. Gesamtauffälligkeitsscore nach Abwesenheit der Eltern.

	Jüngere Knaben	Ältere Knaben	Jüngere Mädchen	Ältere Mädchen	Insgesamt
N =	1869	1236	1770	1273	
Niemand von beiden anwesend	9%	11%	11%	15%	11%
Vater abwesend	11%	12%	12%	23%	14%
Mutter abwesend	19%	13%	15%	27%	18%
Beide abwesend (zu verschiedenen Zeiten)	33%	24%	7%	34%	25%

Die Eintragungen geben die Zahl der Kinder mit einem Gesamtauffälligkeitsscore von vier oder mehr an, berechnet als Prozentsätze aller Kinder in der betreffenden Kategorie.

ren Kinder für die Dauer von wenigstens einem Monat oder länger von zu Haus entfernt waren. Leider konnten diese Trennungen nicht näher analysiert werden mangels genügender Information über das Alter des Kindes zum Zeitpunkt der Trennung und den Ort, wo sich das Kind während der Trennung aufhielt, z.B. bei Verwandten oder bei fremden Leuten.

Angaben über Krankenhausaufenthalte kamen, wie wir schon auf Tabelle 16 gezeigt haben, häufiger vor: Zwischen 12% und 15% der Kinder lagen den Angaben zufolge wenigstens vier Wochen im Krankenhaus, obwohl sich diese Dauer aus mehreren Einzelaufenthalten zusammensetzen konnte.

In der bisherigen Analyse wurden die verschiedenen Formen der Trennung so behandelt, als ob sie voneinander unabhängig wären. Das war allerdings oft nicht der Fall: Ein Kind hatte vielleicht bei Verwandten wohnen müssen, weil die Mutter im Krankenhaus lag. Andere Kinder konnten zu verschiedenen Zeiten verschiedene Formen der Trennung erlebt haben.

Diese Fälle werden in Tabelle 20 nach drei Formen der Trennung analysiert und zwar a) ob die Mutter jemals für eine Dauer von wenigstens einem Monat von zu Haus entfernt war oder nicht; b) ob das Kind für die Dauer eines Monats oder länger von zu Haus entfernt war oder nicht, abgesehen von jeglichen Krankenhausaufenthalten; c) ob das Kind für wenigstens zwei Wochen, für weniger als zwei Wochen oder überhaupt nicht im Krankenhaus gelegen hat.

Die Ergebnisse geben zu erkennen, daß viele dieser Kinder in mehr als einer Kategorie aufgeführt werden. So hatten zwei Drittel der Kinder, deren Mütter für eine Dauer von wenigstens einem Monat von zu Haus entfernt waren, selbst im Krankenhaus gelegen, und jeder Fünfte hatte nicht nur einen Krankenhausaufenthalt erlebt, sondern hatte aus anderem Grund wenigstens einen Monat von zu Haus entfernt gelebt.

Tabelle 20. Zahl der Kinder mit unterschiedlichen Kombinationen von Trennungserlebnissen.

		Zahl der Kinder			
		Jungen (Alter 5–10 J.)	Jungen (Alter 11–15 J.)	Mädchen (Alter 5–10 J.)	Mädchen (Alter 11–15 J.)
Mutter abwesend					
Kind abwesend[1]					
Krankenhausaufenthalt[2]	(langer)	11	14	12	11
	(kurzer)	27	14	7	19
	(kein)	29	15	38	23
Kind nicht abwesend[1]					
Krankenhausaufenthalt[2]	(langer)	19	36	17	26
	(kurzer)	30	39	41	33
	(kein)	67	50	62	61
Mutter abwesend					
Kind abwesend[1]					
Krankenhausaufenthalt[2]	(langer)	7	15	4	12
	(kurzer)	13	16	10	18
	(kein)	31	24	27	25
Kind nicht abwesend[1]					
Krankenhausaufenthalt[2]	(lange)	186	159	130	146
	(kurz)	438	312	351	278
	(gar nicht)	997	548	1001	541

[1] Das bezieht sich auf jeden Zeitraum von wenigstens einem Monat, in dem das Kind von zu Hause entfernt war (abgesehen von Krankenhausaufenthalten).

[2] Ein „langer Krankenhausaufenthalt" dauert per definitionem wenigstens zwei Wochen, ein „kurzer Krankenhausaufenthalt" weniger als zwei Wochen.

Tabelle 21. Trennungserlebnis und Gesamtauffälligkeitsscore: Prozentsatz der Kinder in jeder Zelle mit vier und mehr auffälligen Items.

	Trennungserlebnis				
	Mutter abwesend		Mutter nicht abwesend		
	Kind abwesend	Kind nicht abwesend	Kind abwesend	Kind nicht abwesend	Insgesamt
Krankenhausaufenthalt:					
langer	29%	19%	26%	13%	16%
kurzer	27%	15%	18%	12%	13%
kein	22%	12%	21%	9%	10%
alle:	18%		11%		

Tabelle 21 setzt den Gesamtauffälligkeitsscore von vier und mehr Items zu den verschiedenen Kombinationen von Trennungsformen in Beziehung. Das allgemeine Muster ist deutlich: Alle drei Formen der Trennung sind mit einem größeren Anteil von Kindern mit hohen Auffälligkeitsscores verknüpft. Darüberhinaus ist dieser Zusammenhang kumulativ: Kinder ohne Trennungserfahrungen wiesen den geringsten Anteil an „Auffälligen" auf; in der Gruppe der Kinder mit nur einem Trennungserlebnis waren weniger „Auffällige" als in der Gruppe mit zwei Trennungserlebnissen; unter jenen Kindern aber, die unter alle drei Trennungskategorien fielen, waren die meisten „Auffälligen" zu finden. Es wäre voreilig, aufgrund dieses Befundes die Ansicht zu vertreten, daß eine Form der Trennung eher als eine andere mit einem hohen Gesamtauffälligkeitsscore verknüpft sei. Die Beziehung ist komplex und verlangt eine detailliertere Untersuchung, als bei den verfügbaren Daten möglich war. Nur durch weitere Forschung kann geklärt werden, in welchem Maß z. B. Trennungserlebnisse einen schon bestehenden Zustand lediglich akzentuieren und auf welche Weise eine Reihe intervenierender Variablen diese Form des Zusammenhangs verschärfen oder abschwächen können.

Eine kleine Gruppe von 49 Kindern unserer Stichprobe, die außergewöhnlich oft, in vielfältiger Weise und in unterschiedlichem Ausmaß Trennungen erfahren hatte, wurde einer näheren Betrachtung unterzogen. Dabei wurde deutlich, wie komplex die Daten im Hinblick auf eine Vielzahl von zusätzlichen Einflüssen waren, die innerhalb der Familie wirkten und die sowohl die Wirkung der verschiedenen Trennungserlebnisse wie auch die spätere psychische Befindlichkeit des Kindes beeinflußt haben können. Im folgenden werden einige Beispiele kurz zusammengefaßter Fallgeschichten von Kindern dargestellt, die zu irgendeinem Zeitpunkt in ihrem Leben wenigstens vierzehn Tage im Krankenhaus gelegen und die auch andere Formen von Trennung erlebt hatten:

1. G., ein 8jähriger Junge, hatte zweimal im Krankenhaus gelegen, beim ersten Mal im Alter von fünf Jahren für eine Dauer von zwölf Wochen wegen Keuchhusten und Lungenentzündung, beim zweiten Mal mit sechs Jahren für eine Woche. Nach der zweiten Einlieferung sagte die Mutter, „sei er sehr langsam mit anderen Leuten in Kontakt gekommen, er schien immer bei mir bleiben zu wollen". Er war in zwei Kinderheimen, als seine Mutter im Krankenhaus lag; im Alter von vier Jahren für einen Monat und mit zwei Jahren für drei Monate. Seine Mutter machte Angaben über Ungehorsam, Kopfschmerzen, Bauchschmerzen und Leseschwierigkeiten. Der Lehrer merkte an: „Mit dem Einkommen wird nicht sonderlich gut gewirtschaftet" und fügte hinzu: „Hat Sprachstörungen, lutscht am Finger, arbeitet im Unterricht nicht mit, sehr still und verschlossen, zeigt kein Interesse an seiner Arbeit".

2. M., ein 8jähriger Junge, hatte im Alter von vier Jahren wegen einer Operation zehn Tage und mit fünf Jahren noch einmal zehn Tage wegen eines Unfalls im Krankenhaus gelegen. Sein Vater und seine Mutter waren beide

einmal länger als einen Monat von zu Haus entfernt gewesen. Seine Mutter schrieb: „Er war fort, als ich im Krankenhaus war, er war für drei Monate in Dr. Barnardo's Home, da sie bei niemand bleiben konnten, und ich dachte, da sind sie am besten aufgehoben. Er ist jetzt zu Haus, das war vor vier Jahren". Sie berichtete Furcht vor der Dunkelheit, übermäßigen Appetit, Ungehorsam, Weinen und Wutanfälle. Der Lehrer bemerkte: „Kaut an seinen Fingernägeln, an der Schularbeit nicht interessiert" und fügte hinzu: „Große Familie – acht Kinder. Der Vater starb vor ungefähr vier Jahren, als das jüngste Kind noch ein Baby war. Die Mutter heiratete fast unmittelbar danach zum zweiten Mal. Sie arbeitet in einem transport cafe, aber es scheint immer an Geld zu fehlen; die Bezahlung der Schulmahlzeit ist oft mit Schwierigkeiten verbunden, nie Geld für Süßigkeiten oder Schulausflüge usw. . . . Die Kinder sind immer ärmlich angezogen, haben einen Haarschnitt nötig, ihre Kleidung wird wenig oder überhaupt nicht instand gehalten".

3. T., ein 11jähriger Junge, hatte im Alter von drei Jahren zehn Monate wegen Tuberkulose im Krankenhaus gelegen. „Als T. Tuberkulose hatte, hatte ich sie auch", schrieb seine Mutter. „Er wurde nach Hause entlassen, aber ich mußte bleiben und wurde operiert. Meine Mutter sorgte dann fünf Monate für ihn. Die beiden hingen sehr aneinander. Ich kam dann nach Hause und konnte selbst für ihn sorgen". Die Mutter berichtete, daß T. sehr reizbar sei, übermäßigen Appetit habe sowie Verstopfung, unruhigen Schlaf und an seinen Nägeln kaue. Darüberhinaus war er übergewichtig und hatte eine orthopädische Störung. In der Schule wurde von ihm gesagt, daß er sehr still und verschlossen sei. „Meiner Meinung nach liegt seine Lethargie am Übergewicht", schrieb sein Lehrer.

4. M., ein 14jähriger Junge, hatte im Alter von drei Jahren vier Wochen wegen Verdachts auf Tuberkulose der Hüfte im Krankenhaus gelegen, mit neun Jahren für drei Wochen und mit elf Jahren für eine Woche wegen der gleichen Beschwerden. In Verbindung mit der ersten Erkrankung berichtete die Mutter, daß „wir M. nicht besuchten durften, und als er nach Haus entlassen wurde, war er um die Augen sehr schwarz, war nervös und ein anderes Kind.

Als er später im Krankenhaus lag, durfte ich die ersten Nächte dableiben und ihn jeden Tag besuchen, und er war glücklich". Die Mutter war selbst einmal von zu Haus entfernt. Der Junge wohnte für sechs Monate bei Bekannten und Tanten, „als ich in der Nervenklinik lag. Mir tut es leid, sagen zu müssen, daß (das Kind) ein sehr unglückliches Zuhause hat und im Augenblick ziemlich schwierig ist". Sie gab Furcht vor der Dunkelheit, Alpdrücken, unruhigen Schlaf, Nägelkauen und Lesestörungen an.

5. A., ein 14jähriges Mädchen, hatte im Alter von drei Jahren für drei Wochen wegen Scharlach und mit zehn Jahren für eine Woche wegen Herausnahme der Mandeln im Krankenhaus gelegen. Die Mutter schrieb: „Sie wohnte 18 Monate bei einer Tante auf dem Lande, als ich zum ersten Mal anfing, in

London zu arbeiten. Ich brauchte 18 Monate, um eine passende Unterkunft für sie zu finden. Ich besuchte sie wenigstens einmal im Monat oder manchmal öfter.. . . Ein schüchternes und einsames Kind. Sie hat Angst davor, die Lehrer etwas zu fragen, macht aber oft einen anderen Eindruck. Sie hat kein Interesse an Kleidung oder den üblichen Dingen, die eine 14jährige sonst interessieren. Sie ist sehr verschlossen und hat Schwierigkeiten, Freunde zu finden. Unser Verhältnis ist jedoch ausgezeichnet." Sie berichtete Furcht vor der Dunkelheit und Nägelkauen. Die Eltern des Mädchens waren kürzlich geschieden worden. Die Lehrer fanden sie sehr still und verschlossen.

6. B., ein 14jähriges Mädchen, hatte im Alter von sechs Jahren für vier Monate mit einem Bein- und Hüftbruch und „davor zweimal wegen Broncho-Pneumie und Windpocken" im Krankenhaus gelegen. Die Mutter berichtete Destruktivität, Lügen, Abneigung gegen die Schule, Reizbarkeit, Mäkelei am Essen, Quengeln, Unruhe, Eifersucht, Ungehorsam, Weinen, Schmollen, Wutanfälle, Nägelkauen und Streiten. Sie sagte weiter, daß das Mädchen „mich beschimpft, wenn es nicht nach ihrem Willen geht und mich bezichtigt, alles Mögliche getan zu haben. Ich wollte, sie wäre weg, weil sie soviel Ärger macht, wenn sie zu Haus ist." Das Mädchen hatte eine Spezialschule mit Internat besucht. Der Lehrer schrieb, daß sie in ihren Schulleistungen sehr, sehr schwach ist, scheint eine geringe Intelligenz zu haben. Die Familie scheint ratlos zu sein und wenig Kontrolle über B. zu haben."

Beim Durchlesen solcher Fälle wird deutlich, daß sie eine heterogene Gruppe bilden. Einige Kinder wurden wegen Krankheit, andere wegen Unfalls ins Krankenhaus eingeliefert; die Einlieferungen fanden zu verschiedenen Zeitpunkten in der Vergangenheit statt. Krankenhausbesuche und schon vorher bestehende familiäre Verhältnisse können den späteren Ausgang beeinflußt haben; die Fallgeschichten enthielten Situationen, wo Mütter schwer krank waren, Väter starben, Mütter wieder heirateten, Scheidung und Fortziehen.

Es gab auch eine Gruppe von Familien, die insgesamt instabil schienen, so daß das Verhalten des Kindes zusätzlich zu den verschiedenen Trennungserlebnissen Folge von vielerlei Belastungen gewesen sein konnte. In solchen Fällen sind die Wirkungen der Trennung nur schwer von der früheren und gegenwärtigen Familiensituation zu trennen.

KAPITEL 6

Das Kind in seiner schulischen Umwelt

Wie wir schon in Kapitel 2 ausgeführt haben, wurde es für ebenso wichtig erachtet, Informationen über das Kind in seiner schulischen wie in seiner häuslichen Umgebung zu erhalten. Deshalb wurden wie den Eltern auch den Lehrern Fragebögen vorgelegt (s. Kapitel 3); sie wurden in 97% der Fälle von den Schulen ausgefüllt zurückgegeben. Die Mehrzahl der Kinder (68%) war noch im Grundschulalter (Klassen 1–6); von denen, die die secondary school erreicht hatten, besuchten 28% grammar oder technical schools, 72% gingen auf secondary modern schools. Nur ein Prozent der Kinder besuchte Sonderschulen für körperlich oder geistig Behinderte.

Leistung

Aus den schon in Kapitel 2 dargelegten Gründen (S. 25) entschieden wir uns, die Leistungsklassifikation auf drei große Kategorien zu beschränken: Die Lehrer wurden gebeten, die Kinder als „durchschnittlich", „überdurchschnittlich" oder „unterdurchschnittlich" im Vergleich zu anderen Kindern gleichen Alters im gleichen Schultyp einzustufen. Obwohl bei diesem Vorgehen die Gefahr bestand, daß das Lehrerurteil einem Halo-Effekt oder anderen Formen der Urteilsverzerrung unterworfen sein konnte, erhielten wir wenigstens einen Anhaltspunkt für die Form der Auseinandersetzung des Kindes mit seiner schulischen Umwelt.

Dieses Urteil wurde durch die Frage nach dem relativen Erfolg des Kindes in seiner unmittelbaren Lerngruppe ergänzt. Dabei konnten sehr wohl Unterschiede zwischen diesen beiden Lehrerurteilen auftreten: Ein Kind an der Spitze des unteren stream einer großen Schule läge im Vergleich mit allen Schülern seines Alters in dieser Schule unter dem Durchschnitt, in seiner eigenen Lerngruppe aber über dem Durchschnitt.

Tabelle 22 bestätigt die Ergebnisse anderer Erhebungen (Pidgeon 1960, Wisenthal 1965), daß Mädchen bessere Leistungsbeurteilungen erhielten als Jungen, besonders in den jüngeren Altersgruppen. So wurden unter den 5- bis 10jährigen 23% der Mädchen, verglichen mit nur 16% der Jungen, in ihrer Gesamtleistung als überdurchschnittlich bewertet. In der Gruppe der Kinder, die älter als zehn Jahre waren, waren der Anteil an überdurchschnittlichen Mädchen auf 18% gesunken und der der Jungen auf 19% gestiegen.

Tabelle 22. Lehrerurteile über die Gesamtleistung und die Leseleistung relativ zum Alter und besuchten Schultyp.

Lehrerurteil (relativ zum Alter und Schultyp)	Gesamtleistung Jungen (%)	Gesamtleistung Mädchen (%)	Leseleistung Jungen (%)	Leseleistung Mädchen (%)
Überdurchschnittlich	18	22	20	25
Durchschnittlich	45	51	42	48
Unterdurchschnittlich	34	24	28	18
Kann noch nicht lesen	—	—	3	2
Nicht erfaßt	3	3	7	7
Gesamtzahl der Kinder	3477 (100%)	3234 (100%)	3477 (100%)	3234 (100%)

Sehr ähnliche Verhältnisse lagen bei Kindern vor, die als überdurchschnittliche Leser eingestuft waren. Am anderen Ende der Skala zeigten sich jedoch keine entsprechenden Veränderungen: In beiden Altersgruppen erhielten 34% der Jungen und 24% der Mädchen in der Gesamtleistung unterdurchschnitt-

Tabelle 23. Zusammenhang zwischen der Gesamtleistung des Kindes und dem Berufsstatus des Vaters nach der Hall-Jones-Skala.

Statuskategorien der Berufe der Väter (Hall-Jones-Skala)	Prozentsätze von Jungen mit Vätern in den jeweiligen Statuskategorien			Gesamtzahl der Jungen	Prozentsätze von Mädchen mit Vätern in den jeweiligen Statuskategorien			Gesamtzahl der Mädchen
	Überdurchschnittliche Leistung	Durchschnittliche Leistung	Unterdurchschnittliche Leistung		Überdurchschnittliche Leistung	Durchschnittliche Leistung	Unterdurchschnittliche Leistung	
1, 2, 3, Freie (akademische) Berufe, Führungstätigkeiten, höhere Überwachungstätigkeiten	29	49	22	600	37	48	15	624
4,5a. Untere Überwachungstätigkeiten, nicht-manuelle Routinetätigkeiten	23	48	29	424	29	52	19	402
5b. Manuelle Facharbeiter	17	47	36	1011	17	56	27	979
6,7. Manuelle angelernte oder Hilfsarbeiter	14	44	42	800	17	48	35	639
Alle Kinder	19	47	34	2832	23	53	24	2754

liche Beurteilungen. Bei schlechten Lesern zeigte sich andererseits ein ermutigenderes Bild: Unter den 11- bis 15jährigen waren 22% der Jungen und 14% der Mädchen unterdurchschnittlich (Kinder, die noch nicht lesen konnten, eingeschlossen) im Vergleich zu 36% der Jungen und 24% der Mädchen in den jüngeren Altersgruppen.

Die Leseleistung hatte sich also bei beiden Geschlechtern offensichtlich verbessert, obwohl die Jungen relativ zu den Mädchen schlechter geblieben waren.

Die Höhe der Gesamtleistung stand mit dem sozioökonomischen Status des Kindes, wie er anhand des Berufsstatus des Vaters auf der Hall-Jones-Skala bestimmt worden war, in Zusammenhang.

Tabelle 23 zeigt, daß bei einem Vergleich der obersten und untersten Rangplätze der Hall-Jones-Skala die Kinder von Vätern in freien (akademischen) Berufen, in Führungs- oder hohen Überwachungstätigkeiten mit doppelter Wahrscheinlichkeit überdurchschnittlich und nur halb so oft unterdurchschnittlich bewertet wurden wie die Kinder von Vätern in angelernten oder ungelernten manuellen Tätigkeiten. Sowohl bei Jungen als auch bei Mädchen korreliert die Höhe der Schulleistung eindeutig mit der Höhe der Qualifikation und des Prestiges, anhand derer der Rang des väterlichen Berufs bestimmt wird.

Dieser Zusammenhang schien in allen Altersgruppen zu bestehen. Unter den 5- bis 10jährigen Jungen wiesen 28% derjenigen, deren Väter Berufe der höchsten Stauskategorien innehatten, „überdurchschnittliche“ und 23% „unterdurchschnittliche“ Leistungen auf, verglichen mit jeweils 30% und 20% der 11- bis 15jährigen Jungen; 44% der 5- bis 10jährigen Jungen mit Vätern in angelernten oder ungelernten Berufen sowie 39% der 11- bis 15-jährigen Jungen dieser Herkunft wurden als „unterdurchschnittlich“ beurteilt.

Ebenso wurden 13% der Mädchen, deren Väter die Berufspositionen 1, 2, 3 einnahmen, und 31% der Mädchen mit Vätern in angelernten und ungelernten Berufen in den jüngeren Altersstufen als „unterdurchschnittlich“ beurteilt, verglichen mit jeweils 17% und 29% der älteren Mädchen. Insgesamt unterschieden sich weder bei Jungen noch bei Mädchen die beiden Altersgruppen signifikant.

In Bezug auf die Position in der Klasse war die Situation jedoch anders (s. Tabelle 24). Sozialökonomische Unterschiede waren viel stärker bei primary school Kindern ausgeprägt, wo sie hochsignifikant waren ($P<0.001$); in den Altersgruppen der secondary school waren diese Unterschiede bei Jungen gerade auf dem 5%-Niveau signifikant, bei Mädchen nicht signifikant. Das kann sehr wohl darauf beruhen, daß in den Altersstufen der secondary school streaming verstärkt nach Fähigkeit durchgeführt wurde. Die Kinder, die in primary school Klassen ohne streaming zu den besten Schülern gehör-

Tabelle 24. Position in der Klasse nach Berufsstatus des Vaters

Statuskategorien der Berufe der Väter (Hall-Jones-Skala)	Zahl und Prozentsatz von Kindern in jeder Klassenposition											
	5-bis 10jährige						11- bis 15jährige					
	unter den besten 25 % der Klasse		unter den mittleren 25 % der Klasse		unter den schlechtesten 25 % der Klasse		unter den besten 25 % der Klasse		unter den mittleren 25 % der Klasse		unter den schlechtesten 25 % der Klasse	
	N	%	N	%	N	%	N	%	N	%	N	%
Jungen												
1, 2, 3 Freie (akademische) Berufe, Führungstätigkeiten, höhere Überwachungstätigkeiten	147	39	150	39	82	22	57	26	123	57	37	17
4,5a. Untere Überwachungstätigkeiten, nicht-manuelle Routinetätigkeiten	97	36	116	43	56	21	41	26	78	49	41	26
5b. Manuelle Facharbeiter	151	24	287	46	192	30	123	31	193	49	80	20
6,7. Manuelle angelernte oder Hilfsarbeiter	88	18	224	47	168	35	78	25	147	47	85	27
Enge des Zusammenhangs	$P < 0{\cdot}001$						$P < 0{\cdot}05$					
Mädchen												
1, 2, 3, Freie (akademische) Berufe, Führungstätigkeiten, höhere Überwachungstätigkeiten	194	52	146	39	34	9	90	36	111	45	48	19
4,5a. Untere Überwachungstätigkeiten, nicht-manuelle Routinetätigkeiten	87	37	112	47	37	16	63	35	83	46	36	20
5b. Manuelle Facharbeiter	155	28	284	50	124	22	112	27	223	53	83	20
6,7. Manuelle angelernte oder Hilfsarbeiter	108	24	214	48	125	28	77	27	145	50	65	23
Enge des Zusammenhangs	$P < 0{\cdot}001$						$P < 0{\cdot}05$: nicht signifikant					

ten, kamen nur mit ungefähr gleichstarken Schülern in eine Leistungsgruppe, und dies galt für Kinder jeder Intelligenz- und Leistungshöhe. Insbesondere war die gute Position der Kinder von Vätern in freien (akademischen) oder anderen Berufen von „hohem“ Status in der secondary school nicht so deutlich sichtbar ($P<0.001$ für jedes Geschlecht). Innerhalb der anderen Berufsstatusgruppen waren bei Mädchen die Altersunterschiede nicht signifikant, aber bei Jungen nahmen die Kinder von Facharbeitern ($P<0.05$) sowie von Vätern in angelernten und ungelernten Tätigkeiten ($P<0.001$) nach Verlassen der primary school eine signifikant bessere Position ein.

Fehlen in der Schule

Tabelle 25 zeigt, daß die jüngsten Kinder der Stichprobe, d.h. die 5- bis 6jährigen, im vorangegangenen Trimester am häufigsten in der Schule fehlten; sie fehlten im Durchschnitt doppelt so häufig wie die 10- bis 11jährigen. Dies kann dadurch bedingt sein, daß die Kinder in verstärktem Ausmaß Infektionen ausgesetzt sind, wenn sie durch die Einschulung mit einer größeren Zahl von Kindern Kontakt haben (Norris 1951). Bei den 13- bis 15jährigen bestand wiederum eine Tendenz, häufiger zu fehlen, die jedoch nie die Abwesenheitsquote der infant school Gruppen erreichte.

In den jüngsten Altersgruppen wurde fast immer Krankheit des Kindes als Entschuldigungsgrund für das Fernbleiben angegeben. Andere Gründe wurden mit zunehmendem Alter häufiger genannt, dennoch war Krankheit auf allen Altersstufen in wenigstens vier Fünftel aller Fälle der Grund für die Abwesenheit. Wegen der Krankheit eines anderen Familienmitglieds fehlten ältere Kinder am häufigsten und zwar besonders ältere Mädchen, die in solch einer Notlage offensichtlich am besten im Haushalt helfen konnten. Weil ein Elternteil oder ein anderes Familienmitglied erkrankt war, fehlten 7% der 13- bis 15jährigen Mädchen, verglichen mit 3% der 10- bis 12jährigen Mädchen und 2% der unter 10jährigen.

Dieser Entschuldigungsgrund war bei Jungen seltener, wo er nur auf 4% der 14- bis 15jährigen und auf weniger als 2% der unter 14jährigen zutraf.

Tabelle 25. Durchschnittliche Zahl der durch Abwesenheit im letzten ganzen Trimester verlorenen halben Schultage nach Alter und Geschlecht.

Alter	Durchschnittliche Zahl versäumter halber Schultage	
	Jungen	Mädchen
5 Jahre	18·9	17·2
6 Jahre	15·5	15·8
7 Jahre	11·8	12·9
8 Jahre	11·1	10·2
9 Jahre	7·9	10·2
10 Jahre	7·7	9·0
11 Jahre	8·0	8·8
12 Jahre	7·7	9·2
13 Jahre	8·3	10·4
14 Jahre	9·7	9·6
15 Jahre	9·5	11·9
Alle Altersstufen	10·4	11·1

Andererseits war Schuleschwänzen, das insgesamt relativ selten auftrat, für Jungen typischer als für Mädchen. So waren von den 49 berichteten Fällen 38 (77%) Jungen. Die Mehrzahl der Schulschwänzer (68%) war älter als zwölf Jahre. Die Zahl der Schulschwänzer stieg ungefähr vom 12. Lebensjahr ständig an und erreichte mit 5% der 14jährigen Jungen und 9% der 15-jährigen Jungen die größten Häufigkeiten.

Nach Eintritt in die secondary school stieg die Zahl einzelner Tage, an denen das Kind offenbar mit Billigung der Eltern ohne befriedigende Entschuldigung dem Unterricht fernblieb. Ohne hinreichende Begründung fehlten z. B. 4% der 5- bis 10jährigen Jungen, verglichen mit 7% der 11jährigen und älteren Jungen. Die Abwesenheitsquote der Mädchen lag auf allen Altersstufen konstant bei 4%, außer im 12. Lebensjahr, wo sie auf 7% anstieg, und im 15. Lebensjahr, wo 20% unbegründet fehlten.

Verhalten

Mehr als die Hälfte der Kinder (53% der Jungen, 61% der Mädchen) wiesen keine Angaben ihrer Lehrer[1] über Verhaltensprobleme auf; Jungen erhielten jedoch eher als Mädchen wenigstens ein auffälliges Item[2] ($P < 0.001$).

Tabelle 26 läßt erkennen, daß Jungen eher als Mädchen schwieriges Verhalten in der Schule zugeschrieben wurde – Unruhe, mangelndes Interesse, Aggressivität, mangelnde Mitarbeit, Lügen, Stehlen, Zuckungen, Stottern und andere Sprechstörungen. Mädchen wurden andererseits sinifikant häufiger als sehr still und verschlossen beschrieben.

Bei beiden Geschlechtern konnte die Tendenz beobachtet werden, daß die durchschnittliche Zahl der von den Lehrern angegebenen auffälligen Items nach dem 9. Lebensjahr absank, obwohl die Häufigkeit bei den 15jährigen in den letzten Monaten ihrer Schulzeit wieder etwas anstieg. Der Abfall mag teilweise dadurch zustande gekommen sein, daß die einzelnen Lehrer in der secondary school weniger Kontakt mit einer bestimmten Gruppe Kinder hatten, da sie ihre Spezialfächer in vielen Klassen unterrichteten und sich – im Gegensatz zur primary school – nicht nur mit einer Klasse beschäftigten.

Nichtsdestoweniger konnten Hinweise darauf gefunden werden, daß Veränderungen mit dem Alter eintraten und daß einige Verhaltensitems relativ selten außerhalb der infant school Gruppe auftraten.

So machten die 5jährigen, obwohl ihr Anteil an der Gesamtstichprobe ungefähr nur 30% der Gesamtstichprobe betrug, zwei Drittel aller Kinder aus, die Angst

---

1 Der Lehrerfragebogen ist in Anhang 3, S. 224, dargestellt.

2 Da stilles und verschlossenes Verhalten das einzige Item war, welches in mehr als 10% aller Fälle angegeben wurde, erschien es uns nicht sinnvoll, in diesem Fall ein allgemeines Maß der Auffälligkeit einzuführen.

Tabelle 26. Zahl und Prozentsatz der Kinder aller Altersstufen, bei denen Lehrer die aufgeführten Verhaltensitems unterstrichen.

Verhalten	Jungen (N = 3177)		Mädchen (N = 3234)	
	Zahl	%	Zahl	%
Sehr unruhig usw.[1]	342	9·8	128	4·0
Sehr still und verschlossen[1]	351	10·1	456	14·1
Kein Interesse an der Schule[1]	248	7·1	135	4·2
Kaut an den Fingernägeln	227	6·5	231	7·1
Macht sich mehr Sorgen als andere Kinder	313	6·1	213	6·6
Hat andere Sprechstörung[1]	172	4·9	71	2·2
Aggressiv gegenüber anderen Kindern[1]	169	4·9	71	2·2
Erschreckt sehr leicht	160	4·6	133	4·1
Sehr schüchtern usw.	149	4·3	153	4·7
Arbeitet im Unterricht nicht mit[1]	138	4·0	63	1·9
Sehr reizbar usw.	130	3·7	99	3·1
Lügt oft[1]	115	3·3	51	1·6
Weint mehr als die meisten Kinder	83	2·4	70	2·2
Lutscht am Daumer oder Finger	79	2·3	96	3·0
Sehr launenhaft usw.	69	2·0	58	1·8
Hat einmal gestohlen[2]	64	1·8	31	1·0
Hatte einen oder mehrere Wutanfälle in der Schule	62	1·8	41	1·3
Stottert[1]	52	1·5	17	0·5
Zeigte im laufenden Jahr Furcht vor Betreten der Schule	49	1·4	43	1·3
Sichtbare Zuckungen[1]	38	1·1	11	0·3
Hat in der Schule eingenäßt oder eingekotet	33	0·9	24	0·7

[1] Geschlechtsunterschied auf dem 0,1 % Niveau signifikant.
[2] Geschlechtsunterschied auf dem 1,0 % Niveau signifikant.

vor der Schule zu haben schienen oder während ihres Aufenthalts in der Schule einkoteten oder einnäßten; unter den 5jährigen befanden sich auch 50% aller Kinder, die sehr häufig weinten, Daumen lutschten und sehr schreckhaft waren. Bei Jungen wurden in der Gruppe der 5- bis 7jährigen die häufigsten Angaben über Ängstlichkeit in der Schule und Aggression gegen andere Kinder gemacht, deren Häufigkeit danach abnahm; bei Mädchen nahm dieses Verhalten vor dem 12. Lebensjahr nur in geringem Maß ab. Andererseits ging bei Mädchen die älter als sieben Jahre waren, das Vorkommen von Sprechstörungen zurück, während es bei Jungen bis zum 11. Lebensjahr konstant blieb. Unruhe und Schüchternheit gegenüber anderen Kindern wurden bei Jungen mit zunehmendem Alter allmählich seltener; beide Verhaltensweisen waren in der Gruppe der 5jährigen Jungen am stärksten verbreitet. Unruhiges Verhalten variierte bei Mädchen nur wenig mit dem Alter. Bei der Schüchternheit ergab sich kein einheitliches Bild: Obwohl sie am häufigsten über 5- bis 6jährige berichtet wurde, nahm sie im 10. und im 15. Lebensjahr erneut zu.

Rückzugs- oder stilles Verhalten und Nägelkauen wurden am häufigsten über Kinder in den mittleren Klassen angegeben, d.h. zwischen dem 9. und 12. Lebensjahr. Auch bei der Reizbarkeit bestand eine gewisse Tendenz, in beiden Geschlechtern zwischen dem 10. und dem 11. Lebensjahr zuzunehmen; sie stieg unter den 15jährigen Jungen sehr stark an. Mangelndes Interesse an der Schule und geringe Mitarbeit waren für die Adoleszenz besonders charakteristisch, mit der weitesten Verbreitung unter den 14- und 15jährigen.

Die verbleibenden Verhaltensitems des Fragebogens – Wutanfälle, Launenhaftigkeit, Lügen, Stehlen, Stottern und Tics – wiesen bei beiden Geschlechtern keine Beziehung zum Alter auf.

Zusammenhänge zwischen Verhalten in der Schule und Schulleistung

Tabelle 27 zeigt, daß Verhaltensprobleme in der Schule mit geringer Schulleistung einhergehen. Dieser Befund stützt die Ergebnisse anderer Untersuchungen wie der von Scott (1958b) und Chazan (1963). Über die Hälfte der Jungen und fast zwei Drittel der Mädchen, die von ihren Lehrern in ihrer Schulleistung als unterdurchschnittlich bewertet wurden, hatten wenigstens ein auffälliges Item, verglichen mit nur einem Viertel der überdurchschnittlichen Kinder beiderlei Geschlechts. Am anderen Ende der Skala erhielten Kinder mit schlechten Schulleistungen dreimal so häufig vier oder mehr auffällige Verhaltensitems wie Kinder mit durchschnittlichen Leistungen.

Tabelle 27. Höhe der Gesamtleistung nach Zahl der vom Lehrer unterstrichenen Verhaltensprobleme.

Zahl der von Lehrern unterstrichenen Verhaltensprobleme	Jungen – Leistungshöhe relativ zum Alter						Mädchen – Leistungshöhe relativ zum Alter					
	überdurchschnittlich		durchschnittlich		unterdurchschnittlich		überdurchschnittlich		durchschnittlich		unterdurchschnittlich	
	N	%	N	%	N	%	N	%	N	%	N	%
0	407	72	874	62	388	38	492	75	987	64	317	45
1	103	18	318	23	285	28	121	18	340	22	202	28
2	32	6	122	9	165	16	30	5	135	9	102	14
3	18	3	40	3	83	8	9	1	55	4	42	6
4 oder mehr	9	2	43	3	91	9	5	1	32	2	46	6
Summe	569	100	1397	100	1012	100	657	100	1549	100	709	100

Jungen: Nach χ^2-Test, $P < 0{\cdot}001$ — Mädchen: Nach χ^2-Test, $P < 0{\cdot}001$

Ein Vergleich der Verbreitung der verschiedenen Verhaltensweisen unter den als über- bzw. unterdurchschnittlich beurteilten Kinder ließ eine gewisse Variation mit dem Alter und dem Geschlecht erkennen. Jede Geschlechtsgruppe wurde daher aufgeteilt in a) eine jüngere Gruppe aus 5- bis 10jährigen und b) eine ältere Gruppe aus 11- bis 15jährigen; jede der vier Gruppen wurde dann getrennt analysiert.

Aus Tabelle 28 ist ersichtlich, daß als unterdurchschnittlich beurteilte Kinder dazu neigten, in der Schule zwei auffällige Verhaltensweisen signifikant häufiger als durchschnittliche oder überdurchschnittliche Kinder zu zeigen. Einerseits wurden sie durch einen ausgeprägten Mangel an Interesse für die Schule charakterisiert; dieses Item wurde bei 17% der Jungen und 13% der Mädchen, die unter dem Durchschnitt lagen, unterstrichen, verglichen mit nur 1% der Jungen und 0,3% der Mädchen der überdurchschnittlichen Gruppe sowie mit 2% der durchschnittlichen Schüler beiderlei Geschlechts. Als eine mögliche Folge des mangelnden Interesses wurden über sie häufiger Verhaltensweisen berichtet, durch die der Unterrichtsablauf gestört wurde – mangelnde

Tabelle 28. Enge des Zusammenhangs zwischen Gesamtleistung und Verhaltensproblemen in der Schule.

Verhaltensitem	Enge des Zusammenhangs (χ^2) in jeder Gruppe			
	Jungen 5–10 Jahre	Jungen 11–15 Jahre	Mädchen 5–10 Jahre	Mädchen 11–15 Jahre
Arbeitet im Unterricht nicht mit	$P<0{\cdot}001$*	$P<0{\cdot}001$*	$P<0{\cdot}001$	$P<0{\cdot}001$
Kein Interesse an der Schule	$P<0{\cdot}001$*	$P<0{\cdot}001$	$P<0{\cdot}001$	$P<0{\cdot}001$
Lügt oft	$P<0{\cdot}02$	$P<0{\cdot}001$	$P<0{\cdot}001$	$P<0{\cdot}01$
Sehr unruhig, kann nicht einen Augenblick stillsitzen	$P<0{\cdot}001$	$P<0{\cdot}001$	$P<0{\cdot}01$	N.S.
Erschreckt sehr leicht	$P<0{\cdot}001$	$P<0{\cdot}001$*	$P<0{\cdot}05$	$P<0{\cdot}01$
Sehr still und verschlossen	$P<0{\cdot}001$	N.S.	$P<0{\cdot}01$	$P<0{\cdot}001$
Sehr schüchtern, hat Schwierigkeiten mit anderen Kindern in Kontakt zu kommen	$P<0{\cdot}01$	$P<0{\cdot}02$	N.S.	N.S.
Hat in diesem Schuljahr ein- oder mehrmals Schulangst gezeigt – d.h. bei der Ankunft geweint oder sich geweigert, das Schulgebäude zu betreten	$P<0{\cdot}001$	N.S.†	$P<0{\cdot}05$	N.S.†
Kaut an den Fingernägeln	N.S.	$P<0{\cdot}01$*	$P<0{\cdot}05$	$P<0{\cdot}001$
Lutscht am Daumen oder Finger	$P<0{\cdot}01$	N.S.†	$P<0{\cdot}01$	N.S.†
Hat andere Sprechstörung als Stottern	$P<0{\cdot}001$	N.S.	$P<0.001$	N.S.

* Vergleich nur zwischen „unterdurchschnittlich" und allen anderen

† Sehr selten auftretendes Verhalten in diesen Gruppen

In allen Fällen war die höchste Häufigkeit unter den unterdurchschnittlichen Schülern und die geringste Häufigkeit unter den überdurchschnittlichen Schülern zu beobachten. Wenn nicht anders vermerkt, lagen den Berechnungen 3 x 2 Tafeln (d.h. 2 Freiheitsgrade) zugrunde.

Mitarbeit, häufiges Lügen und Unruhe (mit Ausnahme der älteren Mädchen). Andererseits zeigten die unterdurchschnittlichen Kinder in der Schule auch eher als die anderen Kinder Rückzugsverhalten: Sie wurden signifikant häufiger als „sehr schreckhaft", „still oder verschlossen" (mit Ausnahme der älteren Jungen) beschrieben sowie als „schüchtern, hat Schwierigkeiten mit anderen Kindern in Kontakt zu kommen" (nur Jungen) und „fürchtet sich vor der Schule" (nur jüngere Altersgruppen). In Zusammenhang mit schlechten Schulleistungen wurden bei jüngeren Kindern auch Gewohnheiten wie Nägelkauen und Daumenlutschen und im allgemeinen andere Sprechstörungen als Stottern beobachtet. Ein Zusammenhang zwischen Schulleistung und emotionalen Reaktionen – Launenhaftigkeit, Wutanfälle, Weinen, Reizbarkeit – konnte nicht gefunden werden; ebenso trat Ängstlichkeit bei Kindern, die Probleme mit der Schularbeit hatten, nicht vermehrt auf.

Die Diskussion der Schulleistung des Kindes hat sich bisher auf die Leistung des einzelnen relativ zu allen anderen Kindern gleichen Alters im gleichen Schultyp bezogen. Es ist jedoch möglich, daß dieser Vergleich die wirklichen Erlebnisse des Kindes im Schulalltag nicht widerspiegelt. So kann beispielsweise ein Kind trotz überdurchschnittlicher Leistungen zu den schlechtesten Schülern des A-stream der Schule gehörten. Umgekehrt kann der „beste" Schüler des D-stream oder der Förderklasse, obwohl er der Stolz der Familie ist, im Vergleich zur gesamten Schule unter dem Durchschnitt liegen. Deshalb wurde versucht, das Verhalten in der Schule sowohl zu den Leistungen des Kindes in seiner unmittelbaren Lerngruppe als auch zu denen im Vergleich zur gesamten Schule in Beziehung zu setzen.

Tabelle 29 (S. 106) läßt einen engen Zusammenhang zwischen der relativ zu den anderen Schülern derselben Klasse erbrachten Schulleistung und der Zahl der von den Lehrern unterstrichenen Verhaltensprobleme erkennen. Dieser Zusammenhang ist bei Jungen besonders ausgeprägt: Bei zwei von drei Jungen des untersten Klassenviertels gegenüber jedem dritten des obersten Viertels wurde wenigstens ein auffälliges Item unterstrichen. Ebenso wiesen am anderen Ende der Skala 10% der Jungen und 7% der Mädchen, die als schlechte Schüler eingestuft worden waren, wenigstens vier Verhaltensitems auf gegenüber jeweils 2% und 1% an der Spitze der Klasse ($P < 0.001$ in jedem Fall).

Zusammenhänge zwischen Verhalten in der Schule und sozialer Herkunft

Tabelle 30 zeigt, daß bei Jungen nur ein geringer Zusammenhang zwischen sozialer Herkunft, bestimmt nach dem Berufsstatus des Vaters, und der

Tabelle 29. Position in der Lerngruppe nach Zahl der vom Lehrer unterstrichenen Verhaltensprobleme.

Zahl der vom Lehrer unterstrichenen Verhaltensprobleme	Jungen						Mädchen					
	Position in der Lerngruppe											
	beste 25 %		mittlere 25 %		schlechteste 25 %		beste 25 %		mittlere 25 %		schlechteste 25 %	
	N	%	N	%	N	%	N	%	N	%	N	%
0	558	69	854	61	269	34	678	73	844	60	269	45
1	156	19	322	23	230	29	173	19	332	24	164	28
2	56	7	126	9	136	17	50	5	133	10	81	14
3	28	3	45	3	69	9	18	2	55	4	35	6
4 oder mehr	14	2	52	4	76	10	9	1	31	2	44	7
Summe	812	100	1399	100	780	100	928	100	1395	100	593	100

Zahl der vom Lehrer angegebenen Verhaltensprobleme bestand. Bei Mädchen war dieser Zusammenhang dagegen hochsignifikant.

Der Anteil der Kinder mit wenigstens einem unterstrichenen Verhaltensitem stieg mit sinkendem Berufsstatus stetig von 30% in der oberen nicht-manuellen Gruppe auf 46% der Kinder mit Vätern in angelernten oder ungelernten Berufen.

Wenige der einzelnen Verhaltensitems wiesen eine Beziehung zur sozialen Herkunft auf, und wo sie bestand, variierte sie mit dem Alter und dem Geschlecht.

Tabelle 30. Berufsstatus des Vaters nach Zahl der vom Lehrer auf dem Fragebogen unterstrichenen Verhaltensprobleme.

Zahl der vom Lehrer unterstrichenen Verhaltensprobleme	Klassen 1, 2, 3		Klassen 4, 5a		Klasse 5b		Klassen 6, 7	
	Jungen	Mädchen	Jungen	Mädchen	Jungen	Mädchen	*Boys*	*Girls*
0 (N)	376	447	257	287	580	621	528	408
(%)	(61%)	(70%)	(59%)	(67%)	(56%)	(61%)	(57%)	(54%)
1 (N)	130	122	100	78	255	234	209	209
(%)	(21%)	(19%)	(23%)	(18%)	(24%)	(23%)	(23%)	(27%)
2 (N)	67	39	46	34	107	98	80	82
(%)	(11%)	(6%)	(11%)	(8%)	(10%)	(10%)	(9%)	(11%)
3 oder mehr (N)	44	29	31	28	102	64	101	59
(%)	(7%)	(5%)	(7%)	(7%)	(10%)	(6%)	(11%)	(8%)
Summe	617	637	434	427	1044	1017	916	758
	(100%)	(100%)	(100%)	(100%)	(100%)	(100%)	(100%)	(100%)

* Klassifizierung der Berufe nach der Hall-Jones-Skala (s. Tabelle 9, S. 79)

„Mangelndes Interesse an der Schule" wurde beispielsweise über 11% der Söhne von Vätern mit angelernten oder ungelernten Berufen berichtet gegenüber nur 4% der Söhne von Vätern in den drei höchsten nicht-manuellen Kategorien und 6% bis 7% der Söhne von manuellen Facharbeitern oder unteren Angestellten ($P < 0.001$). Diese Verhältnisse blieben bei Jungen sowohl im primary school- wie im secondary school-Alter konstant. Unter den Mädchen gab es andererseits im Alter zwischen fünf und zehn Lebensjahren überhaupt keine Variation mit der sozialen Schicht; in dieser Altersgruppe zeigten 3% der Mädchen in jeder Kategorie mangelndes Interesse. In der Gruppe der Mädchen, die älter als zehn Jahre waren, stieg der Anteil der Desinteressierten stetig von 1% in der Gruppe freier (akademischer) Berufe, höherer Beamter und höherer Überwachungstätigkeiten auf 7% bei den ungelernten manuellen Berufen ($P < 0.02$).

Nur drei weitere Verhaltensitems standen in signifikantem Zusammenhang mit dem Beruf des Vaters. „Aggressivität gegen andere Kinder" wurde bei nur 3% der 5- bis 10jährigen Jungen mit Vätern in höheren nicht-manuellen Berufen unterstrichen, verglichen mit 8% der Jungen, deren Väter angelernte oder ungelernte Berufe hatten, und 6% der Jungen aus den übrigen Kategorien ($P < 0.05$). Unter den 11- bis 15jährigen Mädchen nahm das Vorkommen „stillen und verschlossenen" Verhaltens mit sinkendem väterlichen Berufsstatus zu: Bei freien (akademischen) oder höheren nicht manuellen Berufen der Väter waren es 7%, bei unteren nicht manuellen Berufen der Väter 10%; bei Töchtern von manuellen Facharbeitern 12%; und bei angelernten oder ungelernten manuellen Berufen der Väter 18% ($P<0.001$). In der gleichen Altersgruppe der Mädchen bestand eine signifikante Beziehung zwischen Nägelkauen in der Schule mit dem Berufsstatus des Vaters ($P < 0.01$): Die Werte für freie (akademische) und höhere nicht manuelle Berufe, niedere nicht manuelle, gelernte nicht manuelle, gelernte manuelle und angelernte oder ungelernte manuelle betrugen jeweils 2%, 6%, 7% und 10%.

Zusammenhänge zwischen Verhalten in der Schule und zu Haus

Viele frühere Versuche, die Verbreitung auffälligen Verhaltens in der Kindheit abzuschätzen, stützten sich allein auf die Angaben von Lehrern (so auch Bower 1958, Cummings 1944, McFie 1934, Moore 1966, Olson 1930, Rogers 1942, Stott 1958 und Ullman 1952). Daher ist es von einigem Interesse festzustellen, inwieweit Verhalten in der Schule und Verhalten zu Haus miteinander in Beziehung stehen.

Tabelle 31. Der Zusammenhang zwischen den Häufigkeiten der von den Eltern und der von den Lehrern unterstrichenen Verhaltensprobleme.

Zahl der von den Lehrern unterstrichenen Verhaltensprobleme	Zahl der von den Eltern unterstrichenen auffälligen Items							
	Jungen				Mädchen			
	0	1–3	4–6	7–	0	1–3	4–6	7–
0 (N)	740	846	108	35	817	847	135	47
(%)	62%	55%	41%	43%	65%	61%	53%	45%
1 (N)	259	387	62	20	283	308	68	29
(%)	22%	25%	24%	24%	22%	22%	27%	28%
2 (N)	115	158	43	10	107	127	24	13
(%)	9%	10%	16%	12%	8%	9%	9%	12%
3 oder mehr (N)	85	142	49	17	55	98	27	16
(%)	7%	9%	19%	21%	4%	7%	11%	15%
Summe (N)	1199	1533	262	82	1262	1380	254	105
Enge des Zusammenhangs	Chi-Quadrat = 46: 9 Freiheitsgrade: P < 0·001				Chi-Quadrat = 73: 9 Freiheitsgrade: P < 0·001			

Tabelle 31 zeigt, daß ein signifikanter Zusammenhang zwischen Berichten über auffälliges Verhalten[1] zu Haus und Verhaltensprobleme in der Schule bestand.

So unterstrichen Lehrer bei den Kindern, deren Eltern viele Items auffälligen Verhaltens angegeben hatten, dreimal so häufig mehrere Probleme, d. h. drei oder mehr, als bei den Kindern, die keine Angaben über auffälliges Verhalten zu Haus aufwiesen. Es ist jedoch unverkennbar, daß diese Beziehung nicht durchgehend gilt. Fast die Hälfte der Kinder, die aufgrund der Berichte ihrer Eltern in die auffälligste Gruppe eingestuft wurden, waren in der Schule anscheinend unauffällig, während die Lehrer bei mehr als einem Drittel der zu Haus unauffälligen Kinder wenigstens ein Problemitem unterstrichen.

Der Unterschied zwischen den Angaben der Eltern und der Lehrer kann vielleicht am besten veranschaulicht werden, wenn man die Kinder mit der größten Anzahl auffälliger Items in beiden Bereichen herausgreift. Die Auswertung der Elternfragebogen ergab, daß 10% der Kinder vier oder mehr auffällige Items erhalten hatten; beim gleichen Prozentsatz hatten die Lehrer drei oder mehr Probleme unterstrichen. Es war anzunehmen, daß jede der beiden Gruppen aus Kindern bestand, die höchstwahrscheinlich fehlangepaßt waren. Aber die Kinder, die durch die beiden Befragungen herausgestellt wurden, sind nicht identisch: Nur jedes fünfte Kind, das mit Hilfe eines Frage-

1 D. h. Verhalten, das über 10% oder weniger Kinder gleichen Alters und gleichen Geschlechts wie des betrefffenden Kindes berichtet wurde (s. Kap. 4, S. 75).

bogens ermittelt wurde, war auch mit Hilfe des zweiten erkennbar (Mitchell und Shepherd 1966).

Die spezifischen Verhaltensformen in der Schule, anhand derer die auffälligen Kinder – d.h., solche mit wenigstens vier von den Eltern angegebenen Items – von den anderen unterschieden werden konnten, variierten mit dem Alter und dem Geschlecht.

Tabelle 32. Verhaltensitems, die von den Lehrern signifikant häufiger bei Kindern mit vier oder mehr auffälligen Items auf dem Elternfragebogen („Auffällige") unterstrichen wurden.

Vom Lehrer unterstrichene Verhaltensweise	Alters-/Geschlechtsgruppe mit signifikantem/nichtsignifikantem Unterschied			
	Jungen		Mädchen	
	5-10 Jahre	11-15 Jahre	5-10 Jahre	11-15 Jahre
Erschreckt leicht				
% der Auffälligen	11%	5%	9%	N.S.
% der übrigen	5%	2%	5%	
Kein Interesse an der Schule				
% der Auffälligen	12%	17%	N.S.	12%
% der übrigen	6%	5%		4%
Lügen				
% der Auffälligen	N.S.	12%	4%	4%
% der übrigen		1%	1%	1%
Reizbarkeit				
% der Auffälligen	N.S.	8%	6%	N.S.
% der übrigen		3%	3%	
Daumenlutschen				
% der Auffälligen	7%	N.S.	N.S.	N.S.
% der übrigen	3%			
Einnässen/Einkoten				
% der Auffälligen	5%	N.S.	N.S.	N.S.
% der übrigen	1%			
Still und verschlossen				
% der Auffälligen	17%	N.S.	N.S.	N.S.
% der übrigen	10%			
Arbeitet im Unterricht nicht mit				
% der Auffälligen	N.S.	9%	N.S.	N.S.
% der übrigen		2%		
Aggressiv				
% der Auffälligen	N.S.	8%	N.S.	N.S.
% der übrigen		3%		
Ängstlichkeit (Sich Sorgen)				
% der Auffälligen	N.S.	8%	N.S.	N.S.
% der übrigen		3%		
Unruhe				
% der Auffälligen	N.S.	N.S.	11%	N.S
% der übrigen			4%	
Stehlen				
% der Auffälligen	4% (Jungen 5-15 Jahre)		N.S. (Mädchen 5-15 Jahre)	
% der übrigen	1% (Jungen 5-15 Jahre)			

Tabelle 32 zeigt, daß keines der Items die auffälligen von den anderen Kindern in allen vier Alters-/Geschlechtsgruppen trennte. „Mangelndes Interesse an der Schule", „Lügen" und „Erschreckt leicht" waren die besten Diskriminatoren, da sich bei ihnen in drei der vier Gruppen signifikant größere Häufigkeiten für die Auffälligen ergaben. Die anderen Items trennten nur auffällige Kinder eines bestimmten Geschlechts über eine begrenzte Altersspanne.

KAPITEL 7

Veränderungen in auffälligem Verhalten: Nachuntersuchung und Ergebnisse

In den vorangegangenen Kapiteln haben wir ein statisches Bild der Verteilung von berichteten Verhaltensmerkmalen in unserer Stichprobe zu einem bestimmten Zeitpunkt dargestellt. Um aber neben den Befunden über Intensität und Häufigkeit auffälligen Verhaltens in dieser Stichprobe auch Informationen über die Dauer zu erlangen, beschlossen wir, im Jahre 1964, also zweieinhalb Jahre nach der Hauptuntersuchung, eine Nachuntersuchung durchzuführen.

Methode

Aus Zeit- und Geldgründen beschränkten wir uns darauf, die Kinder nachzuuntersuchen, die in der ersten Untersuchung die meisten Anhaltspunkte für auffälliges Verhalten geliefert hatten. Diese Gruppe wurde anhand der Verteilung der Gesamtauffälligkeitsscores der Hauptuntersuchung zusammengestellt (s. Tabelle 8). Dort stellten wir fest, daß 1152 (18%) Kinder drei oder mehr auffällige Verhaltensitems, 687 (11%) Kinder vier oder mehr und 415 (7%) Kinder wenigstens fünf solcher Items erhalten hatten. Wir legten fest, daß Kinder mit vier oder mehr in den Fragebögen der Hauptuntersuchung unterstrichenen auffälligen Items in die Nachuntersuchung einbezogen werden sollten. Das war der höchste cut-off Wert für auffälliges Verhalten, bei dem trotz möglicher Verluste durch Alter, Umzug und anderer Faktoren noch eine genügend große Zahl von Fällen für die Analyse gesichert war.

In der Hauptuntersuchung wurden nur Kinder bis zum 15. Lebensjahr untersucht. Da wir über keine Verhaltensnormen für noch ältere Kinder verfügten und viele unserer Fragen nach dem 15. Lebensjahr nicht mehr relevant gewesen wären, war es unserer Ansicht nach schwierig, Verhaltensverläufe bei Kindern, die das schulpflichtige Alter überschritten hatten, zu beurteilen. Diese Kinder wurden deshalb ausgeschlossen, und somit reduzierte sich die Gruppe von 687 auf 500 (260 Jungen und 240 Mädchen). Eine zweite Gruppe wurde gebildet, indem jedem „auffälligen" Kind ein Paarling gleichen Alters und gleichen Geschlechts und, wenn möglich, aus einer Schule gleichen Typs und gleicher Größe zugeteilt wurde, welcher jedoch keine auffälligen Verhaltensitems oder höchstens ein einziges hatte.

Mit Unterstützung der Schule konnten 90% der Jungen und 92% der Mädchen der „auffälligen" Nachuntersuchungsgruppe sowie 97% der Jungen und 92% der Mädchen der „unauffälligen" Kontrollgruppe ausfindig gemacht werden. Den Eltern der 453 auffälligen und 474 unauffälligen Kinder wurden per Post Fragebögen zugeschickt.

In der Hauptuntersuchung wurden die Fragebögen den Eltern über die Schule zugestellt, aber in der Nachuntersuchung war die Zahl der betroffenen Kinder so viel kleiner, daß in einer einzelnen Schule nicht mehr als ein paar Schüler zu erwarten waren. Es schien uns bedenklich, einzelne Schüler – besonders solche mit „Problemen" – auf diese Weise in der Schule herauszustellen. Es war möglich, daß die offizielle Aushändigung des Fragebogens, der mit nach Hause zu nehmen war, das Kind hätte verlegen machen oder Angst hervorrufen und die Eltern vermuten lassen können, daß die Lehrer auf ihrem Kind „herumhackten". Wir entschieden daher, mit den Eltern direkt per Post Kontakt aufzunehmen, obwohl unsere pilot-study gezeigt hatte (s. Kap. 2), daß mit diesem Vorgehen eine geringere Antwortrate erzielt wird. Der Fragebogen der Nachuntersuchung (s. Anhang 3) enthielt einen Abschnitt zum Verhalten, der mit dem in der Hauptuntersuchung eingesetzten identisch war. Die Fragen nach der Gesundheit und den Familienverhältnissen waren jedoch auf Ereignisse nach der Hauptuntersuchung beschränkt, abgesehen von drei Ausnahmen – dem Alter der Geschwister und der Art sowie der Dauer einer längeren Trennung von den Eltern –, wo in der Hauptuntersuchung unzureichende Angaben gemacht worden waren.

Die ausgefüllten Fragebogen wurden von den Eltern von 87% der Jungen und 88% der Mädchen in der unauffälligen Gruppe sowie von 70% der Jungen und 88% der Mädchen in der auffälligen Gruppe zurückgeschickt. Diese Verluste bedeuteten, daß einige der zusammengestellten Paare unvollständig geblieben waren. In diesen Fällen wurden, soweit es möglich war, neue Paare gebildet, indem jedem allein verbliebenen auffälligen Kind ein allein verbliebenes unauffälliges Kind gleichen Geschlechts, das bis zu einem Jahr jünger oder älter sein konnte und, wenn möglich, aus dem gleichen Teil der Grafschaft kommen sollte, zugeordnet wurde.

Insgesamt gingen somit die Elternfragebögen von 184 Paaren von Jungen und 193 Paaren von Mädchen in die Analyse ein. Auch den Klassenlehrern der Kinder wurden Fragebögen, die mit den in der Hauptuntersuchung verwandten identisch waren, zugeschickt und für 94% der auffälligen und 91% der unauffälligen[1] Kinder ausgefüllt. Die Lehrerfragebögen wurden jedoch nur

1 Es war möglich, aufgrund der Angaben der Lehrer festzustellen, in welchem Maß die Kinder der Eltern, die die Bögen nicht ausgefüllt hatten (NR), sich von denen, deren Eltern sie ausgefüllt hatten (R), unterschieden. Von insgesamt 135 NR waren die

dann in die weitere Analyse einbezogen, wenn die Eltern des Kindes ihren Fragebogen auch ausgefüllt hatten.

Veränderungen in berichtetem Verhalten

Ein Vergleich der Angaben der Eltern aus den Jahren 1961 und 1964 ließ beträchtliche Veränderungen in der Verteilung von auffälligen Verhaltensmerkmalen bei den auffälligen wie den unauffälligen Kindern erkennen (s. Tabelle 1, S. 24).

Tabelle 33. Zahl der von den Eltern bei jedem Kind in der Nachuntersuchung unterstrichenen auffälligen Items.

Zahl der in der Nachuntersuchung unterstrichenen auffälligen Items	Zahl der Jungen		Zahl der Mädchen	
	Auffällig in der ersten Untersuchung	Nicht auffällig in der ersten Untersuchung	Auffällig in der ersten Untersuchung	Nicht auffällig in der ersten Untersuchung
0	10	102	15	113
1	21	49	33	47
2	32	15	28	19
3	34	12	32	7
4	20	4	29	4
5	15	2	17	2
6	23	–	17	–
7	6	1	10	1
8 oder mehr	23	–	12	–

Die auffälligen Kinder hatten per definitionem wenigstens vier auffällige Items in der Hauptuntersuchung erhalten. Im Jahr 1964 lagen die Gesamtauffälligkeitsscores von 53% dieser Jungen und 56% dieser Mädchen unter vier Items; bei 17% dieser Jungen und 25% dieser Mädchen waren in der Nachuntersuchung überhaupt keine oder nur ein auffälliges Item unterstrichen worden. Daraus könnte der Schluß gezogen werden, daß auffälliges Verhalten bei einem großen Teil der Kinder vorübergehender Natur war.

---

ausgefüllten Lehrerfragebögen für 105 vorhanden (78%). Daraus war zu entnehmen, daß die Kinder, die nicht in die Nachuntersuchung aufgenommen werden konnten, signifikant schlechtere Leistungen in der Schule erbrachten ($P < 0.001$), im Durchschnitt häufiger fehlten (13 Schultage im letzten ganzen Trimester verglichen mit 9 Tagen der R-Gruppe) und im Durchschnitt etwas mehr Verhaltensprobleme in der Schule hatten (1,11 : 0,74).

Einer weniger attraktiven Hypothese zufolge war die Verbesserung nur auf die unvollständige Beantwortung der Fragebögen zurückzuführen, da die Wahrscheinlichkeit, einen niedrigeren Gesamtauffälligkeitsscore zu erhalten, größer wurde, je weniger Items beantwortet wurden. Im allgemeinen enthielten die Fragebögen der ursprünglich auffälligen Gruppe mehr Auslassungen (23%) als die der unauffälligen Kontrollgruppe (15%). Als jedoch die Tatsache unvollständig beantworteter Fragebögen in der auffälligen Gruppe zur Veränderung des Auffälligkeitsscores des Kindes in der Nachuntersuchung in Beziehung gesetzt wurde, zeigte sich, daß die Zahl der Auslassungen durchweg ziemlich konstant blieb. So war bei 24% der Kinder mit verminderten, aber auch bei 22% der Kinder mit gesteigerten Auffälligkeitsscores der Fragebogen unvollständig beantwortet wurden.

In der ursprünglich unauffälligen Gruppe hatten 88% der Kinder in der ersten Untersuchung kein einziges und die übrigen nur ein auffälliges Item erhalten. Zum Zeitpunkt der Nachuntersuchung zeigten 18% wenigstens zwei auffällige Persönlichkeitszüge, und 14 Kinder (4%) hatten einen Score von vier oder mehr Items. Besserungen konnten in dieser Gruppe nicht festgestellt werden. Aufgrund des Selektionsmodus konnten ihre Auffälligkeitsscores sich nur in eine Richtung bewegen, mit Ausnahme der 12%, bei denen ursprünglich ein auffälliges Item unterstrichen worden war. Deshalb ist es notwendig, die Veränderungen im Verhalten, die in jeder Gruppe eingetreten waren, jeweils für sich zu betrachten.

a) Veränderungen im Verhalten der ursprünglich auffälligen Gruppe.

In der Nachuntersuchung wurde festgestellt, daß bei 71% der Jungen und 74% der Mädchen der Gesamtauffälligkeitsscore abgenommen hatte: Bei 68 Jungen (37%) und 90 Mädchen (47%) hatten sich die Scores um wenig-

Tabelle 34. Korrelation zwischen den Verteilungen berichteter Verhaltenszüge bei ursprünglich „auffälligen“ Kindern in den Jahren 1961 und 1964.

Verhalten im Jahre 1964	Verhalten im Jahre 1961					
	Jungen (N = 184)			Mädchen (N = 193)		
	extrem	mäßig	nicht vorhanden	extrem	mäßig	nicht vorhanden
A. Drei-Punkte-Items						
Destruktives Verhalten						
extrem	4	8	—	—	3	—
mäßig	7	64	18	4	33	22
nicht vorhanden	—	39	39	1	32	91
	Korr. Koeff. = + 0·4			Korr. Koeff. = +0·4		

Tabelle 34. Fortsetzung 1

Verhalten im Jahre 1964	Verhalten im Jahre 1961: Jungen (N = 184) extrem	mäßig	nicht vorhanden	Mädchen (N = 193) extrem	mäßig	nicht vorhanden
Furcht vor Tieren						
extrem	3	3	—	4	1	—
mäßig	5	40	13	20	42	18
nicht vorhanden	1	20	91	—	36	63
	Korr. Koeff. = +0·5			Korr. Koeff. = +0·5		
Furcht vor fremden Menschen						
extrem	2	5	—	1	3	2
mäßig	—	56	23	11	59	23
nicht vorhanden	3	24	67	—	28	61
	Korr. Koeff. = +0·5			Korr. Koeff. = +0·4		
Furcht vor der Dunkelheit						
extrem	17	6	2	5	11	7
mäßig	11	26	9	21	23	7
nicht vorhanden	20	23	64	17	32	64
	Korr. Koeff. = +0·4			Korr. Koeff. = +0·3		
Lügen						
extrem	19	15	1	6	4	—
mäßig	20	104	2	6	137	7
nicht vorhanden	1	9	9	3	12	14
	Correln. coeff. = +0·5			Korr. Koeff. = +0·5		
Abneigung gegen die Schule						
extrem	8	12	1	7	12	1
mäßig	11	83	22	8	65	23
nicht vorhanden	4	21	19	1	31	43
	Korr. Koeff. = +0·3			Korr. Koeff. = +0·5		
Stehlen						
extrem	1	7	—	—	—	—
mäßig	3	47	19	—	31	19
nicht vorhanden	2	23	72	—	16	119
	Korr. Koeff. = +0·5			Korr. Koeff. = +0·5		
Reizbarkeit						
extrem	40	22	1	42	22	1
mäßig	35	76	4	36	76	7
nicht vorhanden	—	2	1	1	4	1
	Korr. Koeff. = +0·3			Korr. Koeff. = +0·4		
Mäkelei am Essen						
extrem	35	19	1	42	12	3
mäßig	9	28	10	20	38	14
nicht vorhanden	9	16	52	8	13	41
	Korr. Koeff. = +0·6			Korr. Koeff. = +0·6		
Schüchtern oder furchtsam gegenüber anderen Kindern						
extrem	—	4	—	1	2	1
mäßig	4	36	24	4	48	23
nicht vorhanden	1	24	85	3	22	87
	Korr. Koeff. = +0·4			Korr. Koeff. = +0·4		

Tabelle 34. Fortsetzung 2

Verhalten im Jahre 1964	Verhalten im Jahre 1961: Jungen (N = 184)			Mädchen (N = 193)		
	extrem	mäßig	nicht vorhanden	extrem	mäßig	nicht vorhanden
Starker Appetit						
extrem	19	32	5	18	22	5
mäßig	12	69	21	16	77	22
nicht vorhanden	—	7	17	—	4	28
	Korr. Koeff. = +0·4			Korr. Koeff. = +0·5		
Schwacher Appetit						
extrem	17	7	—	28	4	—
mäßig	21	69	12	22	77	16
nicht vorhanden	5	32	19	5	22	18
	Korr. Koeff. = +0·4			Korr. Koeff. = +0·5		
Ängstlichkeit (Sich Sorgen)						
extrem	19	15	3	17	10	1
mäßig	17	57	18	29	78	33
nicht vorhanden	4	14	32	2	3	13
	Korr. Koeff. = +0·5			Korr. Koeff. = +0·4		
Quengeln, Jammern						
extrem	20	10	1	12	15	1
mäßig	26	87	10	32	92	5
nicht vorhanden	3	11	11	7	11	11
	Korr. Koeff. = +0·4			Korr. Koeff. = +0·3		
Unruhe						
extrem	48	21	1	48	16	1
mäßig	24	63	4	34	73	6
nicht vorhanden	5	10	3	2	7	3
	Korr. Koeff. = +0·4			Korr. Koeff. = +0·4		
Unteraktivität						
extrem	3	10	5	3	7	2
mäßig	4	63	24	6	73	34
nicht vorhanden	1	21	48	1	16	48
	Korr. Koeff. = +0·4			Korr. Koeff. = +0·4		
Eifersucht						
extrem	20	10	2	19	10	1
mäßig	13	55	17	26	66	17
nicht vorhanden	5	27	31	5	25	20
	Korr. Koeff. = +0·5			Korr. Koeff: = +0·4		
Umherstreifen						
extrem	1	9	4	1	2	1
mäßig	9	32	18	1	19	16
nicht vorhanden	5	30	71	1	31	119
	Korr. Koeff. = +0·3			Korr. Koeff. = +0·3		
Rückzugsverhalten						
extrem	5	7	3	2	3	—
mäßig	6	52	20	6	48	27
nicht vorhanden	3	24	56	9	23	71
	Korr. Koeff. = +0·4			Korr. Koeff. = +0·3		

Tabelle 34. Fortsetzung 3

Verhalten im Jahre 1964	Verhalten im Jahre 1961: Jungen (N = 184) extrem	mäßig	nicht vorhanden	Mädchen (N = 193) extrem	mäßig	nicht vorhanden
Ungehorsam, Widerstand						
extrem	31	23	3	33	19	1
mäßig	33	76	11	26	84	12
nicht vorhanden	—	2	3	3	8	5
	Korr. Koeff. = +0·3			Korr. Koeff. = +0·4		
Schuleschwänzen						
extrem	—	—	—	—	—	—
mäßig	—	—	2	—	—	1
nicht vorhanden	2	3	168	—	2	183
	Korr. nicht berechnet			Korr. nicht berechnet		
Zuckungen						
extrem	5	1	2	—	2	1
mäßig	4	20	13	3	12	16
nicht vorhanden	2	13	101	3	13	120
	Korr. Koeff. = +0·6			Korr. Koeff. = +0·4		
Stimmungsänderungen						
extrem	11	17	3	15	22	2
mäßig	28	72	15	21	76	14
nicht vorhanden	4	16	8	3	18	12
	Korr. Koeff. = +0·2			Korr. Koeff. = +0·3		
Leseschwierigkeiten						
extrem	38	12	1	18	5	—
mäßig	22	52	7	10	64	16
nicht vorhanden	2	13	19	3	29	40
	Korr. Koeff. = +0·6			Korr. Koeff. = +0·6		

Verhalten im Jahre 1964	Verhalten im Jahre 1961: Jungen auffällig	nicht auffällig	nicht vorhanden	Mädchen auffällig	nicht auffällig	nicht vorhanden
B. Acht-Punkte-Items						
Verstopfung						
auffällig	11	2	2	17	6	4
nicht auffällig	16	12	18	20	25	17
nicht vorhanden	14	15	73	10	21	49
	Korr. Koeff. = +0·4			Korr. Koeff. = +0·4		
Kopfschmerzen						
auffällig	17	7	5	13	8	3
nicht auffällig	20	49	28	28	60	25
nicht vorhanden	6	12	25	2	14	24
	Korr. Koeff. = +0·6			Korr. Koeff. = +0·4		

Tabelle 34. Fortsetzung 4

Verhalten im Jahre 1964	Verhalten im Jahre 1961: Jungen			Mädchen		
	auffällig	nicht auffällig	nicht vorhanden	auffällig	nicht auffällig	nicht vorhanden
Alpdrücken						
auffällig	12	3	7	17	11	5
nicht auffällig	13	12	20	14	11	7
nicht vorhanden	15	20	54	25	22	57
	Korr. Koeff. = +0·3			Korr. Koeff. = +0·3		
Unruhiger Schlaf						
auffällig	13	5	9	15	5	3
nicht auffällig	16	19	17	15	20	19
nicht vorhanden	17	21	47	14	23	56
	Korr. Koeff. = +0·2			Korr. Koeff. = +0·4		
Bettnässen						
auffällig	25	2	2	12	—	5
nicht auffällig	3	3	1	2	—	1
nicht vorhanden	17	3	10	10	—	130
	Korr. Koeff. = +0·7			Korr. Koeff. = +0·6		
Bauchschmerzen						
auffällig	24	6	8	18	6	7
nicht auffällig	22	15	18	24	32	29
nicht vorhanden	6	10	50	6	13	33
	Korr. Koeff. = +0·5			Korr. Koeff. = +0·4		
Erbrechen						
auffällig	7	—	6	6	6	2
nicht auffällig	6	8	11	10	9	15
nicht vorhanden	9	19	87	7	16	85
	Korr. Koeff. = +0·3			Korr. Koeff. = +0·5		
Diarrhoe						
auffällig	10	1	8	4	4	2
nicht auffällig	10	16	14	11	7	22
nicht vorhanden	6	13	73	8	16	86
	Korr. Koeff. = +0·4			Korr. Koeff. = +0·4		
Einkoten						
auffällig	8	—	1	3	—	2
nicht auffällig	—	—	—	—	—	—
nicht vorhanden	23	—	119	8	—	143
	Korr. Koeff. = +0·4			Korr. Koeff. = +0·4		
Weinen						
auffällig	20	16	8	18	12	3
nicht auffällig	19	35	8	24	56	16
nicht vorhanden	5	33	14	7	15	15
	Korr. Koeff. = +0·3			Korr. Koeff. = +0·3		
Schmollen						
auffällig	15	3	14	23	2	15
nicht auffällig	3	1	7	3	4	7
nicht vorhanden	16	2	90	18	5	82
	Korr. Koeff. = +0·4			Korr. Koeff. = +0·4		

Tabelle 34. Fortsetzung 5

Verhalten im Jahre 1964	Verhalten im Jahre 1961					
	Jungen			Mädchen		
	auffällig	nicht auffällig	nicht vorhanden	auffällig	nicht auffällig	nicht vorhanden
Wutanfälle						
auffällig	26	10	11	36	2	4
nicht auffällig	18	19	19	18	16	13
nicht vorhanden	14	18	27	18	14	40
	Korr. Koeff. = +0·2			Korr. Koeff. = +0·5		
Nägelkauen						
auffällig	keine auffällige Häufigkeit			keine auffällige Häufigkeit		
nicht auffällig		43	15		50	23
nicht vorhanden		9	90		20	72
	Korr. Koeff. = +0·7			Korr. Koeff. = +0·5		
Daumenlutschen						
auffällig	12	5	3	6	10	2
nicht auffällig	—	3	1	—	17	3
nicht vorhanden	6	9	117	2	7	111
	Korr. Koeff. = +0·6			Korr. Koeff. = +0·7		
Streitereien						
auffällig	16	5	13	21	3	13
nicht auffällig	13	2	10	10	8	15
nicht vorhanden	13	10	74	22	10	61
	Korr. Koeff. = +0·4			Korr. Koeff. = +0·3		

stens drei Items verringert. Am anderen Ende der Skala war der Gesamtauffälligkeitsscore bei 30 Jungen (16%) und 21 Mädchen (11%) angestiegen; davon hatten 14 Jungen (8%) und 8 Mädchen (4%) drei zusätzliche auffällige Items erhalten.

Tabelle 34 (Seiten 114–119) stellt die Verteilungen der einzelnen Verhaltensformen der ursprünglich auffälligen Kinder für die Jahre 1961 und 1964 dar, wobei auch die Korrelation zwischen den Verhaltensweisen zu den zwei Zeitpunkten angegeben wird. Es zeigt sich, daß die Intensität aller Verhaltensweisen über diese Zeit beträchtlich variierte[1].

Die Verhaltensitems, die am wenigsten variierten, waren für beide Geschlechter: Daumenlutschen, Mäkelei am Essen und Leseschwierigkeiten, bei Jungen darüberhinaus auch Nägelkauen und Tics. Diese Items scheinen Verhaltens-

1 In den meisten Fällen lag der Produktmomentkorrelationskoeffizient zwischen .35 und .54: Es bestand also eine mäßige positive Korrelation zwischen dem Verhalten der Kinder in den Jahren 1961 und 1964.

weisen zu beinhalten, die persistieren, wenn sie einmal vorhanden sind, die jedoch nicht ohne weiteres im Schulalter entstehen.

Die Verhaltensitems, die die niedrigsten Korrelationen aufwiesen, waren für beide Geschlechter: Stimmungsschwankungen, Alpträume, Weinen und Umherstreifen; bei Mädchen: Streitereien mit anderen Kindern, Furcht vor der Dunkelheit, Quengeln und Rückzugsverhalten; bei Jungen: Unruhe im Schlaf, Wut-

Tabelle 35. Dauerhaftigkeit des Verhaltens, das ursprünglich auffällige Kinder der nachuntersuchten Stichprobe mit extremer Intensität oder auffälliger Häufigkeit zeigten.

1. Mit extremer Intensität geäußertes Verhalten	Zahl der Kinder, die Verhalten zeigten				Zahl der Kinder, die Verhalten bei beiden Erhebungen zeigten, als Prozensatz derer, die es 1961 zeigten
	(a) 1961	(b) 1964	(c) bei einer Erhebung	(d) bei beiden Erhebungen	
Destruktives Verhalten	16	15	27	4	25%
Furcht vor Tieren	33	11	37	7	21%
Furcht vor fremden Menschen	17	13	27	3	18%
Furcht vor der Dunkelheit	91	48	117	22	24%
Lügen	55	45	75	25	45%
Abneigung gegen die Schule	39	41	65	15	38%
Stehlen (alle Jungen)	6	8	13	1	17%
Reizbarkeit	154	128	200	82	53%
Mäkelei am Essen	123	112	158	77	63%
Sehr schüchtern gegenüber anderen Kindern	13	8	20	1	1%
Starker Appetit	65	101	129	37	57%
Schwacher Appetit	98	66	109	45	46%
Ängstlichkeit (Sich Sorgen)	88	65	117	36	41%
Quengeln	100	69	127	32	32%
Unruhe	161	135	200	96	60%
Unteraktivität	18	30	42	6	33%
Eifersucht	88	62	111	39	44%
Umherstreifen	18	18	34	2	11%
Rückzugsverhalten	31	20	44	7	23%
Ungehorsam	126	110	172	64	51%
Übermäßiger Gehorsam	35	21	48	8	23%
Schuleschwänzen	7	3	10	0	0 %
Zuckungen oder eigentümliche Angewohnheit	17	11	23	5	29%
Stimmungsänderungen	82	70	126	26	32%
Leseschwierigkeiten	93	74	111	56	60%
Nägelkauen (täglich)	77	83	113	47	61%

Tabelle 35. Fortsetzung

2. Mit einer für das Alter auffälligen Häufigkeit geäußertes Verhalten[1]	Zahl der Kinder, die Verhalten zeigten (a) 1961	(b) 1964	(c) bei einer Erhebung	(d) bei beiden Erhebungen	Zahl der Kinder, die Verhalten bei beiden Erhebungen zeigten, als Prozentsatz derer, die es 1961 zeigten
Verstopfung	88	42	102	28	32%
Kopfschmerzen	86	53	109	30	35%
Alpdrücken*	96	55	122	29	30%
Unruhiger Schlaf	90	50	112	28	31%
Bettnässen*	69	46	78	37	54%
Bauchschmerzen	100	69	127	42	42%
Erbrechen*	45	27	59	13	29%
Diarrhoe*	49	29	64	14	29%
Einkoten	42	14	45	11	26%
Weinen[2]	93	77	132	38	41%
Schmollen	78	72	112	38	49%
Wutanfälle	130	89	155	62	48%
Daumenlutschen	26	38[3]	56	18	69%
Streitereien mit anderen Kindern	95	71	129	37	39%

[1] Da der cut-off-Wert, oberhalb dessen Verhalten als auffällig angesehen wird, von Alter zu Alter variiert, können diese Zahlen nicht als Hinweis auf den Anteil der Kinder verstanden werden, deren Verhalten sich „gebessert" hat. Bei den mit* gekennzeichneten Items kann Verhalten, das unserer Definition zufolge auffällig ist, einen großen Bereich von Häufigkeiten umfassen. So gelten beim Bettnässen ab dem 6. Lebensjahr aufwärts alle Häufigkeiten als auffällig. Ein Kind, das beiden Erhebungen auffällig war, könnte also in Wirklichkeit gegenüber einer früheren Häufigkeit von täglichem Bettnässen bei der zweiten Erhebung die Häufigkeit verringert haben, als es nur noch einmal alle zwei oder drei Monate bettnäßt. Das Ausmaß der Abnahme der Häufigkeit ist aus Tafel 36 ersichtlich.

[2] Der cut-off-Wert für Auffälligkeit steht bei diesem Item in sehr enger Beziehung zum Alter.

[3] Der offensichtliche Anstieg mit zunehmendem Alter liegt nicht an verstärktem Daumenlutschen als vielmehr daran, daß Daumenlutschen ab dem 8. Lebensjahr für Jungen und dem 10. Lebensjahr für Mädchen als auffällig gilt.

anfälle, Reizbarkeit, Ungehorsam, Abneigung gegen die Schule und Erbrechen. Dies waren also relativ unbeständige Verhaltensformen, die in Intensität oder Häufigkeit schnell wechseln konnten. Aufgrund allgemeiner Erfahrungen könnten diese Verhaltensweisen als mögliche Reaktionen auf Streß angesehen werden.

In unserer bisherigen Diskussion der Veränderungen, die im Verhalten des auffälligen Kindes zu beobachten waren, haben wir bei jedem Item das gesamte Spektrum berichteten Verhaltens berücksichtigt. In die Vergleiche wurden sämtliche Kinder einer Gruppe einbezogen, also auch die, welche das jeweilige Verhalten nie oder nur mit mittlerer Intensität oder nichtauffälliger Häufigkeit äußerten. Von besonderem Interesse ist verständlicherweise aber das Persistieren von „Verhaltensproblemen", d.h. der Verhaltensformen, die mit extremer Intensität oder einer für Kinder des jeweiligen Alters und Geschlechts auffälligen Häufigkeit auftreten. Tabelle 35 zeigt, über wieviel Kinder solches Verhalten in den Jahren 1961 und 1964 berichtet und in wieviel Fällen es bei beiden Untersuchungen angegeben wurde.

Bevor diese Ergebnisse erörtert werden, sollte vielleicht noch einmal betont werden, daß unser Konzept von Auffälligkeit darin besteht, daß ein Verhalten nur bei 10% oder weniger Kindern eines bestimmten Alters oder Geschlechts auftritt. Wenn nun das Vorkommen eines Verhaltens sich mit zunehmendem Alter verändert, so folgt aus unserer Definition von Auffälligkeit, daß sich diese Definition hinsichtlich der Häufigkeit des Auftretens dieses Verhaltens mitverändert. Daumenlutschen tritt beispielsweise bei jüngeren Kindern so häufig auf, daß es entweder überhaupt nicht als auffällig angesehen wird oder nur dann, wenn es sehr häufig beobachtet wird; bei älteren Kindern zeigt es sich so selten, daß es in jedem Fall, egal wie oft es vorkommt, als auffällig gelten wird. Das bedeutet, daß ein Kind, welches im Jahr 1961 täglich Daumen lutschte, selbst wenn im Jahr 1964 eine Häufigkeit von einmal im Monat angegeben würde, dieses Verhalten zu beiden Zeitpunkten unserer Definition zufolge mit auffälliger Häufigkeit äußerte. Berichtetes Persistieren besagt also nicht, daß im Verhalten keine Besserung eingetreten sei: es heißt nur soviel, daß das Kind noch im gleichen Extrembereich seiner Alters-/Geschlechtsgruppe wie zur Zeit der Hauptuntersuchung liegt.

Tabelle 36 (S. 123) zeigt, daß einige Formen auffälligen Verhaltens weitaus dauerhafter waren als andere: 18 der 26 Kinder z. B., die im Jahr 1961 mit auffälliger Häufigkeit Daumen lutschten, taten dies noch im Jahr 1964; andererseits hatten sich aber alle sieben Schulschwänzer des Jahres 1961 bis zur zweiten Befragung gebessert.

Rückzugs- und ängstliches Verhalten gehörten zu den am wenigsten persistierenden Verhaltensweisen. Weniger als jedes vierte Kind, über das im Jahr 1961 Furcht, Schüchternheit, Rückzugsverhalten und übermäßiger Gehorsam berichtet wurden, äußerte diese Verhaltensweisen den Angaben zufolge zur Zeit der Nachuntersuchung. Verhaltensweisen wie Destruktivität, Stehlen und Umherstreifen wurden auch weniger häufig berichtet. Es hat deshalb den Anschein, daß diese Formen auffälligen Verhaltens entweder eine vorübergehende Phase in der Entwicklung oder eine vorübergehende Reaktion auf Streß darstellen könnten.

Hiervon unterscheiden sich in ihrem Typus die Verhaltensweisen, über die stärkeres Persistieren berichtet wurde. Sie waren hauptsächlich entweder Gewohnheiten, wie Daumenlutschen, Nägelkauen, Bettnässen, oder sie konnten als Persönlichkeitszüge aufgefaßt werden wie Unruhe, Unteraktivität, Reizbarkeit, Eifersucht, Ängstlichkeit. Lesestörungen, die auch bei drei von fünf der

Tabelle 36. Im Jahr 1964 andauerndes Verhalten, das im Jahr 1961 mit extremer Intensität oder auffälliger Häufigkeit auftrat.

	Mit extremer Intensität auftretendes Verhalten		Mit auffälliger Häufigkeit auftretendes Verhalten	
a)	Persistierend bei 50 % oder mehr der Kinder, über die es 1961 berichtet wurde			
	Mäkelei am Essen	(63%)	Daumenlutschen	(69%)
	Tägliches Nägelkauen	(61%)	Bettnässen	(54)%
	Unruhe	(60%)		
	Leseschwierigkeiten	(60%)		
	Starker Appetit	(57%)		
	Reizbarkeit	(53%)		
	Ungehorsam	(51%)		
b)	Persistierend bei 33 % oder mehr, aber bei weniger als 50 % derjenigen, über die es 1961 berichtet wurde			
	Schwacher Appetit	(46%)	Schmollen	(49%)
	Lügen	(45%)	Wutanfälle	(48%)
	Eifersucht	(44%)	Bauchschmerzen	(42%)
	Ängstlichkeit (Sich Sorgen)	(41%)	Weinen	(41%)
	Abneigung gegen die Schule	(38%)	Streitereien mit anderen Kindern	(39%)
	Unteraktivität	(33%)	Kopfschmerzen	(35%)
			Alpdrücken	(33%)
c)	Persistierend bei 25 % oder mehr, aber bei weniger als 33 % derjenigen, über die es 1961 berichtet wurde			
	Quengeln	(32%)	Verstopfung	(32%)
	Stimmungsänderungen	(32%)	Unruhiger Schlaf	(31%)
	Tics	(29%)	Erbrechen	(29%)
	Destruktives Verhalten	(25%)	Diarrhoe	(29%)
			Einkoten	(26%)
d)	Persistierend bei weniger als 25 % derjenigen, über die es 1961 berichtet wurde			
	Furcht vor der Dunkelheit	(24%)		
	Rückzugsverhalten	(23%)		
	Übermäßiger Gehorsam	(23%)		
	Furcht vor Tieren	(21%)		
	Furcht vor fremden Menschen	(18%)		
	Stehlen	(17%)		
	Umherstreifen	(11%)		
	Sehr schüchtern vor anderen Kindern	(8%)		
	Schuleschwänzen	(–%)		

betroffenen Kinder persistierten, hängen mit einer Reihe von Problemen zusammen – neurologischen, intellektuellen und emotionellen –, die alle dazu führen, daß das Kind beim Lesenlernen versagt.

Die physischen „Probleme“ – Bauchschmerzen, Kopfschmerzen, Verstopfung, Erbrechen, Diarrhoe, Einkoten – schienen eine Zwischenstellung einzunehmen, obwohl sie eher verschwanden als persistierten. So wurde nur über vier von zehn Kindern, die im Jahre 1961 mit auffälliger Häufigkeit an Bauch- oder

Kopfschmerzen litten, und über drei von zehn Kindern, die damals erbrachen oder Diarrhoe hatten, angegeben, daß sie diese Verhaltensweisen noch im Jahre 1964 mit auffälliger Häufigkeit zeigten.

Das hier beschriebene Bild unterscheidet sich etwas von dem, welches sich ergab, als alle Häufigkeits- und Intensitätsklassen berücksichtigt wurden (S. 114). Obwohl z. B. die Korrelationen zwischen allen Intensitätsstufen der Reizbarkeit in den Jahren 1961 und 1964 gering waren, persistierte dieses Verhalten bei den Kindern, die „sehr reizbar“ waren, in hohem Maße. Das schiene zu bedeuten, daß mäßige Reizbarkeit und ausgewogene Gefühlslagen bei vielen Kindern häufig abwechselten, daß jedoch ein als „sehr reizbar“ beschriebenes Kind eher weiterhin so bezeichnet wurde.

Das Bild kann ergänzt werden, wenn das im Jahr 1964 festgestellte Auftreten extremer oder auffälliger Verhaltensitems bei Kindern der ursprünglich auffälligen Gruppe untersucht wird, die im Jahr 1961 noch keine Angaben über diese „Probleme“ aufwiesen. In der Tat waren die einzigen Verhaltensitems, von denen keine neuen Fälle gemeldet wurden, Stehlen und Tics bei Mädchen (s. Tabelle 34). Im allgemeinen waren es folgende „Probleme“, die sich am ehesten neu entwickelt hatten: starker Appetit (17% der Gruppe), Reizbarkeit, Ungehorsam und Stimmungsschwankungen (jeweils 12%), Quengeln, Unruhe, tägliches Nägelkauen[1] und Weinen mit auffälliger Häufigkeit (jeweils 9%), Ängstlichkeit, Abneigung gegen die Schule, Furcht vor der Dunkelheit und Alpdrücken zusammen mit Bauchschmerzen und Wutanfällen in auffälliger Häufigkeit (7%). Zu den Verhaltensweisen, die sich am seltensten neu entwickelt hatten, gehörten Einkoten, Schuleschwänzen und Furcht vor Tieren (jeweils 1% der Gruppe); akute Schüchternheit vor anderen Kindern sowie auffällig häufiges Bettnässen (jeweils 2%); Destruktivität, Rückzugsverhalten, Furcht vor fremden Leuten und übermäßiger Gehorsam (jeweils 3%).

Interessant ist es auch zu sehen, in welchem Maß diese Verhaltensweisen sich als zusätzliche „Probleme“ bei den Kindern entwickelt hatten, deren Gesamtauffälligkeitsscore angestiegen war, aber auch in welchem Maß sie bei Kindern mit kleinerem oder gleichgebliebenem Gesamtscore an die Stelle anderer Items getreten waren. Bei beiden Geschlechtern gab es zwei Verhaltensformen, die zum ersten Mal nur bei den Kindern angegeben wurden, deren Gesamtauffälligkeitsscores anstiegen, aber nie bei denen, deren Scores abnahmen oder konstant blieben. Bei Mädchen waren es extreme Destruktivität und extreme Schüchternheit vor anderen Kindern, bei Jungen Verstopfung und Einkoten, beide mit auffälliger Häufigkeit. Viele andere Items, obwohl sie auch bei Kin-

---

1 Obwohl möglicherweise ein „Problem“ und deshalb an dieser Stelle erwähnt, wäre es jedoch auf keiner Altersstufe als auffälliges Verhalten zu betrachten.

dern mit abnehmenden Scores gefunden wurden, traten in signifikant größerem Ausmaß bei steigenden Gesamtscores auf. Zu diesen Items gehörten bei beiden Geschlechtern Lügen, Ängstlichkeit, Quengeln, Stimmungsschwankungen, Wutanfälle und Kopfschmerzen (in allen Fällen $P < 0.001$), Ungehorsam, Weinen und Streitereien mit anderen Kindern; nur bei Mädchen gehörte hierzu Reizbarkeit und nur bei Jungen Unteraktivität und Mäkelei am Essen ($P < 0.01$). Alle diese Probleme schienen sich also eher zusätzlich zu entwickeln, als an die Stelle anderer „Probleme" zu treten.

Einige andere auffällige oder extreme berichtete Verhaltensformen schienen sich ebenso leicht bei Kindern mit abnehmenden Scores zu entwickeln. Folgende Items waren es bei Mädchen: Abneigung gegen die Schule, Unteraktivität, schwacher Appetit, starker Appetit, Lesestörungen und Erbrechen; bei Jungen: Destruktivität, Reizbarkeit, starker Appetit, tägliches Nägelkauen und Unruhe im Schlaf. Einige dieser Items sind natürlich zu weit verbeitet, um als „auffällig" gelten zu können; ihr Auftreten würde sich nicht auf den Gesamtauffälligkeitsscore niederschlagen. Ihr Erscheinen bei Kindern, die bestimmte Formen auffälligen Verhaltens abgelegt haben, könnte es zumindest als möglich erscheinen lassen, daß sie Verhaltensformen des Kindes ersetzen, die mit steigendem Alter unangemessen geworden sind.

b) Veränderungen im Verhalten der ursprünglich unauffälligen Gruppe.

In der Nachuntersuchung im Jahr 1964 stellten wir fest, daß 149 (40%) der Kinder, die ursprünglich frei von auffälligem Verhalten gewesen waren, wenigstens ein zusätzliches auffälliges Verhaltensitem erhielten. Die Verhaltensweisen, die sich neu entwickelt hatten, ähnelten denen, die in der gleichen Zeit in der auffälligen Gruppe entstanden waren. So waren von den zehn häufigsten auffälligen Items, die in der Nachuntersuchung über ursprünglich auffällige und unauffällige Kinder berichtet wurden, sieben Items beiden Gruppen gemeinsam, wenn sie auch nicht unbedingt in jedem Fall in der gleichen Rangfolge erschienen. Hierzu gehörten Alpdrücken, Abneigung gegen die Schule, Ängstlichkeit, Quengeln, Bauchschmerzen, Schmollen und Streitereien mit anderen Kindern. Das auffällige Verhaltensitem, das am häufigsten als neues Item in der unauffälligen Gruppe angegeben wurde, war Daumenlutschen: Es wurde über 12% der Kinder mit steigendem Auffälligkeitsscore berichtet, trat aber auch häufig als neue Verhaltensweise in der auffälligen Gruppe auf.

Am anderen Ende der Skala wurden über keines der ursprünglich unauffälligen Kinder Angaben über Stehlen, Schuleschwänzen oder Einkoten gemacht; kein Mädchen hatte Tics entwickelt oder begonnen zu lügen, und kein Junge angefangen, mit auffälliger Häufigkeit zu erbrechen. Destruktivität und extreme Schüchternheit vor anderen Kindern wurde nur in zwei Fällen berichtet. Nur bei vier Kindern hatten sich den Angaben zufolge Furcht vor Tieren, vor fremden Leuten, Lügen, Tics und Erbrechen mit auffälliger Häufigkeit entwickelt.

Auf den Verlauf bezogene Faktoren der Person und ihrer Umwelt

Da die dargelegten Ergebnisse nahelegen, daß einige Verhaltensitems weniger dauerhaft sind als andere und daß diese Verhaltensweisen mit vorübergehendem Streß zusammenhängen können, schien es folgerichtig zu untersuchen, ob gewisse Kinder ihren Grad an Auffälligkeit eher als andere beibehielten oder noch steigerten und, wenn dies so wäre, ob psychosoziale Faktoren mit dem Verlauf in Beziehung stünden. Da wir uns immer mit der Auffälligkeit im statistischen und nicht im klinischen Sinn beschäftigen, wurde ein Vergleich zwischen den 27% der Kinder der auffälligen Gruppe, bei denen nicht das allgemeine Bild einer Abnahme des Gesamtauffälligkeitsscores zu beobachten war, und den 73% angestellt, deren Scores gesunken waren. Wir prüften auch, inwieweit sich diese Gruppen in bezug auf Faktoren der Person und ihrer Umwelt[1] unterschieden.

Wir sind uns sehr wohl bewußt, daß dies eine künstliche Unterscheidung ist. Ein Kind, das einen auffälligen Zug verloren hat, ist nicht unbedingt „besser" als dasjenige, das seinen Score behalten hat: Dennoch könnte ein gewisser Zusammenhang bestehen, zumal da 74% der Kinder, die in der kasuistischen Untersuchung (s. Kap. 9) als „gebessert" eingestuft wurden, einen verringerten Gesamtauffälligkeitsscore erhalten hatten, verglichen mit 57% der Kinder, die als „unverändert", und 18% der Kinder, die als „verschlechtert" beurteilt wurden.

a) Geschlecht. Es bestand kein Geschlechtsunterschied zwischen den Anteilen der Kinder, deren Gesamtauffälligkeitsscore unverändert oder angestiegen war: 29% der Jungen und 26% der Mädchen fielen in diese Kategorie.

---

1 Eine andere Möglichkeit wäre gewesen, die gleiche Unterscheidung wie vorher zu verwenden und die Kinder, die „auffällig" geblieben waren (d. h. die einen Gesamtauffälligkeitsscore von vier oder mehr Items erhalten hatten), mit denen zu vergleichen, die nicht länger auffällig waren. Mit diesem Vorgehen wäre eine Gruppe persistent auffälliger Kinder identifiziert worden. Es hätte auch die Kombination zwei zu trennender und heterogener Gruppen zur Folge gehabt und zwar a) derer, die auffällig geblieben waren, bei denen aber der allgemeine Trend einer Abnahme der Gesamtzahl auffälliger Verhaltensitems zu beobachten war (z. B. von zehn Items im Jahr 1961 auf fünf im Jahr 1964); und b) derer, die auffällig geblieben waren, weil ihr Gesamtauffälligkeitsscore angestiegen war. Die Kombination dieser drei Gruppen schien nicht gerechtfertigt zu sein.

b) Alter. Tabelle 37 zeigt, daß in den meisten Altersgruppen der Anteil der Kinder mit verringerten Gesamtauffälligkeitsscores konstant zwischen 70% und 80% betrug. Bei den 10jährigen hatten jedoch nur 55% reduzierte Scores. Andererseits enthielt die Gruppe der 12jährigen, d.h. derer, die zum Zeitpunkt der Hauptuntersuchung ungefähr zehn Jahre alt waren, den höchsten Anteil an Kindern (87%), deren Scores gesunken waren.

Tabelle 37. Veränderungen in den Gesamtscores ursprünglich auffälliger Kinder nach Alter bei der Nachuntersuchung.

Alter bei der Nachuntersuchung	Zahl und Prozentsatz der Kinder			
	a) mit gesunkenem Gesamtscore		b) mit gestiegenem oder unverändertem Gesamtscore	
	N	%	N	%
7 Jahre	26	81	6	19
8 Jahre	34	76	11	24
9 Jahre	37	73	14	27
10 Jahre	30	55	25	45
11 Jahre	37	70	16	30
12 Jahre	28	87	4	13
13 Jahre	40	70	17	30
14 Jahre	36	82	8	18
15 Jahre	6	75	2	25
Summe	274	73	103	27

Es hat also den Anschein, daß auffällige Verhaltensitems besonders im 10. Lebensjahr erscheinen oder persistieren, wenn sie schon vorhanden sind, daß sie aber danach schnell zurückgehen. Es könnte viele Gründe für diesen Trend geben, aber eine allgemeine und offensichtliche Ursache für in diesem Alter empfundene Belastung war die für die weitere Schullaufbahn entscheidende eleven-plus Prüfung, die zu dieser Zeit im Untersuchungsgebiet auf die Kinder zum erstenmal im Alter zwischen neuneinhalb und zehneinhalb Jahren zukam. Wenn der erste Versuch mißglückte, konnte nach einem Jahr, wenn das Kind zwischen zehneinhalb und elfeinhalb Jahren alt war, ein zweiter gemacht werden. Walby und MacLoughlin (1963) stellten in Belfast fest, daß ungefähr jedes fünfte Kind im Jahr der eleven-plus Prüfung „Probleme" hatte, die bald nach Eintritt in dieses Jahr erschienen und die bis zum Zeitpunkt der Prüfung an Stärke zunahmen. In unserer Erhebung wurde die Nachuntersuchung zum Zeitpunkt dieser Prüfung durchgeführt, und die Angaben der Eltern können sehr gut deren Auswirkungen auf eine Gruppe von Kindern wiedergeben haben, die schon als diejenigen ausgesucht worden waren, die am ehesten Verhaltensstörungen haben würden.

c) Gesundheit. Nur zwei der in Teil A des Elternfragebogens aufgeführten Gesundheitsprobleme wurden signifikant häufiger bei den Kindern angegeben, deren Gesamtscore nicht abgenommen hatte.

In der Gruppe der Jungen schien es, daß diejenigen, die „gelegentlich Schwierigkeiten beim Hören" hatten, auch in der Nachuntersuchung ihren hohen Gesamtauffälligkeitsscore behielten.

Tabelle 38. Zusammenhang zwischen dem Zustand bei der Nachuntersuchung und Hörstörungen bei Jungen und Kopfschmerzen mit Übelkeit bei Mädchen.

Art des Gesundheitsproblems	Kinder mit 0-1 auffälligen Items	Kinder mit 2-3 auffälligen Items	Kinder mit 4 oder mehr Items („noch auffällige" Gruppe)	
			a) kleinerer Score als 1961	b) unveränderter oder größerer Score als 1961
Jungen mit Hörstörungen	3%	11%	11%	32%
Mädchen mit Kopfschmerzen mit Übelkeit	11%	14%	26%	31%

Theoretisch könnte dieser Zusammenhang zweierlei bedeuten. Einige Kinder konnten wirklich schwerhörig und dadurch Frustrationen und Mißverständnissen zu Haus und in der Schule ausgesetzt gewesen sein. In anderen Fällen konnten die Eltern Rückzugsverhalten und Fehlen von Reaktionen einem schlechten Gehör zugeschrieben haben, so daß die scheinbare Schwäche lediglich die Störung widerspiegelte, die sich im Gesamtauffälligkeitsscore ausdrückte.

Bei den Mädchen trennten berichtete Hörstörungen nicht zwischen den beiden Gruppen, da sie nur bei 9% der Kinder, die sich gebessert, und bei 10% der Kinder, die keine Veränderung gezeigt hatten, auftraten. Kopfschmerzen mit Übelkeit waren dagegen mit einem Anstieg des Auffälligkeitsscores verknüpft und wurden über 31% der Mädchen, die sich nicht gebessert hatten, verglichen mit 14% der Mädchen, wo die Besserung eingetreten war, berichtet ($P < 0.02$). Auch das Aufsuchen von Ambulanzen konnte nicht zwischen den beiden Gruppen diskriminieren; in beiden wurden physische Beschwerden in der Mehrzahl der Fälle als Grund angegeben. Verhaltensprobleme und „Nervosität" hatten jedoch bei 8 von 98 Kindern, die als unverändert oder „verschlechtert" eingestuft wurden (8%), verglichen mit 5 von 278 (2%) Kindern mit einer Besserung, zu einer ambulanten Behandlung geführt. So kamen auch fünf der sieben Kinder, die von ihren Hausärzten wegen Verhaltensproblemen behandelt wurden, aus der Gruppe, die keine Besserung gezeigt hatte.

d) Schule. Die Kinder, deren Gesamtauffälligkeitsscore nicht gesunken war, schienen sich hinsichtlich der schulischen Leistungen nicht von den anderen zu unterscheiden. Sie waren aber etwas häufiger dem Unterricht ferngeblieben; 70% dieser Gruppe, verglichen mit 55% der übrigen Kinder, hatten an fünf oder mehr halben Tagen im vergangenen Trimester gefehlt ($P < 0.02$). Der Unterschied lag im wesentlichen daran, daß die Kinder mit unverändertem Auffälligkeitsscore häufiger für kurze Zeit fehlten; Abwesenheit von drei Wochen oder länger kam in beiden Gruppen gleich oft vor.

Die Lehrer schrieben der Gruppe, deren Gesamtscores im Elternfragebogen gesunken waren, etwas weniger Verhaltensitems zu (durchschnittlich 0,9) als den anderen Kindern (durchschnittlich 1,2). Die am häufigsten bei den Kindern ohne Besserung unterstrichenen Items waren: „sehr still und verschlossen" (18%); „macht sich mehr Sorgen als andere Kinder" (11%); „unruhig, kann nicht einen Augenblick stillsitzen" (11%); „erschreckt sehr leicht" (8%); „lügt oft" (7%); „sehr launisch" (6%) und „kein Interesse an der Schule" (6%). Drei recht ungewöhnliche Items standen insoweit zum Ausbleiben einer Besserung in enger Beziehung als mehr als die Hälfte aller berichteten Fälle in der Gruppe der in ihrem Verhalten unveränderten oder verschlechterten Kinder vorkamen. Zu diesen Items gehörten: „weint mehr als andere Kinder" (3/5 Kinder); „hat sichtbare Zuckungen des Gesichts oder des Körpers" (4/4 Kinder) und „Furcht vor der Schule oder Weigerung, zur Schule zu gehen" (3/3 Kinder). Am anderen Ende der Skala traten Aggressivität gegen andere Kinder, Nägelkauen und mangelnde Mitarbeit im Unterricht relativ häufig bei Kindern auf, bei denen eine Besserung eingetreten war, und selten bei denen, wo dies nicht der Fall war.

e) Familiäre Verhältnisse. Die Berufe der Eltern schienen in geringem Zusammenhang damit zu stehen, ob der Gesamtauffälligkeitsscore des Kindes abnahm oder nicht. So waren bei 73% der Jungen, deren Väter einen manuellen Beruf ausübten, die Scores gesunken; in der nicht-manuellen Gruppe betrug der Anteil 69%. Bei den Mädchen erhielten 70% der manuellen Gruppe geringere Werte, verglichen mit 80% der nicht-manuellen.

Ebenso schien keine durchgängige Beziehung zwischen Veränderungen in der Arbeitszeit der Mutter und Veränderungen im Gesamtauffälligkeitsscore des Kindes zu bestehen (Tabelle 39). Der Anteil der Mädchen mit verringerten Scores blieb konstant, egal ob sich der Arbeitsrhytmus der Mutter verändert hatte oder nicht. Unter den Jungen erhielten jedoch nur 50% derjenigen, deren Mütter länger arbeiteten, verringerte Werte, verglichen mit 74% der Söhne von Müttern, die die gleiche oder eine kürzere Arbeitszeit hatten ($P < 0.02$).

Weder die Stellung in der Geschwisterreihe noch die Zahl der Geschwister stand in irgendeinem Zusammenhang mit Veränderungen im Gesamtscore. Nur 26 Jungen und 44 Mädchen hatten seit der Hauptuntersuchung Geschwister bekommen, und von diesen Kindern erhielten ungefähr 70% beiderlei Geschlechts verringerte Scores.

Es konnte auch kein Anhaltspunkt dafür gefunden werden, daß mehr Todesfälle in der Gruppe der Kinder mit unverändertem oder angestiegenem Gesamtauffälligkeitsscore aufgetreten waren; ungefähr jedes fünfte Mädchen in jeder Gruppe und ungefähr jeder fünfte Junge hatten in der Zwischenzeit den Tod eines Verwandten oder engen Freundes erlebt. In den meisten Fällen waren Großeltern gestorben.

Tabelle 39. Veränderungen im Gesamtauffälligkeitsscore nach Veränderungen der beruflichen Arbeitszeit der Mutter.

Veränderung in der beruflichen Arbeitszeit der Mutter	Auffälligkeitsscore des Kindes in der Nachuntersuchung geringer				Auffälligkeitsscore des Kindes unverändert oder angestiegen			
	Jungen		Mädchen		Jungen		Mädchen	
	N	%	N	%	N	%	N	%
Genauso wie vorher[1]	90	73	101	73	33	27	37	27
Arbeitet mehr als vorher	16	50	18	72	16	50	7	28
Arbeiter weniger als vorher[2]	10	83	11	73	2	17	4	27
Keine Mutter oder unzureichende Angaben	15	88	13	87	2	12	2	12
Summe	131		143		53		50	

[1] Die Mütter eingeschlossen, die zu beiden Zeitpunkten nicht arbeiteten.

[2] Die Mütter eingeschlossen, die aufgehört hatten zu arbeiten.

Krankheiten anderer Mitglieder des Haushalts wurden bei 38% der Kinder mit gleichbleibenden oder erhöhten Scores berichtet, verglichen mit 33% der Kinder mit gesunkenen Scores. Der Anteil an erkrankten Vätern war mit jeweils 6% in jeder Gruppe und jedem Geschlecht gleich. Die Mütter von Jungen mit unverminderten Gesamtauffälligkeitsscores wurden etwas häufiger (13%) ins Krankenhaus eingeliefert als die der anderen Jungen (9%); bei den Mädchen bestand dieser Unterschied nicht (13% der Mütter in jeder Gruppe). Nur über neun Väter wurde angegeben, sie seien zu Haus krank gewesen; davon waren aber sieben Väter von Kindern, bei denen keine Besserung eingetreten war. Psychiatrische Krankheiten, die zu Haus oder im Krankenhaus behandelt worden waren, hatten den Angaben zufolge drei Väter und vier Mütter, deren Kinder mit einer Ausnahme bei der Nachuntersuchung einen verringerten Auffälligkeitsscore erhielten.

Es hat also den Anschein, daß die Untersuchung von während der Zwischenzeit eingetretenen Veränderungen in der Umwelt des Kindes keine Faktoren finden konnte, die zwischen Kindern mit gesunkenen oder nicht gesunkenen Scores diskriminieren. Es war jedoch mit den Mitteln einer Fragebogenuntersuchung nicht möglich, mehr subjektive Veränderungen zu erfassen. Das war eine der Zielsetzungen der detaillierteren, gesonderten Untersuchung, die in den Kapiteln 8 und 9 beschrieben wird.

KAPITEL 8

Psychiatrische Behandlung 1: Überweisung an child guidance clinics

Die Befunde, die in der Untersuchung der Zufallsstichprobe gewonnen wurden, geben klar zum Ausdruck, daß in der Grafschaft viele Kinder lebten, deren berichtete Verhaltensweisen auf ein beträchtliches Maß an Störung schließen lassen können. Ebenso klar zeigte sich, daß im Grunde genommen keines dieser Kinder einer psychiatrischen Behandlung zugeführt worden war[1]. Das ist keine neuartige Beobachtung. Schon im Jahr 1925 bemerkte Haggerty: „Der Strom von Problemkindern, der Tag für Tag durch eine child guidance clinic fließt, läßt den aufmerksamen Beobachter zwei Dinge folgern: erstens, daß es in unserer Schulpopulation eine viel größere Anzahl von Problemkindern gibt, als die meisten von uns geglaubt hätten, und zweitens, daß die Vielfalt von Verhaltenssymptomen sehr groß ist".

Preston und Shepler (1930) erhoben eine psychiatrische Anamnese von 45 Kindern im Alter zwischen siebeneinhalb und achteinhalb Jahren, die eine ganze Schulklasse einer überdurchschnittlichen städtischen public school in Amerika bildeten; keines dieser Kinder hatte eine psychiatrische Behandlung erhalten, war weder vor ein Jugendgericht geladen noch bei seinen Lehrern wegen besonderer Verhaltensprobleme aufgefallen. Je drei Fallgeschichten wurden dann an 15 verschiedene psychiatrische Kliniken mit der Bitte um eine Stellungnahme, ob die Kinder einer psychiatrischen Behandlung bedurften, geschickt. Nach Ansicht der Klinikärzte hätten 17 (38%) dieser 45 Kinder psychiatrisch behandelt werden müssen.

Eine Generation später scheint sich die Situation im wesentlichen nicht verändert zu haben. So berichtete ein Hausarzt mit großem Interesse an psychiatrischen Problemen (Ryle 1963), daß „in meiner eigenen Praxis jedem Kind, daß an eine child guidance clinic überwiesen wird (und ich überweise 8%, zehnmal mehr als im Landesdurchschnitt), fünf in gleichem Maß gestörte Kinder gegenüberstehen, die nicht überwiesen werden". Es scheint sinnvoll, der Frage nachzugehen, warum so wenige Kinder mit Verhaltensstörungen an Kliniken und warum vergleichbare Fälle dorthin nicht überwiesen werden. Da unsere Erhebung ein umfassendes Bild über das Verhalten der Kinder lie-

1 Von insgesamt 6303 Kindern wurden oder waren den Angaben zufolge 9 Kinder psychiatrisch behandelt (worden).

ferte, hatten wir die Möglichkeit, diese Frage zu untersuchen. Wir waren in der Lage, die Kinder, die an eine child guidance clinic überwiesen worden waren, mit einer passenden Kontrollgruppe aus der Hauptstichprobe zu vergleichen. Diese Kinder wurden einem nach Alter, Geschlecht und auffälligem Verhalten vergleichbaren Klinikkind als Paarling gegenübergestellt, aber sie selbst wurden unter denen ausgesucht, die noch nie einer psychiatrischen Behandlung zugeführt worden waren.

Zusammenstellung der Klinikgruppe

Um die Faktoren zu vergleichen, die bei einigen Kindern zur Behandlung geführt hatten, während andere mit ähnlichen Verhaltensproblemen nicht überwiesen wurden, beschlossen wir, die Eltern jedes, in irgendeiner der drei Kliniken der Grafschaft zur Behandlung neu eintreffenden Patienten[1] zu interviewen. Die Interviews sollten während des ersten Besuchs des Kindes in der Klinik oder so bald wie möglich danach stattfinden. Es konnte mit gutem Grund angenommen werden, daß die Eltern zu diesem Zeitpunkt ihre ursprünglichen Einstellungen sowohl zu den Problemen des Kindes wie zum Besuch einer child guidance clinic noch nicht aufgegeben haben würden, aber sie würden schon Kontakt mit dem Klinikpersonal aufgenommen haben.

Zwei weitere Möglichkeiten wurden erwogen und dann fallengelassen. Wenn wir eine Stichprobe von in Behandlung stehenden Kindern genommen hätten, hätte sowohl das Verhalten des Kindes wie auch die Reaktion der Eltern darauf durch den Kontakt mit der Klinik verändert sein können. Wenn die Kinder nun aus der Gruppe der Neuüberweisungen genommen worden wären, hätten wir ein klareres Bild über die für die Überweisung relevanten Faktoren gewinnen können, aber es dauerte nach der Überweisung oft lange, bis der Patient behandelt wurde; wir waren der Ansicht, daß es aus ethischen Gründen abzulehnen war, eine Befragung durchzuführen, während noch keine Therapie angeboten werden konnte.

Da wir Klinikkinder mit Kindern der Hauptuntersuchung vergleichen wollten, schlossen wir aus der Untersuchung alle jene Fälle aus, für die wir in der Stichprobe keine Paarlinge finden konnten: solche Kinder, die noch nicht oder nicht mehr im schulpflichtigen Alter waren, und solche, die wegen physischer oder mentaler Behinderungen nicht die üblichen Schulen besuchen konnten. Da wir uns für die Faktoren interessierten, die die freiwillige Behandlung in einer Klinik beeinflußten, sollten auch Kinder, die von Jugendgerichten über-

---

1 Das waren solche Kinder, die vorher keine andere child guidance clinic selbst besucht hatten und in deren Familie keine weitere Person in derselben Klinik schon behandelt wurde.

wiesen worden waren, und solche, die schon in Heimen betreut wurden, ausgeschlossen werden. In anderen Fällen wurde die Teilnahme an der Befragung verweigert, tauchten administrative Schwierigkeiten auf usw.. In zwei Kliniken beliefen sich die Ausfälle auf zwei Kinder, deren Mütter sich weigerten im Rahmen der Untersuchung interviewt zu werden; ein weiteres Kind konnte nicht erreicht werden, weil es unmittelbar nach seinem ersten Besuch in der Klinik aus der Gegend verzogen war; weitere drei Kinder wurden vom Klinikpersonal zu Haus behandelt. In der dritten Klinik war der Zugang zu den Patienten auf solche Fälle beschränkt, bei denen das Klinikpersonal keine Beeinträchtigung ihrer Beziehungen zu der Familie durch unsere Befragung befürchtete. Auf diese Weise wurden 17 Kinder ausgeschlossen, denen aufgrund der Angaben zur Fallgeschichte ein Paarling aus der Hauptstichprobe hätte gegenübergestellt werden können. Vierzehn Kinder wurden in die Untersuchung aufgenommen. Eine vierte Klinik wurde während der Zeit, in der wir die Fälle zusammenstellten, eröffnet, doch aufgrund administrativer Schwierigkeiten konnten wir nur mit einem Elternteil eines von sieben geeigneten Kindern Verbindung aufnehmen.

Tabelle 40. Gründe für den Ausschluß von Kindern, die während der Dauer der Untersuchung zum erstenmal eine child guidance clinic besuchten.

Grund	Zahl der Kinder Jungen	Mädchen
Jünger als 5 Jahre	8	4
Älter als 15 Jahre	1	3
Problem durch Epilepsie, Psychose oder Hirnschädigung bedingt	4	–
Keine Kontrollperson für Problem vorhanden	7	8
Vom Gericht oder Bewährungshelfer überwiesen	5	–
In Einrichtungen der Fürsorge untergebracht	4	2
Wurde schon an anderer Stelle behandelt	1	–
Geschwister wurden schon von der Klinik behandelt	1	2
Summe	31	19

[1] Hierunter fielen nur Kinder, die für eine Behandlung angenommen waren. Darüberhinaus wurden einige Kinder nur psychometrisch getestet, oder es wurde auf Wunsch des Kinderarztes eine psychiatrische Stellungnahme eingeholt; zwei Kinder wurden von ihren Hausärzten überwiesen, aber schienen keine psychiatrische Abnormalität aufzuweisen.

Die 50 Fälle, die schließlich in die Untersuchung aufgenommen wurden, machten ungefähr zwei Drittel der Kinder aus, die überhaupt hätten in Betracht kommen können. Ein Vergleich der Angaben zur Überweisung und der klinischen Anamnesen ergab keine Hinweise darauf, daß sich die in die Untersuchung aufgenommenen Kinder in irgendeinem wesentlichen Gesichtspunkt von den ausgeschlossenen, für die Vergleichskinder vorhanden waren, unterschieden. In unserer Klinikgruppe fehlten allerdings die am schwersten gestörten Kinder, die während der Dauer unserer Untersuchung an die Kliniken überwiesen worden waren, da für 30 von insgesamt 112 neuen Fällen (27%) kein Paarling gefunden werden konnte. Das ist eine großzügige Schätzung, da hierunter auch Kinder fielen, die von der örtlichen Fürsorge betreut wurden und sich hinsichtlich des Schweregrads ihrer Symptome nicht von den mit der Kontrollgruppe vergleichbaren Kindern der Klinikgruppe zu unterscheiden brauchten. Die untersuchten Fälle waren wahrscheinlich typisch für jedes dritte von vier Kindern im Schulalter, welche eine child guidance clinic besuchten. Selbst wenn die für die Untersuchung geeigneten, aber ausgefallenen Kinder schwerer gestört gewesen wären, wäre die untersuchte Gruppe immer noch repräsentativ für wenigstens die Hälfte aller Patienten im schulpflichtigen Alter gewesen.

Befragung der Eltern der Klinikgruppe

Die Eltern jedes Kindes der Klinikgruppe wurden am Anfang aufgefordert, frei über das Problem zu sprechen, das sie eine Klinik aufsuchen ließ. Fragen in dieser Phase beschränkten sich darauf, Klärungen in der Terminologie herbeizuführen („Was passiert genau, wenn sie einen Schwindelanfall hat? "), im Häufigkeitsbegriff („Wie oft passiert das? "), im Zeitbegriff („Wie lange macht er das schon? ") oder in der Frage möglicher Verursachung („Wann bekommt sie normalerweise die Schmerzen? ") usw.. Es wurde auch nach Einzelheiten der Person und der Herkunft des Kindes gefragt, wie Alter, Beruf der Eltern, der geistigen und körperlichen Verfassung der Eltern, Anzahl und Alter von Geschwistern, Näherem über die Gesundheit des Kindes sowie über von ihm gemachte Erfahrungen, z.B. Trennungserlebnisse, gegenwärtige Wohnverhältnisse, und der Meinung der Eltern über Anpassung und Fortschritt des Kindes in der Schule. Der befragte Elternteil füllte auch einen der in der Hauptuntersuchung verwandten Fragebögen aus.

Bildung der vergleichbaren Paare (matching)

Für jedes Kind der Klinikgruppe wurde eine Lochkarte angefertigt, auf der Alter, Geschlecht und jedes vom Elternteil auf unserem Fragebogen unterstrichene Verhaltensitem vermerkt waren. Besonders gekennzeichnet wurden die Probleme, die nach Ansicht der Eltern der Hauptgrund für die Überweisung an die Klinik waren. Danach suchten wir alle Karten der Hauptuntersuchung mit entsprechendem Alter und Geschlecht heraus und entnahmen diejenigen, auf denen das gleiche Hauptproblem oder -probleme wie auf der Karte des Klinikkindes angegeben waren. In einigen Fällen konnte eindeutig zugeordnet werden, aber wenn mehrere Möglichkeiten zur Auswahl standen, zogen wir die für die Hauptuntersuchung ausgefüllten Fragebögen heran und prüften die Größe des Unterschieds im Alter, der Schulleistung, der sozialen Herkunft sowie im Verhalten; aber in jedem Fall war das Verhalten ausschlaggebend. Wo das Problem nicht ausdrücklich erfaßt wurde (wie bei Masturbation oder Nägelabreißen), wurden in einigen Fällen mit der unter der allgemeinen Überschrift „Weitere Probleme im Verhalten des Kindes oder mit seinen Gewohnheiten" angegebenen Information Paare gebildet. In anderen Fällen, wo die Überweisungsgründe mit dem Verhalten in der Schule zusammenhingen, zogen wir den Lehrerfragebogen heran.

Befragung der Eltern der Kontrollgruppe

Sobald ein Kind als geeigneter Paarling für einen Klinikpatienten ausgesucht worden war, wurde ein Brief an die Eltern geschrieben, in dem der Grund für die detailliertere, persönliche Untersuchung erklärt und eine passende Zeit für einen Hausbesuch angeboten wurde. Die Elternpaare von zwei Mädchen, die schon begonnen hatten zu arbeiten, lehnten es ab, befragt zu werden; weitere neun wurden beim Hausbesuch nicht angetroffen. In diesen Fällen rückte der nächstbeste Paarling nach.

Alle Befragungen wurden zu Haus, meist mit der Mutter, wenn die Kinder in der Schule waren, durchgeführt; manchmal aber auch am Abend oder samstagmorgens, wenn die Mutter berufstätig war oder der Vater auch zugegen sein wollte. Wir gaben den Eltern zu verstehen, daß wir an den verschiedenen Problemen interessiert seien, denen Eltern bei der Erziehung von Kindern gegenüberstünden, und in welchem Ausmaß den Eltern bei der Bewältigung dieser Probleme Hilfe zuteil würde.

In vielen Fällen reichte diese einführende Erklärung aus, daß die Eltern ohne weiteren Anstoß ausführlich über Beziehungen in der Familie und das Verhalten des Kindes berichteten. Diese Angaben stellten eine sehr brauchbare Grundlage für eine weitere, tiefer in die Einzelheiten gehende Befragung dar; wenn eine Mutter jedoch zurückhaltender war oder Schwierigkeiten hatte, sich auszudrücken, gingen wir mit ihr Schritt für Schritt den Fragebogen durch und stellten Fragen zu den Angaben, die sie auf dem Fragebogen in der Hauptuntersuchung gemacht hatte.

Die Falldarstellungen in Anhang 2 illustrieren die Art der erhaltenen Information und die Qualität der Paarbildung.

Vergleich der Kinder aus child guidance clinics und ihrer vergleichbaren Kontrollgruppe

1. Schweregrad der Störung

Obwohl alle Kinder der Klinikgruppe als „gestört" betrachtet werden konnten, da sie ja sonst nicht überwiesen worden wären, wurde alsbald deutlich, daß nichtsdestoweniger der Schweregrad ihrer Störung beträchtlich variierte. Um eine gewisse klinische Einstufung des Schweregrades der Störung zu erhalten, wurde aufgrund der Information der Eltern für jedes Kind eine Fallgeschichte aufbereitet, die von fünf Beurteilern[1] unabhängig bewertet wurde. Keiner der Beurteiler stand in irgendeiner Beziehung zu der Untersuchung oder behandelte Kinder aus dem Untersuchungsgebiet.

Lediglich die maschinengeschriebene Fallgeschichte des Kindes mit zusätzlichen Angaben über sein Alter und Geschlecht wurde vorgelegt. Weder der Grund für die Beurteilung noch die Informationsquellen wurden bekanntgegeben. Ebenso wurden alle Hinweise auf Behandlung weggelassen. Jeder Bericht erhielt eine Zahl zwischen 1 und 100, deren Reihenfolge aus einer Zufallszahlentabelle entnommen wurde. Dem Beurteiler wurden die Fallgeschichten in numerischer Reihenfolge überreicht, so daß keine Hinweise auf die Paarbildung gefunden werden konnten.

Die Beurteiler wurden gebeten, eine 5-Punkte-Skala folgendermaßen anzuwenden: sehr stark gestört (Score = 5); stark gestört (Score = 4); mäßig gestört (Score =3); leicht gestört (Score = 2); sehr leicht gestört (Score = 1).

Wie aus Tabelle 41 ersichtlich ist, bestand zwischen den Beurteilern nur mäßige Übereinstimmung. So variierten die Einstufungen für ein bestimmtes Kind von „sehr leicht" bis „stark" in 24 Fällen und von „sehr leicht" bis „stark" in zwei Fällen. Nur in drei Fällen erzielten alle fünf Beurteiler vollständige Übereinstimmung; in 20 Fällen stimmten wenigstens vier Beurteiler vollkommen überein und in 59 Fällen wenigstens drei. Wir hatten den Beurteilern bewußt keine Richtlinien in Form von Prozentsätzen oder anderen Definitionen an die Hand gegeben, da sie nach unseren Vorstellungen genauso vorgehen sollten, wie sie es in ihrer Klinik mit ihren Kriterien für Störung tun würden, wenn sie den Bericht eines überwiesenen Kindes erhielten.

Folge dieses Vorgehens war nun, daß eine der Ursachen für die Variation im Urteil in den unterschiedlichen Bezugsrahmen zu liegen schien. So meinte ein

1 Hierzu gehörten zwei Fachärzte für Psychiatrie, zwei senior psychiatric registrars und ein Psychologe/Psychotherapeut. Alle konnten Erfahrungen in Kinderpsychiatrie aufweisen, und ein Facharzt sowie beide senior registrars arbeiteten zu dieser Zeit in child guidance clinics.

Tabelle 41. Korrelationen zwischen den Beurteilern des Störungsgrades von 100 Kindern.

Beurteiler	A	B	C	D	E
A	—	+·34[3]	·25[1]	+·11	+·38[3]
B	+·34[3]	—	·65[3]	+·37[3]	+·41[3]
C[4]	+·25[1]	+·65[3]	—	+·21[1]	+·31[2]
D[4]	+·11	+·37[3]	+·21[1]	—	+·43[3]
E[4]	+·38[3]	+·41[3]	+·31[2]	+·43[3]	—

[1] Unterscheidet sich mit $P < 0.05$ signifikant von Null.
[2] Unterscheidet sich mit $P < 0.001$ signifikant von Null.
[3] Unterscheidet sich mit $P < 0.001$ signifikant von Null.
[4] Beurteiler in einer child guidance clinic tätig.

Beurteiler beispielsweise, daß „sehr stark gestört" auf „psychotische oder eindeutig psychopathische" Kinder zutreffen sollte, während ein anderer es bei Kindern verwenden würde, „bei denen die Gefahr bestünde, daß sich im Erwachsenenalter eine schwere geistige Krankheit entwickeln würde". Andere hatten Schwierigkeiten ihre Kriterien überhaupt zu definieren, ohne auf eine Beschreibung bestimmter Verhaltensformen zurückzugreifen, welche für sie einen Hinweis auf eine schwere Störung darstellten. Die mangelnde Übereinstimmung zwischen den Beurteilern führt in der Tat die Schwierigkeit, die Merkmale eines „gestörten" Kindes in irgendeiner allgemeinverbindlichen Weise zu definieren, nur allzu deutlich vor Augen.

Wie aus Tabelle 42 zu ersehen ist, bestand die Tendenz, der Klinikgruppe einen höheren durchschnittlichen Schweregrad als der Kontrollgruppe zu attribuieren, obwohl dieser Unterschied statistisch nicht signifikant war ($\chi^2 = 5.00$; d. f. = 2 : $0.10 > P > 0.05$). Ein Vergleich der zwei Kinder jedes Paares zeigt,

Tabelle 42. Durchschnittliche Einstufung der an clinics überwiesenen Kinder und der nicht überwiesenen Paarlinge.

Durchschnittliche Beurteilung	Klinikkinder	Kontrollgruppe
1 („sehr leicht")	1	1
2 („leicht")	12	23
3 („mäßig")	29	22
4 („stark")	8	4
	50	50

[1] Dadurch ermittelt, daß jedem Kind einer der auf S.137 in Klammern gesetzten Werte gegeben und dann für jedes Kind ein durchschnittlicher Wert berechnet wurde.

daß in 27 Paaren beide Kinder gleich eingestuft wurden und daß in weiteren 11 Paaren nur ein Unterschied von weniger als fünf Punkten im Gesamteinstufungswert bestand, d. h., dem aus allen fünf einzelnen Beurteilungen zusammengesetzten Wert. Das bedeutet, daß in drei Viertel aller Vergleichspaare beide Kinder von wenigstens einem Beurteiler gleich eingestuft wurden. Bei den restlichen zwölf Paaren wurde eine allgemeine Übereinstimmung dahingehend erzielt, daß das Kind der Klinikgruppe in elf Fällen stärker gestört war, wo dieses Kind eine durchschnittliche Beurteilung von drei (mäßig) oder vier (stark), verglichen mit einer zwei (leicht) der Kontrollpaarlinge in allen elf Fällen, erhalten hatte. Obwohl man nun die Meinung vertreten könnte, daß die Schwäche der Störung der Hauptgrund für das Ausbleiben einer Überweisung gewesen sei (Wolff 1967), ist dies bei jedem fünften klinischen Paarling keinesfalls sicher, da auch – wie aus Tabelle 42 zu ersehen ist – jedes vierte Kind der Klinikgruppe eine durchschnittliche Einstufung von zwei hatte.

Ein ähnliches Bild zeichnete sich ab, als die beiden Gruppen hinsichtlich ihrer statistischen Auffälligkeit verglichen wurden. Von den 50 Kindern jeder Gruppe hatten 40 Kinder der Klinikgruppe und 37 der Kontrollgruppe auf dem Elternfragebogen vier oder mehr auffällige Items erhalten. In jeder Gruppe wurden mit Ausnahme von drei alle Kinder mit einem Auffälligkeitsscore von weniger als vier durchschnittlich, also im Sinne einer nur leichten Störung, beurteilt.

Es hat also den Anschein, daß bei der Mehrheit der Kinder weder mit der klinischen noch der statistischen Methode zur Bestimmung der Abnormalität Hinweise gefunden werden konnten, daß der Schweregrad der Störung der Hauptfaktor dafür war, ob ein Kind einer psychiatrischen Behandlung zugeführt wurde oder nicht.

2. *Umweltfaktoren*

a) Zugang zur Klinik. Vor der Befragung der Eltern wurden einige Hypothesen über Umweltfaktoren aufgestellt, die erklären könnten, warum das eine Kind in eine Klinik gelangte und das andere nicht. In einem großen, hauptsächlich ländlichen Gebiet, das nur spärlich mit Kliniken versorgt war, war die naheliegendste Hypothese, das einige Kinder geographisch von einer geeigneten Klinik entfernt waren. Diese Vermutung konnte jedoch nicht bestätigt werden: 42% der Kinder der Klinikgruppe im Vergleich zu 42% der Kontrollgruppe lebten in einem Wohnort mit einer Klinik. Am anderen Ende der Skala hatten fünf Klinikkinder (10%) und zwei Kontrollkinder (4%) einen langen oder beschwerlichen Weg zur nächsten Klinik.

Selbst bei offensichtlich leichtem Zugang zur Klinik konnte eine Mutter ihr Kind vielleicht deshalb nicht dorthin bringen, weil ihre Zeit anderweitig beansprucht war: so beispielsweise durch weitere kleine Kinder in der Familie oder durch die Unmöglichkeit oder die fehlende Bereitschaft, sich während der Arbeitszeit hierfür freizunehmen. Das Vorhandensein kleiner Kinder in der Familie schien nicht vom Besuch der Klinik abzuhalten: Unter den Mädchen hatten acht in beiden Gruppe Geschwister im Vorschulalter, bei den 29 Jungenpaaren fielen zwölf Klinikkinder, verglichen mit sieben Kontrollkindern, in diese Kategorie.

In der Gruppe der Mädchen unterschied sich der Anteil berufstätiger Mütter nicht (40%); dieser Anteil war dagegen bei den Jungen, die keine Klinik besuchten, etwas höher als in der männlichen Klinikgruppe (15 : 9). Dieser Unterschied war nicht überzufällig, und auch in den Interviews konnte kein Hinweis dafür gefunden werden, daß die Interessen des Kindes dem Beruf hintangestellt wurden. In der Tat nahmen sich zwei Mütter von Jungen der Kontrollgruppe während ihrer Arbeitszeit frei und erhielten entsprechend weniger Lohn, um an der Befragung teilnehmen zu können.

b) Sozioökonomische Faktoren. Der sozioökonomische Status der beiden Gruppen, bestimmt nach der Berufsklasse des Vaters, unterschied sich signifikant ($\chi^2 = 4.76$; d.f. = 1 : $P < 0.05$): Der Anteil der Väter in nicht-manuellen Berufen war bei den Klinikkindern doppelt so groß (40%) wie bei den Kontrollkindern (20%). Dieser Unterschied war besonders in den „oberen" Schichten der einzelnen Berufsgruppen ausgeprägt. Sechzehn Klinikkinder, verglichen mit fünf Kontrollkindern, hatten Väter in Führungs- oder höheren Überwachungspositionen (Hall-Jones Klassen 2 und 3); die Väter von 25 Kontrollkindern, verglichen mit 16 Klinikkindern, waren manuelle Facharbeiter. Der Anteil in unteren Angestelltenverhältnissen oder angelernten bzw. ungelernten Berufen war in beiden Gruppen annähernd gleich. Man könnte nun meinen, daß diese Ergebnisse das größere Wissen und die stärkere Inanspruchnahme psychiatrischer Einrichtungen seitens der gebildeteren Eltern belegen, aber diese Erklärung hielt der weiteren Analyse nicht stand. Von allen zehn Jungen, die eine Klinik besuchten und deren Väter zu den Berufsklassen 2 und 3 gehörten (Klasse 1 kam nicht vor), hatten die Eltern in nur einem Fall[1] um Überweisung in eine child guidance clinic gebeten. In zwei Fällen wurden die Kinder zuerst einem Kinderarzt vorgestellt und in zwei weiteren Fällen durch die Vermittlung des Hausarztes in eine psychiatrische Ambulanz für Erwachsene gebracht. In vier Fällen gab der Direktor der Schule des Kindes[2] den Anstoß und im letzten Fall der Hausarzt.

1 Das war der Fall eines 5jährigen Jungen, dessen Eltern fälschlicherweise davon überzeugt waren, daß er eine emotionelle Lernstörung hätte und nicht „zurückgeblieben" sei, wie seine Schule es meinte.

2 In zwei Fällen wurde der Verweis von der Schule angedroht, wenn sich die Eltern nicht um eine Beratung bemühten.

Die Unterschiede in der sozialen Schicht spiegeln wahrscheinlich eher die Art und Weise wider, in der die Kontrollgruppe zusammengestellt wurde. Sie wurde aus den Schülern der Hauptstichprobe gebildet, die local authority Schulen besuchten; da Schüler von Privatschulen nicht aufgenommen wurden, waren die sozialen Schichten 1 und 2 sicher zu einem gewissen Grad unterrepräsentiert.

c) Familiäre Faktoren. Es konnte keine Unterstützung für Hypothesen gefunden werden, die die Überweisung aufgrund folgender Beziehungen mit dem Alter der Eltern in Zusammenhang brachten: a) geringere Toleranz mit zunehmendem Alter; b) größere Toleranz mit zunehmender Erfahrung oder c) größerer Widerstand gegen psychiatrische Behandlung seitens älterer Eltern. Das Durchschnittsalter der Mütter bei der Geburt des Kindes betrug in der Gruppe der Klinikjungen 28,0 Jahre, bei Kontrolljungen 27,5 Jahre, bei Klinikmädchen 24,5 und 25,9 Jahre bei Kontrollmädchen. Dem kann entgegenhalten werden, daß das Alter der Mütter bei der Geburt des Kindes in diesem Zusammenhang von geringerer Bedeutung sei als das Alter zum Zeitpunkt der Erhebung. Auch darin bestanden kaum Unterschiede: 27% der Mütter der Klinikkinder und 33% der der Kontrollgruppe waren älter als 40 Jahre.

Die Position in der Familie war in beiden Gruppen abgesehen davon ähnlich, daß die Kontrollgruppe einen etwas höheren Anteil an jüngsten Kindern in der Familie und einen etwas geringeren Anteil an Einzelkindern aufwies; in jeder Gruppe waren 22 die ältesten Kinder, und mittlere Stellungen nahmen 13 Klinik- und 12 Kontrollkinder ein.

Ebenso hing die Gesamtgröße der Familie nicht eindeutig damit zusammen, ob das Kind eine Klinik besuchte oder nicht. Bei Jungen hatten fünf Klinikkinder und zwei Kontrollkinder vier oder mehr Geschwister; alle Mädchen, die Kliniken besuchten, hatten weniger als vier Geschwister gegenüber fünf Kontrollmädchen mit vier oder mehr Geschwistern.

d) Trennungserlebnisse. Bei Klinikkindern waren Familien durch Tod oder Scheidung beträchtlich häufiger als bei Kontrollkindern zerrissen worden. Zehn Klinikkinder, verglichen mit drei Kontrollkindern, hatten wenigstens ein Elternteil für immer verloren. Dies galt insbesondere für den Verlust des Vaters bei Jungen, wo sechs Klinikjungen und kein einziger Junge der Kontrollgruppe ihre Väter durch Verlassen, Scheidung usw. verloren hatten (nach Fishers exakter zweiseitiger Methode, $P = 0.0186$). Die Klinikkinder hatten auch etwas häufiger als die Kontrollkinder ältere Geschwister verloren (7:3 Fälle). Diese Werte sind jedoch sehr klein.

Sieben Klinikkinder und drei Kontrollkinder waren länger als zwei Monate von zu Haus getrennt. Darin zeigt sich wahrscheinlich zu einem gewissen

Grad die schon erwähnte Familienzerrüttung, da ungefähr die Hälfte der betroffenen Kinder auch ein Elternteil verloren hatten.

Etwa gleichviele Jungen aus beiden Gruppen hatten wenigstens eine Einlieferung in ein Krankenhaus erlebt, aber 13 Mädchen der Klinikgruppe gegenüber 8 der Kontrollgruppe waren eingeliefert worden, wobei dieser Trend für alle Aufenthaltszeiten galt.

e) Interindividuelle Faktoren. Im Hinblick auf objektiv bestimmbare Umweltfaktoren waren die Unterschiede zwischen Klinik- und Kontrollkindern also gering. Die Klinikkinder hatten eher Väter mit nicht-manuellen Berufen, eher ein Elternteil verloren sowie eher einen älteren Bruder oder eine ältere Schwester gehabt, die in den meisten Fällen bei der Geburt oder kurz danach gestor-

Tabelle 43. Einstellungen der Eltern zum Verhalten des Kindes.

Einstellungen der Eltern	Zahl der Jungen		Zahl der Mädchen	
	Klinikgruppe N = 29	Kontrollgruppe N = 29	Klinikgruppe N = 21	Kontrollgruppe N = 21
Ärger, Entrüstung, Scham (auch allgemeine Ablehnung, wenn nur Schlechtes über das Kind gesagt wurde)	13	14	10	4
Sorge um das Wohlergehen des Kindes (auch im Hinblick auf die Schule) oder sein unglückliches Befinden[2]	10	5	10	3
Hilfslos, ratlos, nicht in der Lage, damit fertigzuwerden (oder verschiedene Ansichten der Eltern über die Methode)[1]	5	2	7	1
Furcht vor Delinquenz oder gerichtlicher Intervention (wegen Fehlens im Unterricht usw.)	3	1	2	1
Problem erkannt, aber wegen Umwelt- oder Entwicklungsfaktoren für unvermeidlich gehalten[2].	—	5	1	10
Problem wird als körperlich bedingt angesehen	—	3	—	4
Problem wird als ein erzieherisches angesehen	—	1	—	—
Ein Problem im Verhalten des Kindes wird nicht zugegeben	2[3]	2	1[3]	2

[1] Für beide Geschlechter zusammen ist der Unterschied zwischen der Klinik- und der Kontrollgruppe mit $P < 0.05$ signifikant.

[2] Für beide Geschlechter zusammen ist der Unterschied zwischen der Klinik- und der Kontrollgruppe mit $P < 0.001$ signifikant.

[3] Wurde auf Drängen der Schule hin behandelt.

ben waren. Klinikmädchen hatten eher im Krankenhaus gelegen; Klinikjungen hatten eher Väter verloren, waren eher lange von zu Haus getrennt gewesen und hatten eher Mütter, die zur Zeit des Klinikbesuchs nicht berufstätig waren.

Wenn überhaupt irgendwelche deutlichen Unterschiede zwischen den Familien der beiden Gruppen bestanden, so waren sie eher unter weniger greifbaren Faktoren wie Familienbeziehungen und Einstellungen der Eltern zu suchen. In dieser Ansicht wurden wir bestärkt, als wir die Reaktionen der Eltern und zwar gewöhnlich die der Mütter auf das Verhalten des Kindes und die darob ergriffenen Maßnahmen hin näher betrachteten.

Wie aus Tabelle 43 zu ersehen ist, lag der augenscheinlichste Unterschied in der Zahl der Mütter von Kontrollkindern, die wohl bemerkten, daß ihre Kinder Probleme hatten, aber die Ansicht vertraten, daß diese unvermeidbar seien (für beide Geschlechter zusammen: $\chi^2 = 12.6$; d. f. = 1 : $P < 0.001$).

„Ich nehme an, daß sie jetzt gerade durch eine Phase läuft" war die überwiegende Meinung dieser Mütter, welche oft von einem „Hoffentlich hat sie es bald überstanden" begleitet wurde. Allgemein bestand aber der Eindruck, das einzige, was man tun könne, sei, „die Sache auszustehen". Eine andere Mutter meinte, das Verhalten ihrer Tochter sei Folge deren Horoskops, daß sie „schwierig" sein werde. Besonders klar trat die allgemeine Auffassung, daß Probleme als notwendiges Übel bei der Kindererziehung akzeptiert werden müßten, bei den Müttern der Mädchen zutage, die keine Kliniken besuchten. Etwas weniger als die Hälfte dieser Mütter vertrat diese Ansicht. Demgegenüber war nur die Mutter eines Klinikkindes dieser Meinung; letzteres war aufgrund eines Unfalls in die Klinik gekommen[1].

Mütter von Klinikkindern machten sich in viel stärkerem Maß Sorgen über die Probleme ihrer Kinder. In einigen Fällen bezog sich diese Sorge auf den gegenwärtigen unglücklichen Zustand des Kindes, wie z. B. „Ich habe Angst, daß sie eine Dummheit begehen könnte". In anderen Fällen bezog sich die Sorge auf die Zukunft, wie z. B. „Was wird aus ihm werden, wenn er so weitermacht?". Die Mütter der Klinikkinder standen den Problemen ihrer Kinder auch hilfloser gegenüber: „Man liegt wach da und fragt sich, was man falsch gemacht hat"; „Ich bin am Ende meiner Weisheit"; „Sein Vater meint, daß er eine ordentliche Tracht Prügel braucht, aber ich bin mir nicht sicher, ob das der beste Weg ist".

---

1 Dieses Mädchen hatte sich seit Jahren jeden Morgen während der Schulzeit erbrochen, und die Mutter glaubte, daß das Erbrechen nach so langer Zeit als gegeben hingenommen werden müßte. Das Mädchen wurde an die child guidance clinic von einem Kinderarzt überwiesen, der von ihrem Erbrechen gehört hatte, als sie wegen Vergiftung nach Einnahme eines irrtümlich verschriebenen Medikaments ins Krankenhaus eingeliefert worden war.

Mütter von Klinikkindern neigten auch eher dazu, sich durch das Verhalten ihrer Töchter gestört zu fühlen, wie z. B. „Man wird mit seiner Arbeit nicht fertig, wenn ein Kind dauernd mit den Füßen auf den Boden stampft und wenn man dauernd angeschrien wird. Manchmal denke ich, daß sie sie werden einsperren müssen – oder mich!“ Diese Unterschiede waren jedoch nicht signifikant und wurden bei Jungen überhaupt nicht beobachtet. Vielleicht als Folge ihrer unterschiedlichen Einstellungen suchten die Eltern der Klinikkinder auch eher Rat wegen des Verhaltens ihrer Kinder. So hatten beispielsweise 62% von ihnen, verglichen mit nur 26% der Kontrollgruppe, ihre Probleme mit dem Lehrer des Kindes (oder dem Direktor der Schule) diskutiert ($\chi^2 = 6.00$; d.f. = 1: $P < 0.02$). Wahrscheinlich als Ergebnis dieser Unterredung wurden 26% der Klinikgruppe gegenüber 4% der Kontrollgruppe dem Schularzt vorgestellt ($\chi^2 = 7.80$; d. f. = 1: $P < 0.01$). Ein großer Prozentsatz der Eltern beider Gruppen hatte ihren Hausarzt zu Rate gezogen: 70% der Klinikgruppe und 60% der Kontrollgruppe.

Die Eltern der Klinikkinder berichteten auch häufiger, daß sie bei der Auseinandersetzung mit den Problemen ihres Kindes Strafmittel gebrauchten (44% in der Klinikgruppe gegenüber 18% in der Kontrollgruppe; $\chi^2 = 6{,}72$; d. f. = 1 : $P < 0.01$). Die Mütter von sechs anderen Klinikjungen hatten sich angewöhnt, das Verhalten ihres Sohnes bewußt zu ignorieren. Das wurde jedoch in keiner der beiden Mädchengruppen berichtet.

Die Mütter der Kontrollgruppe waren auch weitaus öfter der Meinung, daß sie ihren Kindern Beruhigung, Ermunterung und Unterstützung böten ($\chi^2 = 9.94$; d. f. = 1: $P < 0.01$). Einige dieser Mütter schrieben die Probleme des Kindes seiner Stellung in der Geschwisterreihe zu und versuchten, ausgleichend zu wirken, wie z. B. „Ich denke, daß er es tut, um sich wichtig zu machen. Er fühlt sich als mittleres Kind etwas vernachlässigt, und so versuche ich, dem, was er tut, besondere Aufmerksamkeit zu schenken“; „Es ist schwer für sie (als ältestes Kind von fünf Kindern), wenn sie ihre Schularbeiten oder so etwas machen will und die kleinen Jungen lärmen; deshalb bekommt sie einige Vergünstigungen, und ich widme mich ihr ein bißchen mehr, wenn die anderen im Bett sind“.

Diese Berichte zeigen natürlich nur, wie die Mutter ihre Art und Weise, mit dem Kind umzugehen, selbst wahrnimmt. Ihre Auffassungen brauchten nicht unbedingt mit dem wirklichen Geschehen übereinzustimmen, wie von Crandall und Preston (1955) und Gordon (1957) dargelegt wurde. Es zeichneten sich jedoch ziemlich durchgängige Formen der Selbstwahrnehmung in beiden Gruppe ab. Die Mütter der Kontrollkinder schienen in größerem Maß das Verhalten des Kindes akzeptieren zu können und zu glauben, damit selbst fertigzuwerden; die Klinikgruppe machte sich eher Sorgen über die Probleme des Kindes und suchte eher Rat.

Bei der Beurteilung ihrer eigenen Gesundheit war von den Müttern der Klinikkinder häufiger als von den anderen Müttern zu hören, daß sie „nervös" seien. Insbesondere klagten sie eher darüber, daß sie oft Angstgefühle hatten (14 Klinikmütter; sechs andere): Sie verloren in Belastungssituationen leicht ihre Fassung und reagierten mit Ohnmacht, Schmerzen, Diarrhoe oder Erbrechen darauf; sie waren leicht depressiv verstimmt, fühlten sich müde und geringgeschätzt und fanden es schwierig, der täglichen Arbeit im Haus, dem Ehemann und den Kindern gerecht zu werden.

Reizbarkeit und eine heftige Art wurden von ungefähr jeder vierten Mutter aus beiden Gruppen erwähnt. Es bestand auch kein Unterschied im Vorkommen ernsterer Symptome. In jeder Gruppe hatten acht Mütter so schwer an einer psychiatrischen Krankheit gelitten, daß ihr soziales Leben dadurch beeinträchtigt wurde und sie ihre Verpflichtungen nicht mehr in vollem Umfang erfüllen konnten – Furcht vor dem Verlassen des Hauses, vor der Begegnung mit anderen Leuten oder vor dem Betreten eines Geschäfts – oder daß eine Behandlung durch den Hausarzt oder einen Psychiater erforderlich war, z. B. bei einer Depression in Zusammenhang mit der Geburt eines Kindes. In all diesen Fällen war die Krankheit in jüngster Vergangenheit aufgetreten oder zum Zeitpunkt des Interviews noch nicht geheilt.

Die Väter der Klinikgruppe wurden andererseits als weniger „nervös" als die der Kontrollgruppe angesehen (27% : 45%). In den meisten Fällen beruhte dieser Eindruck allerdings allein auf der Ansicht der Ehefrau. Darüberhinaus unterschied sich die Situation der Befragung. Die Klinikmütter wußten, daß ihr Kind als behandlungsbedürftig angesehen wurde, und waren vielleicht deshalb abgeneigt, über die Fehler ihrer Ehemänner zu sprechen, aus Furcht, daß der Vater für den Zustand des Kindes „verantwortlich" gemacht werden könnte. Sie schienen diese Skrupel jedoch nicht zu haben, wenn sie über ihre eigene Reizbarkeit oder ihre Ängste sprachen.

Wenn die „Nervosität" beider Elternteile zusammen betrachtet wurde, ergaben sich zwischen den Eltern beider Mädchengruppen nur geringe Unterschiede. Bei den Jungen bestand jedoch die Tendenz, daß die Mütter in der Kontrollgruppe ihre Ehemänner als „nervös" beschrieben, sich selbst aber nicht (sechs Kontrollfälle, keine Klinikfälle); umgekehrt bezeichneten mehr Klinikmütter sich selbst als „nervös", aber nicht ihre Ehemänner (zwölf Klinikmütter, keine andere).

Diese Darstellungen der Situation sind natürlich vollkommen subjektiv. So gab die Mutter, die sich selbst als ruhig, aber mit einem „schwierigen" oder übermäßig reizbaren Mann verheiratet beschrieb, nur ihre Sicht der Situation wieder; der Ehemann konnte sich genausogut als geduldigen und toleranten Mann sehen, verheiratet mit einer untauglichen Frau. Es ist jedoch interessant festzustellen, daß die geschilderte mütterliche Sicht der Familiensituation die von uns in Zusammenhang mit den Reaktionen der Mütter auf die Verhaltensprobleme des Kindes gewonnenen Befunde bestätigt. In beiden Bereichen schienen die Mütter der Kontrollgruppe sich selbst so einzuschätzen, daß sie mit den Schwierigkeiten des Lebens, also auch mit der „Nervosität“ ihrer Ehemänner, besser als die Mütter der Klinikkinder fertigwürden.

KAPITEL 9

Psychiatrische Behandlung 2: eine kontrollierte Nachuntersuchung von Patienten aus child guidance clinics

In der Nachuntersuchung der Hauptstichprobe (siehe Kapitel 7) konnte gezeigt werden, daß Abweichungen vom „normalen" Verhalten die Tendenz hatten, vorübergehender Natur zu sein und mit der Zeit nachzulassen. Dieses Ergebnis erhebt mehrere wichtige Fragen für die Planung von child guidance Einrichtungen. Inwieweit kann man erwarten, daß sich kindliche Verhaltensstörungen spontan zurückbilden? In welchem Ausmaß muß therapeutisch eingegriffen werden? Sind bestimmte Umweltbedingungen für eine spontane Remission eher förderlich als andere? Tritt spontane Remission bei bestimmten Verhaltensproblemen eher ein als bei anderen? Und kann eine Verringerung in der Zahl der berichteten auffälligen Items als Index eines gebesserten psychischen Befindens gewertet werden?

Um wenigstens vorläufige Antworten auf diese Fragen zu finden, beschlossen wir, die Eltern der Klinikkinder und der vergleichbaren Kontrollgruppe nach Ablauf von ungefähr zwei Jahren noch einmal zu befragen.

Methoden

Kontaktaufnahme mit den Eltern

Wir konnten 44 Klinikeltern und 43 Kontrolleltern von je 50 möglichen Elternpaaren befragen. Die Eltern von vier Klinikkindern lehnten die nochmalige Befragung ab; zwei weitere Kinder, die sich noch in Behandlung befanden, wurden auf Wunsch ihres Arztes ausgeschlossen. Von den sieben Elternpaaren der Kontrollgruppe, die nicht noch einmal befragt werden konnten, war eine Familie ausgewandert, und eine weitere in einen entfernten Teil des Landes verzogen. Die anderen fünf Kinder konnten ausfindig gemacht werden, aber eine Mutter wollte nicht interviewt werden, weil ihr Sohn in ein Fürsorgeheim geschickt worden war. Die anderen vier Mütter wurden zu Haus nicht angetroffen; von dreien war bekannt, daß sie ganztägig arbeiteten, und die vierte hielt sich wahrscheinlich verborgen, weil ihr Ehemann gerade ins Gefängnis eingeliefert worden war.

Das Interview war so angelegt, daß ein Bild der Veränderungen im Verhalten des Kindes und seiner Umgebung gewonnen werden konnte. Es wurde dadurch ergänzt, daß während des Besuchs der schon in der Nachuntersuchung der Hauptstichprobe verwandte Fragebogen auszufüllen war. Dadurch war es möglich, jegliche Veränderungen, die im Verhalten eingetreten waren, umfassend zu analysieren.

Beurteilung des Zustands des Kindes

Wie schon zuvor (s. S. 137) wurde nach den Angaben der Eltern über das Verhalten des Kindes ein Bericht angefertigt. Diese Berichte wurden zusammen mit den ursprünglichen Fallgeschichten jedes einzelnen Falles drei der Beurteiler (zwei der Kinderpsychiater und dem Psychologen), die den früheren Zustand der Kinder beurteilt hatten, vorgelegt. Zwei der früheren Beurteiler waren nicht mehr erreichbar. Für jeden Fall erhielt der Beurteiler auch die von ihm abgegebene Beurteilung des früheren Zustands des Kindes. Die Veränderung im Verhalten war auf einer 5-Punkte-Skala wie folgt einzustufen: „deutlich gebessert“ (+ 2); „leicht gebessert“ (+ 1); „unverändert“ (0); „leicht verschlechtert“ (−1); „deutlich verschlechtert“ (−2). Alle Hinweise auf erhaltene Behandlung des Kindes wurden wiederum weggelassen; somit konnten die Beurteiler nicht wissen, welche Kinder in psychiatrischen Kliniken behandelt worden waren. Wie aus Tabelle 44 ersichtlich ist, bestand zwischen den Beurteilern eine viel engere Übereinstimmung hinsichtlich der relativen Besserung oder Verschlechterung als beim ersten Mal (s. S. 137).

Tabelle 44. Korrelation zwischen den Beurteilern hinsichtlich des Grades der Besserung/Verschlechterung im Verhalten der 87 nachuntersuchten Kinder.

Beurteiler	B	D	E
B	—	+·83	+·60
D	+·83	—	+·60
E	+·60	+·60	—

In jedem Fall unterschied sich der Korrelationskoeffizient mit $P < 0.001$ signifikant von Null.

Nur lückenhafte Information konnte über die restlichen 13 Kinder erlangt werden, deren Eltern nicht ein zweites Mal befragt wurden. Von denen, die zur Klinikgruppe gehört hatten, wurde ein Mädchen wegen erneuten Auftretens einer Schulphobie in einer Klinik einer anderen Grafschaft behandelt; zwei weitere Mädchen waren in psychotherapeutischer Behandlung und machten nach Auskunft ihres Therapeuten Fortschritte; ein Junge mit einem Tic kam, wie seine Mutter in einem Brief mitteilte, „in einem Büro gut voran"; ein anderes, ehemaliges high school Mädchen hatte nach den Angaben ihres Bruders eine wechselvolle Berufslaufbahn erlebt und arbeitete in einem Geschäft; nichts konnte über das sechste Kind in Erfahrung gebracht werden, da es die Grafschaft verlassen hatte. Aus der Kontrollgruppe war ein Junge in ein Fürsorgeheim geschickt worden; ein anderer wies immer noch sieben „auffällige" Items auf dem Elternfragebogen auf und war laut seiner Schule ängstlicher als die meisten Jungen seines Alters; ein Junge hatte, so gab sein Lehrer an, „zuviel Geld und zuwenig Disziplin zu Haus"; ein weiterer schien seinen Lehrern ganz unauffällig zu sein; und nichts war über die beiden anderen Jungen bekannt, da sie die Grafschaft und einer von ihnen das Land verlassen hatten. Das einzige Mädchen der Kontrollgruppe, deren Mutter nicht befragt werden konnte, schien in der Schule gut voranzukommen, obwohl durch die Verurteilung und Inhaftierung des Vaters ungünstige familiäre Verhältnisse vorlagen.

Beurteilung des klinischen Zustandsbildes in der Nachuntersuchung

In beiden Gruppen wiesen die Beurteilungen dieser Nachuntersuchung bei etwas über drei Fünfteln der Kinder auf eine Besserung des Zustands hin, und es bestanden, wie Tabelle 45 zeigt, zwischen den Veränderungen in jeder Gruppe keine ausgeprägten Unterschiede.

Tabelle 45. Zustandsbild der früheren Klinik- und Kontrollgruppen in der Nachuntersuchung.

Durchschnittliche Besserungs-/ Verschlechterungsbeurteilung in der Nachuntersuchung	Klinikkinder		Kontrollkinder	
	N	%	N	%
Gebessert	29	65	26*	61
Unverändert	8	18	13*	30
Verschlechtert	7	16	4	9

* In jeder Kategorie ein Kind eingeschlossen, das in der Zwischenzeit an eine child guidance clinic überwiesen und behandelt worden war.

$\chi^2 = 2{\cdot}81$: *d.f.* = 2: nicht signifikant

In einer weiteren Analyse konnte keine konsistente Beziehung zwischen dem Zustandsbild in der Nachuntersuchung und der Häufigkeit der Klinikbesuche gefunden werden. So hatten von 21 Kindern mit bis zu 5 therapeutischen Sitzungen 17 Kinder (85%) Besserungen gezeigt; von den 12 Kindern mit 6 bis 15 Sitzungen wurden 5 (42%) als gebessert eingestuft; und von den 13 mit mehr als 15 Sitzungen wurden 8 (62%) so beurteilt. Von den 41 Kindern, die niemals psychiatrisch behandelt worden waren, zeigten 61% Besserungen im Verhalten. Mit anderen Worten: Bezüglich der durchschnittlichen Zahl von therapeutischen Sitzungen zeigte sich zwischen der Gruppe mit gebessertem Zustandsbild und der mit verschlechtertem kein nennenswerter Unterschied. Die Kinder, die als „unverändert" beurteilt wurden, wiesen die größte Zahl von Sitzungen auf; sie hatten durchschnittlich 15 Sitzungen gegenüber 9 der beiden anderen Gruppen erhalten.

Die bisherige Analyse hat die Möglichkeit von Unterschieden im Störungsgrad des früheren Zustands nicht berücksichtigt. Es wäre nun möglich, daß die Gruppe, die schon bei kürzester Behandlung ihr Verhalten bessern konnte, aus den am leichtesten gestörten Kindern bestand und daß diejenigen, die auf langwierigere Behandlung nicht ansprachen, zu den anfänglich am schwersten gestörten Kindern gehörten.

Tabelle 46. Gegenwärtiges Zustandsbild nach früherer Einstufung der Störung und der Häufigkeit des Besuchs einer child guidance clinic oder einer von der Klinik beaufsichtigten Klasse oder Schule.

Früherer Grad der Störung	Zahl der Sitzungen in der Klinik oder der Klasse	Gegenwärtiges Zustandsbild: Gebessert N	%	Nicht gebessert N	%
„leicht"	Keine (Kontrollp.)	14	67	7	33
	5 oder weniger	3	75	1	25
	6 oder mehr*	4	50	4	50
„mäßig"	Keine (Kontrollp.)	9	53	8	47
	5 oder weniger	6	75	2	25
	6 oder mehr*	9	53	8	47
„stark"	Keine (Kontrollp.)	2	67	1	33
	5 oder weniger	6	100	—	—
	6 oder mehr*	2	67	1	33

* In diese Kategorie fallen alle diejenigen, die Klassen oder Schulen besuchen.
Bei Kombination aller Störungsgrade ergibt sich mit dem χ^2-Quadrat-Test kein signifikanter Zusammenhang zwischen der Zahl der Sitzungen und dem gegenwärtigen Zustandsbild.
($\chi^2 = 5{\cdot}25$: *d.f.* = 2: $0{\cdot}10 > P > 0{\cdot}05$).

Die in Tabelle 46 enthaltenen Daten unterstützten diese Vermutung nicht. Acht der neun Klinikkinder, die anfänglich als „stark gestört" eingestuft worden waren, hatten bis zur Nachuntersuchung ihr Verhalten bessern können, aber nur zwei von ihnen hatten an mehr als fünf psychiatrischen Sitzungen teilgenommen, und keines war an anderer Stelle behandelt worden (z. B. in einer Schule für fehlangepaßte Kinder). Andererseits hatten vier von fünf ursprünglich „leichten" Fällen, die trotz Behandlung keine Besserung zeigten, mehr als fünf therapeutische Sitzungen erhalten.

Tabelle 46 zeigt auch, daß bei allen Störungsgraden zwischen der Länge der Behandlung und dem gegenwärtigen Zustandsbild kein Zusammenhang bestand. Bei jedem Schweregrad war der Anteil der als gebessert Beurteilten am größten bei den Kindern, die weniger als sechs Sitzungen psychiatrischer Behandlung erhalten hatten. Nur geringfügig unterschieden sich die Besserungsraten der Kinder, die überhaupt nicht behandelt worden waren, von denen, die an sechs oder mehr Sitzungen teilgenommen hatten. In unserer Untersuchung ist die Zahl der Kinder in den einzelenen Kategorien zu klein, um die Ergebnisse statistisch auswerten zu können. Sie werden aber von anderen Autoren bestätigt (Eisenberg 1958, Cytryn et al. 1960, Eisenberg 1961, Heinicke 1969), deren Werte zeigten, daß durch Kurzzeittherapien bei Kindern mit neurotischen Symptomen eine Besserung erzielt werden kann.

Die vorliegende Untersuchung gibt natürlich keinen Aufschluß über die Effektivität oder Ineffektivität einer Langzeit-Intensivtherapie, da von nur wenigen Kindern behauptet werden konnte, daß sie dergleichen erhalten hätten. Darüberhinaus beruhte die Schätzung der Behandlungsdauer auf der Zahl der erhaltenen Behandlungsstunden in der child guidance clinic oder in einer Klasse für fehlangepaßte Kinder. Einige Vertreter der child guidance würden die Schätzung mit dem Argument für zu begrenzt halten, als im therapeutischen Prozeß die ganze Familie einbezogen sei. Die Zeit, die die Eltern mit dem therapeutischen Personal der Klinik verbringen, kann einen therapeutischen Sinn erhalten, wenn dadurch positive Veränderungen in der Familienatmosphäre herbeigeführt werden. Aber in einer Untersuchung wie der vorliegenden konnte nicht versucht werden, solche mittelbaren Beziehungen zu erfassen.

Es muß auch betont werden, daß die für unsere Zwecke ausgesuchten Klinikfälle wahrscheinlich die am geringsten gestörten Kinder waren, da Psychosen, Hirnschädigungen, schwere Delinquenz und andere Probleme, für die keine Kontrollen gefunden werden konnten, nicht in Betracht kamen. Es könnte weiter behauptet werden, daß die stärker gestörten Kinder größeren Gewinn aus einer Behandlung zögen. Andererseits sind die hier beschriebenen Kinder typisch für viele von denen, die in den Kliniken im ganzen Land vorgestellt werden, so daß die Demonstration des Wertes begrenzter psychiatrischer oder psychologischer Hilfe in diesen Fällen von einiger Bedeutung ist, zumal es sich hierbei um ein Gebiet handelt, in dem die Mittel so begrenzt und die Wartelisten so lang sind.

Umweltfaktoren und Persistieren der Störung

Da sich keine sichtlichen Unterschiede im Zustandsbild der behandelten und unbehandelten Kinder zeigten, konnten die beiden Gruppen zusammengefaßt werden, um zu prüfen, ob Merkmale ihrer Familien mit dem Persistieren von Störungen zusammenhängen könnten.

a) Sozioökonomischer Status. Ob der Vater einen manuellen Beruf ausübte oder nicht, schien nur geringfügig mit dem Andauern von Störungen zusammenzuhängen: 68% der Kinder mit Vätern in nicht-manuellen Berufen, verglichen mit 61% der Kinder von manuellen Arbeitern, konnten Besserungen aufweisen. In der Gruppe der Arbeiter zeigten sich jedoch gewisse Unterschiede: Im Verhalten gebessert hatten sich nur 9 (41%) der 22 Kinder mit Vätern in angelernten oder ungelernten Berufen, verglichen mit 27 (73%) von den 37, deren Väter manuelle Facharbeiter waren.

b) Familiengröße. Die Familiengröße schien mit dem gegenwärtigen Zustandsbild auch in keinem Zusammenhang zu stehen. Sowohl bei den kleinsten Familien mit nur einem oder zwei Kindern wie den größten mit fünf oder mehr Kindern betrug die Besserungsrate 67%.

c) Stellung in der Geschwisterreihe. Zwischen der Stellung in der Geschwisterreihe und Besserung im Verhalten zeigte sich ein signifikanter Zusammenhang (bei Kindern mit Geschwistern, $\chi^2 = 7.34$; d. f. = 2 : $P < 0.05$, siehe Tabelle 47).

Tabelle 47. Persistieren von Störungen nach Stellung in der Geschwisterreihe.

	Stellung in der Geschwisterreihe							
Zustand in der Nachuntersuchung	Ältestes Kind		Mittleres Kind		Jüngstes Kind		Einzelkind	
	N	%	N	%	N	%	N	%
Gebessert	27	77	15	58	7	41	6	67
Unverändert	6	17	7	27	7	41	1	11
Verschlechtert	2	6	4	15	3	18	2	22
Summe	35	100	26	100	17	100	9	100

Störungen dauerten am ehesten bei den jüngsten Kindern an, die ungefähr nur halb sooft wie die Erstgeborenen ihr Verhalten besserten. Mittlere Kinder nahmen hinsichtlich der Besserung eine Mittelstellung ein. Das deutet darauf hin, daß die Gegenwart jüngerer Geschwister zu vorübergehenden Störungen im Verhalten geführt haben kann, insbesondere bei Kindern, die zum Zeitpunkt der ersten Befragung jünger als elf Jahre alt waren (s. Tabelle 48). In dieser Altersgruppe hatten vier Fünftel der Kinder mit jüngeren Geschwistern, verglichen mit weniger als einem Drittel der Kinder ohne Geschwister, zwei Jahre später ein gebessertes Zustandsbild. Es scheint daher möglich, daß die Belastung durch Gegenwart und Aktivitäten von jüngeren Geschwistern im jungen Schulalter stärker mit solchen vorübergehenden Verhaltensproblemen zusammenhängt als in der Adoleszenz.

Tabelle 48. Persistieren von Störungen in der Nachuntersuchung nach Alter des Kindes bei der ersten Befragung[1] und Gegenwart jüngerer Geschwister[2].

Zustand des Kindes in der Nachuntersuchung	5- bis 10jährige Kinder[3]				11- bis 15jährige Kinder			
	mit jüngeren Geschwistern		ohne jüngere Geschwister		mit jüngeren Geschwistern		ohne jüngere Geschwister	
	N	%	N	%	N	%	N	%
Gebessert	23	82	4	31	19	59	8	62
Unverändert oder verschlechtert	5	18	9	69	13	41	5	38

[1] Ein Junge, der bei der ersten Befragung bei seiner Schwester und zur Zeit der Nachuntersuchung in einem Kinderheim wohnte, ist hier nicht eingeschlossen.

[2] Stiefgeschwister in allen Fällen eingeschlossen.

[3] In dieser Altersgruppe ist der Unterschied signifikant ($\chi^2 = 7.89$; d.f. = 1: $P < 0.01$).

Es scheint keine abwegige Vorstellung zu sein, daß das junge Schulkind durch die Gegenwart jüngerer Geschwister belastet wird, welche die Aufmerksamkeit der Eltern monopolisieren und der Mutter wie der gewohnten Umgebung teilhaftig bleiben, während es selbst zur Schule gehen muß.

d) Berufstätigkeit der Mutter. Kinder, deren Mütter zur Zeit der Nachuntersuchung berufstätig waren, zeigten eine etwas geringere Tendenz zur Besserung – 52% verglichen mit 68% der Kinder nichtberufstätiger Mütter.

Tabelle 49. Persistieren von Störungen nach Veränderungen in der Berufstätigkeit der Mutter.

Zustand des Kindes in der Nachuntersuchung	Vergleich der Berufstätigkeit bei der ersten und zweiten Befragung							
	bei beiden Befragungen nicht berufstätig		wurde nach der ersten Befragung berufstätig		bei beiden Befragungen berufstätig		hörte nach der ersten Befragung auf zu arbeiten	
	N	%	N	%	N	%	N	%
Gebessert	31	74	5	56	12	50	3	38
Unverändert	8	19	3	333	8	33	2	25
Verschlechtert	3	7	1	11	4	17	3	38
Summe	42		9		24		8	

In einem Vergleich der in Tabelle 49 dargestellten Kategorien der Berufstätigkeit der Mutter wurde die höchste Besserungsrate bei Kindern festgestellt, deren Mütter zu keinem Zeitpunkt berufstätig waren. Insgesamt besserte sich das Verhalten der Kinder, deren Mütter zur Zeit der ersten Befragung berufstätig waren, in geringerem Maße – egal, ob die Mütter jetzt noch berufstätig waren oder nicht – als das Verhalten von Kindern, deren Mütter bei der ersten Befragung in keinem Arbeitsverhältnis standen ($\chi^2 = 3.86$; d.f. = 1 : $P < 0.05$). Das stärkste Andauern von Störungen wurde bei den Kindern beobachtet, deren Mütter ihren Beruf aufgegeben hatten – in den meisten Fällen erfolgte die Rückkehr in den Nur-Hausfrau-Status wahrscheinlich aufgrund der zunehmenden Probleme des Kindes oder anderer ungünstiger Umstände, wie der Notwendigkeit, einen kranken Verwandten zu pflegen, der Wiederheirat der Mutter und einer Schwangerschaft, des Todes des Arbeitgebers der Mutter oder einer Verschlechterung ihrer eigenen Gesundheit.

e) Gesundheit der Eltern. Die körperliche und geistige Verfassung der Eltern schien einen gewissen Einfluß auf das Persistieren der Störung des Kindes zu haben.

Tabelle 50. Persistieren von Störungen nach körperlicher Gesundheit der Mutter zur Zeit der ersten und zweiten Befragung.

Zustand des Kindes	Gesundheit der Mutter[1]							
	bei beiden Befragungen gut		bei beiden Befragungen schlecht		zur Zeit der Nachuntersuchung verschlechtert		zur Zeit der Nachuntersuchung gebessert	
	N	%	N	%	N	%	N	%
Gebessert	30	67	6	40	6	55	10	77
Unverändert oder verschlechtert	15	33	9	60	5	45	3	23

[1] Die drei Kinder, die in öffentlichen Kinderheimen lebten, sind in dieser Tabelle nicht berücksichtigt.

Aus Tabelle 50 ist klar ersichtlich, daß dort, wo die Mutter erneut angab, daß sie nicht in guter Verfassung[1] sei, die Störung des Kindes auch anhielt, während Berichte über eine Besserung des Zustands der Mutter auch von einer Besserung im Verhalten des Kindes begleitet wurden[2].

1 Zu den zumeist leichten Beschwerden, die angegeben wurden, gehörten u.a. Anämie, Bronchitis, Schmerzen verschiedener Art, leichtere gynäkologische Störungen und zwei Fälle von Bewußtlosigkeit (möglicherweise epileptische Anfälle); eine Mutter hatte sich vor dem ersten Interview einer teilweisen Gastrektomie und der Entfernung einer Niere unterzogen.

2 Es muß jedoch betont werden, daß diese Berichte über die Gesundheit auf dem eigenen Urteil des Informanten beruhen.

Die Mehrheit der Väter war den Angaben zufolge bei guter Gesundheit, aber bei den Vätern, die es nicht waren, zeichnete sich ein ähnliches Bild ab. Wiederum persistierten Störungen am häufigsten (70%) bei den zehn Kindern, deren Väter, abgesehen von zwei Fällen, leicht erkrankt waren. In den sechs Fällen, wo der Zustand des Vaters zur Zeit der Nachuntersuchung besser war, hatte sich das Verhalten des Kindes auch gebessert.

Berichte über eine Besserung der psychischen Verfassung der Mutter standen auch mit einer Besserung im Zustand des Kindes in Zusammenhang. So erhielten die Kinder der 23 Mütter, die bei der Nachuntersuchung angaben, daß sie jetzt nicht mehr so „nervös" seien, in 17 Fällen eine bessere Beurteilung.

Andererseits hatten bei den zehn Müttern, die sich schlechter fühlten, nur zwei Kinder bessere Beurteilungen erhalten. Wo die Mutter jedoch bei beiden Interviews über ihre „Nervosität" klagte, war die Besserungsrate in 15 von 23 Fällen (62%) ziemlich hoch, fast ebenso hoch wie bei den 27 Kindern, deren Mütter bei beiden Befragungen erklärten, sie seien nicht „nervös" (67%).

Berichte über die psychische Verfassung der Väter veränderten sich weniger als die der Mütter. Nur ein ursprünglich „gesunder" Vater war „nervös" geworden; aus der früheren Gruppe von „nervösen" Vätern war bei 16 Vätern keine Änderung eingetreten, bei einem eine Verschlechterung, bei vier eine Besserung, und einer war gestorben. Daher war es nicht möglich, den Zusammenhang zwischen Veränderungen im Zustand des Vaters und in dem des Kindes auch nur annähernd zu bestimmen. Wo in beiden Befragungen berichtet wurde, daß der Vater nicht „nervös" sei, besserte sich der Zustand von zwei Dritteln der Kinder; wo der Vater anhaltende psychologische Probleme hatte, war das nur bei der Hälfte der Fall.

f) Einstellung der Eltern[1]. Wo die Eltern ursprünglich gesagt hatten, daß ihre erste Reaktion auf das Verhalten ihres Kindes darin bestand, daß sie Ärger darüber empfanden, wurde ein signifikant stärkeres Persistieren von Störungen (55%) gefunden als bei den Eltern, die sich überwiegend Sorgen gemacht und geängstigt hatten (15%) ($\chi^2 = 10.63$; d.f. = 1 : $P<0.001$). Wenn die Eltern die Probleme des Kindes als unvermeidlich, körperlich bedingt oder nichtexistent betrachteten, wurden 69% der Kinder als gebessert beurteilt. Dieser Wert liegt nahe an der Besserungsrate der gesamten Gruppe. (63%). Die Intensität der Reaktionen der Eltern stand in keinem Zusammenhang mit Veränderungen im Zustand des Kindes. Wo die Eltern anfänglich „sehr besorgt" waren, trat bei 83% der Kinder eine Besserung ein; wo sie „etwas besorgt" waren, bei 86%. Ebenso wurden 52% der Kinder besser be-

---

1 Kinder, die nicht mehr bei ihren Eltern wohnten, wurden aus der Analyse ausgeschlossen.

urteilt, wenn ihre Eltern anfänglich „sehr aufgebracht" waren, im Vergleich zu 47% mit „etwas aufgebrachten" Eltern.

Zwischen dem Ausbleiben einer Besserung und Berichten über Spannungen in der Familie bestand eine deutliche Beziehung[1]. Tabelle 51 zeigt, daß in der Gruppe der Kinder, deren Zustand sich verschlechtert hatte, der Anteil der Kinder mit Konflikten in der Familie viermal größer war als bei den Kindern mit der deutlichsten Besserung.

g) Die schulische Umwelt. Bis zu dieser Stelle war die Diskussion über den Zustand des Kindes in der Nachuntersuchung auf Faktoren in der häuslichen Umwelt beschränkt. In einigen Fällen gaben die Eltern jedoch ausdrücklich an, daß sie die Besserung auf Veränderungen, die mit der Schule zusammenhingen, zurückführten.

Tabelle 51. Zahl der Kinder mit schlechten Familienbeziehungen nach Grad der Besserung in der Nachuntersuchung.

Schlechte Beziehung zwischen	Zustand des Kindes in der Nachuntersuchung							
	Deutlich gebessert		Leicht gebessert		Unverändert		Verschlechtert[1]	
	N	%	N	%	N	%	N	%
a) den Eltern	2	11	5	14	5	24	3	27
b) der Mutter (oder Stiefmutter) und dem Kind	1	5	6	17	8	38	3	27
c) dem Vater (oder Stiefvater) und dem Kind	1	5	2	6	9	43	3	27
d) zwischen dem Kind und seinen Geschwistern	—	—	5	14	1	5	3	27
e) Zahl der Kinder mit Konflikt	4	21	12	33	13	62	9	82
f) Kein sichtbarer Konflikt	15	79	24	67	8	38	2	18
Summe[2]	19		36		21		11	

[1] Alle außer einem Kind fielen in die „leicht verschlechtert"-Kategorie.

[2] Das ist die Gesamtzahl der Kinder in jeder Gruppe. Die Spaltensumme kann größer sein, da einige Kinder mehr als eine schlechte Beziehung hatten.

Die traf sicherlich auf die drei Kinder zu, die Sonderklassen für fehlangepaßte Kinder besucht hatten, und auch auf ein Mädchen, das Förderunterricht gegen ihre Leseschwäche erhalten hatte. In all diesen Fällen schienen die Kinder aus

1 Für Kinder mit vs. ohne Besserung: $\chi^2 = 11.27$; d.f. = 1 : $P < 0.001$.

dem sehr guten Verhältnis zum jeweiligen Lehrer wie auch aus der eigentlichen Schularbeit Gewinn zu ziehen. Bei insgesamt zwölf Kindern trat den Angaben der Eltern zufolge die Besserung nach einem Schul- oder Klassenwechsel ein, der die Trennung von einem ungeliebten Lehrer mit sich brachte oder häufiger darin bestand, daß die Kinder auf ein tieferes, ihnen angemesseneres Anforderungsniveau zurückgestuft wurden. Obwohl sie in ihren alten Schulen geblieben waren, hatten acht weitere Kinder ihr Verhalten bessern können und erschienen gefestigter, seitdem sie in der Schule besser abschnitten oder mehr Prestige genossen. Das galt besonders für die Kinder, die noch für ein weiteres Jahr auf der secondary modern school geblieben waren, um in einigen Fächern Prüfungen für das General Certificate of Education abzulegen. In dieser Eigenschaft bildeten sie die Elite der Schule, der gegenüber sich die Lehrer freundlicher und die jüngeren Schulkinder mit größerem Respekt verhielten. In all diesen Fällen glaubten die Eltern, daß das Kind sehr viel reifer geworden und sein Selbstvertrauen beträchtlich gewachsen war. Die andere Gruppe, die Fortschritte gamacht hatte, bestand aus vier Jungen, zu deren Problemen „Abneigung gegen die Schule“ gehört hatte. Zur Zeit der Nachuntersuchung hatten sie die Schule aber verlassen, waren frei von Ängsten und Schmerzen und kamen mit ihrer Arbeit so gut zurecht, daß sie regelmäßig Fortbildungskurse besuchten, für die sie jeweils für einen Tag beurlaubt wurden. Nur bei einem Jungen war die bisherige Berufslaufbahn nicht erfolgreich verlaufen: Er hatte nicht nur Abneigung gegen die Schule geäußert, sondern kam auch aus sehr gestörten Familienverhältnissen.

Obwohl diese Befunde nur an einigen wenigen Fällen gewonnen wurden, bestätigten sie die Ergebnisse der Nachuntersuchung auffälliger Kinder. In beiden Untersuchungen zeigte sich deutlich, daß viele Verhaltensstörungen bei Kindern vorübergehender Natur sind und in vielen Fällen Reaktionen auf Belastungen durch die Umwelt darzustellen scheinen, die mit oder ohne therapeutisches Eingreifen zurückgehen.

KAPITEL 10

Zusammenfassung und Schlußfolgerungen

Wesentlicher Zweck der in den vorangegangenen Kapiteln beschriebenen Arbeit war es, einige Aspekte zu untersuchen, die für die Erforschung des psychisch gestörten und störungsfreien Kindes von Bedeutung sind. In diesem abschliessenden Kapitel werden die wesentlichen Gesichtspunkte der Untersuchung und die sich ergebenden Schlußfolgerungen zusammengefaßt und diskutiert.

Unser Ausgangspunkt war der Versuch, systematische Informationen über bestimmte Verhaltensitems an mehr als 6000 Kindern zu gewinnen, die eine repräsentative 10%-Stichprobe der staatliche Schulen besuchenden Schülerpopulation im Alter von 5 bis 15 Jahren aus der Grafschaft Buckinghamshire bildeten. Die Items wurden aufgrund ihrer Relevanz für den psychischen Zustand ausgewählt, und die Daten wurden anhand eines Fragebogens erfaßt. Die detailliertere Information wurde von den Eltern, insbesondere von den Müttern, gegeben, deren Angaben nach Meinung anderer Autoren eine ziemlich reliable Datenquelle darstellen (Glidewell et al. 1963, Glidewell 1966). Die Zusammensetzung unserer Stichproben berechtigt die Annahme, daß jegliche Tendenzen in den Angaben der Eltern gleichmäßig auf die verschiedenen Altersgruppen der Kinder verteilt sein würden; eine brauchbare interne Überprüfung der Validität boten die Antworten auf die Fragen nach „Bauchschmerzen“ (Abb. 21, S. 58), wo die Konzentration der größten monatlichen Häufigkeiten in der Gruppe der pubertierenden Mädchen offenkundig einer indirekten Beschreibung der Menstruation entspricht.

Unser erstes Ziel war es, die Verteilung dieser Verhaltensitems in einer vermeintlich normalen Population zu bestimmen. Informationen dieser Art und die Definition des unscharfen Sammelbegriffs „Verhaltensstörungen“, die in der Praxis der Kinderpsychiatrie eine so hervorragende Rolle einnehmen, hängen eng miteinander zusammen. Da die meisten Verhaltensformen, die dieser Kategorie zugerechnet werden, auch von gesunden Kindern geäußert werden können, sind sie nicht ohne weitere Qualifikation als symptomatisch für psychische Störungen anzusehen: Das Alter des Kinden z. B. ist offensichtlich von Interesse, wenn die Bedeutung von Verhaltensweisen wie Weinen, Wutanfälle oder Bettnässen beurteilt werden soll. Deshalb kann die klinische Bedeutung vieler kindlicher Verhaltensformen mindestens in gleichem Maß wie von deren intrinsischer Beschaffenheit davon abhängen, wie weit diese vom Durchschnitt abweichen.

So einsichtig der von dieser Auffassung implizierte Krankheitsbegriff heute erscheinen mag, verging eine viel längere Zeit, bis er im medizinischen Denken aufgenommen war, als er brauchte, um Psychologen und Pädagogen zu beeinflussen. Die unterschiedlichen Ansichten wurden vor mehr als 70 Jahren von Sully klar zum Ausdruck gebracht: „Die medizinische Wissenschaft ist mehr mit den seltenen, aber herausragenden Fällen von Geisteskrankheit und Geistesstörung vertraut; die Psychologie dagegen, obwohl sie viel von den anregenden Analogien, die man ziehen kann, gelernt hat, konnte schon zeigen, daß zumindest während der Kindheit der größte Teil der Fälle Deviationen innerhalb des Normalen und nicht Aberrationen vom Normalen darstellen" (Sully 1892).

Die ersten Kinderpsychiater beschäftigten sich überwiegend mit zwei Aufgaben: erstens mit der Erkennung und Behandlung von hirngeschädigten und geistig unterdurchschnittlichen Kindern und zweitens mit der Erforschung präpsychotischer und prädelinquenter Faktoren, die der Prophylaxe von Geisteskrankheiten im späteren Leben dienen sollte (Witmer 1940). Die optimistische Sicht der Kindheit als „der goldenen Zeit der mental hygiene" wurde schnell durch die Erfahrungen der child guidance clinics gedämpft, die klar vor Augen führte, daß Prophylaxe bei den zur Verfügung stehenden Methoden eine Wunschvorstellung bleiben mußte. Die Praxis der Kinderpsychiatrie macht auch deutlich, daß kindliche Verhaltensstörungen weit verbreitet und vielfältig sind; aber dennoch richtete bis vor kurzer Zeit die Mehrzahl der Kliniker ihre Aufmerksamkeit stärker auf das Verhalten ihrer Patienten und seine vermutete Psychopathologie als auf seine Beziehungen mit Verhaltensmustern in der Gesamtpopulation. Im letzten Jahrzehnt fand jedoch die Tatsache, daß bei den „Problemkindern", die dem Arzt vorgestellt werden, ein Selektionsfilter wirksam war, zunehmende Anerkennung. Leo Kanner, der Nestor der modernen Kinderpsychiatrie, zog hieraus das angemessene Fazit (1957): „Diese Selektivität hatte – bei Fehlen von „normalen Kontrollpersonen" – oft eine Tendenz zur Folge, einzelnen Verhaltensitems hinsichtlich ihrer eigenen psychopathologischen Bedeutung übertriebene Wichtigkeit beizumessen. Diese Wichtigkeit wird dem Signal zuteil, ohne Rücksicht darauf, was es mitteilt oder wer es mitteilt. Die hohe Ärgerschwelle vieler liebevoller und mit oft unkritischem Optimismus sich selbst behelfender Eltern hält aus der Reichweite von Klinik und Statistik eine Vielzahl von Nägelkauern, Nasebohrern und gelegentlichen Maturbatoren, die sich hauptsächlich wegen dieser Einstellung ihrer Eltern zu recht glücklichen und angepaßten Erwachsenen entwickeln. Aber in Klinikstatistiken wird denselben Symptomen, die neben anderen, in den Klinikberichten über „Problemkinder" zu findenden Persönlichkeitsbezügen aufgeführt werden, oftmals eine zu bedeutende Stellung eingeräumt, die in keinem Verhältnis zu ihrer Rolle als alltägliche Probleme oder Beinah-Probleme des Durchschnittskindes stehen".

Insofern diese Auffassung den Weg zur Erforschung kindlichen Verhaltens innerhalb des Rahmens einer bestimmten Population normaler Kinder aufzeigt, spricht sie für die Anwendung der sogenannten epidemiologischen Forschungsmethode (Morris 1957). Der Wert dieser Methode wird dann offenkundig, wenn Krankheit als statistische Abweichung von der Norm und nicht als unabhängiger Prozeß verstanden wird. Die Medizingeschichte kann mehrere Anwendungen dieses Konzepts bei körperlichen Krankheiten und seit neuerer Zeit auch bei geistigen Störungen nennen (Shepherd und Cooper 1964).

Da das Untersuchungsobjekt der epidemiologischen Forschung die Population und nicht das Individuum ist, begegnete dieser Ansatz als Methode klinischer Kinderpsychologie verständlicherweise einigen Schwierigkeiten. Für viele Jahre war die Psychiatrie in bezug auf Statistiken der Krankenhauspatienten, die eine traditionelle Datenquelle darstellen, relativ gut dokumentiert. Dagegen sind child guidance clinics für eine überwiegend ambulante Population angelegt worden: Es ist bekanntlich schwierig, verläßliche Statistiken über ambulante Patienten zu gewinnen, wobei hinzukommt, daß der Versorgungsbezirk von child guidance clinics in den meisten Gebieten, wo sie angelegt worden sind, zu groß ist (Lurie 1969). Ein weitere Schwierigkeit liegt in den zwangsläufig indirekten Methoden der Datenerhebung in der Kindheit. Während der Erwachsene gewöhnlich die notwendigen Angaben zu seiner Person und Krankheit selbst machen kann, ist dies bei kleinen Kindern nicht der Fall. Darüberhinaus kann eine systematische direkte Beobachtung nur bei sehr kleinen Kindern durchgeführt werden. In späteren Entwicklungsabschnitten ist es nicht mehr möglich, das Kind direkt zu beobachten, da die Laborbedingungen und die Gegenwart eines Beobachters das Verhalten des beobachteten Kindes voraussichtlich beeinflussen würden. Die meisten relevanten Beobachtungen müssen deshalb von erwachsenen Informanten gemacht werden, deren Haltungen und Einstellungen auf das Verhalten des Kindes modifizierend wirken können (Mechanic 1964, Peterson et al. 1961), denen aber das Kind in seinem Tagesablauf ungehindert zugänglich ist und die sein auffälliges Verhalten beobachten können.

Wie Cohen (1955) betonte, hat das Verständnis einiger Krankheiten als Abweichungen vom Normalen und nicht als unabhängige Gegebenheiten eine lange Tradition in der Medizin. Die Anwendung dieses Konzepts auf Verhaltensstörungen von Kindern, die die Sammlung einer großen Menge normativer Daten beinhaltete, bildete die Grundlage der in Kapitel 3 beschriebenen epidemiologischen Untersuchung. Im Mittelpunkt der Untersuchung stand die Erfassung der Verteilung, der Häufigkeit und der Intensität berichteten Verhaltens – in Übereinstimmung mit der von Pringle und Mitarbeitern (Pringle et al. 1966) geäußerten Meinung: „Der Wert von an einer großen Gruppe Kinder gewonnenen Daten besteht darin, daß dem Fachmann ein Bezugsrahmen an die Hand gegeben wird, mit dem Normalität oder Auffälligkeit des Verhaltens eines einzelnen Kindes oder einer Gruppe von Kindern des betreffenden Alters beurteilt werden können". In den Ergebnissen zeigt sich das erstaunlich große Vorkommen vieler Formen berichteten Verhaltens, die weithin als symptomatisch für psychische Störungen bei Kindern angesehen werden (Abbildungen 1 bis 37). Diese Befunde stimmen mit den wenigen Untersuchungen vergleichbarer Art überein und erheben sogleich zwei Fragen, die Lapouse und Monk (1958) formuliert haben: „Bedeutet die weite Verbreitung dieser Verhaltensmerkmale, die gewöhnlich als psychopathologische Zeichen gewertet werden, daß ein großer Teil der Kinder psychiatrische Störungen haben? Oder sind diese Verhaltensformen Reaktionen auf entwicklungsbedingten Streß, die bei durchaus normalen Kindern auftreten? "

Die erste Frage kann sicherlich nicht bejaht werden, weil, wie Kanner (1960) in seiner Diskussion über das gleiche Thema betont, „ . . . es kein absolutes Kriterium der Normalität für irgendeines der häufig auftretenden Verhaltensprobleme bei Kindern gibt". Im Hinblick auf das Konzept der „entwicklungsbedingten" Reaktionen bringen die in Kapitel 4 dargelegten Werte deutlich zum Ausdruck, daß verschiedene Formen berichteten Verhaltens mit unterschiedlichen Lebensaltern in Zusammenhang stehen. Einige Items, wie Weinen (Abb. 28), Wutanfälle (Abb. 32) und Furcht vor der Dunkelheit (Abb. 3) nehmen mit zunehmendem Alter ab; andere, wie Bauchschmerzen (Abb. 21) und Nägelkauen (Abb. 26) steigen bei Einsetzen der Adoleszenz in ihrer Häufigkeit an. Demgegenüber bleibt die berichtete Häufigkeit anderer Verhaltensformen, wie z. B. der Furcht vor Menschen (Abb. 5), vom 5. bis zum 15. Lebensjahr konstant. Die in Kapitel 4 dargestellten Verläufe geben auch Anlaß zu mancherlei Vermutungen über mögliche Zusammenhänge dieser altersabhängigen Verhaltensitems. Mit einigem Recht kann man z. B. vermuten, daß die ähnlichen Kurvenverläufe der Furcht vor der Dunkelheit und der vor Tieren (Abb. 3 und 4) sich deshalb von denen der Furcht vor Menschen unterscheiden, weil die ersteren Verhaltensformen relativ vorübergehende „entwicklungsbedingte" Reaktionen darstellen, während die letztere an stabileren Merkmalen des „Temperaments" rührt. Ebenso weist die erstaunliche Ähnlichkeit in den Kurvenverläufen für Ängstlichkeit (Sich Sorgen) (Abb. 36) und für Abneigung gegen die Schule (Abb. 8) auf einen verständlichen Zusammenhang hin, für den einige Belege angeführt werden können (Mitchell und Shepherd 1967).

Es ist unerläßlich, solche deskriptiven Daten an repräsentativen Stichproben zu gewinnen, wenn kindliche Verhaltensstörungen dargestellt werden sollen. Zur gleichen Zeit ist es klar, daß das Vorhandensein einer bestimmten Verhaltensweise, selbst wenn sie mit „extremer" Häufigkeit oder Intensität auftritt, nicht unbedingt als im klinischen Sinn abnormal angesehen werden kann. Lapouse (1965) hat darauf hingewiesen, daß abnormales Verhalten in diesem Kontext als „ . . . ein Funktion von zwei Bedingungen (betrachtet werden muß): der Abweichung von den herrschenden Normen in einer Population von Kindern sowie der Funktionsbeeinträchtigung, gemessen an Anpassung und Leistung". Wir werden auf diese zwei Bedingungen nacheinander eingehen.

Als Arbeitskonzept „auffälligen Verhaltens" legten wir fest, daß jedes Verhaltensitem, welches eine Häufigkeit oder Intensität aufweist, wie sie nur bei 10% oder weniger Kindern einer bestimmten Alters- und Geschlechtsgruppe angegeben wurde, für diese Gruppe als „auffällig" gelten würde; wenn es bei mehr als 10% der Kindern einer bestimmten Alters- und Geschlechtsgruppe auftrat, würde es nicht mehr als auffällig bezeichnet werden. Im Fall von „Weinen" z. B. wurde über 25% der 6jährigen Jungen, verglichen mit 1% der 14jährigen, berichtet, daß sie wenigstens zwei- oder dreimal wöchentlich weinten; Weinen wurde deshalb nur im letzteren Fall als auffällig angesehen. Es muß betont werden, daß es keinen endgültigen cut-off Wert, von dem ab ein Verhalten auffällig ist, geben kann, genausowenig wie eine bestimmte Höhe systolischen Blutdrucks den Schwellenwert für Bluthochdruck darstellen kann. Unser Ziel war es, einen begrenzten Verhaltensbereich zu definieren, der als Index statistischer Normalität zu verwenden war. Es ist bemerkenswert, daß hiervon unabhängig Lapouse (1965) bei der Bestimmung der Auffälligkeit ähnlich vorgegangen ist. Obwohl ihre Methode der Gewichtung der Rohwerte sich von der unsrigen erheblich unterschied, ging auch sie davon aus, daß „das größte Extrem in der Verteilung der Scores" auffälliges Verhalten anzeigt. Obwohl der cut-off Wert wegen der relativ kleinen Größe ihrer Stichprobe bei 25% festgesetzt war, ließen die Ergebnisse sie folgern, daß „bei größerem Stichprobenumfang wohl eher eine engere Definition der Auffälligkeit, etwa bei 5% oder 10%, zugrundegelegt worden wäre".

Nachdem wir für jedes Verhaltensitem einen Auffälligkeitsscore erhalten hatten, addierten wir die einzelnen auffälligen Items jedes Kindes, um einen Gesamtindex der Auffälligkeit zu bilden. Dieser Wert drückt für jedes Kind die Anzahl der Verhaltensweisen aus, die für seine Alters- und Geschlechtsgruppe untypisch sind. So grob er scheinen mag, wurde doch der Wert eines „additiven" Ansatzes in der Symptomatologie von mehreren Autoren demonstriert. Im Bereich körperlicher Erkrankungen wurden beispielsweise zur Definition chronischer Bronchitis Kombinationen von Symptomen verwandt (Medical Research Council 1966). Im Bereich psychiatrischer Störungen von Erwachsenen liegt die „Symptom-Zähl-Methode" solchen Grobdiagnose-Verfahren wie dem Cornell Medical Index (Goldberg 1969) und dem bei der Musterung von Rekruten verwandten zugrunde (Hunt et al. 1969). Bezüglich der Messung kindlicher Verhaltensstörungen schreibt Douglas (1964): „Ein grobes Maß für gestörtes Verhalten kann durch Zählen der von den Müttern berichteten Symptome gewonnen werden . . . ", und er zählte jedes einzelne aus einer Gruppe von Symptomen, die auf emotionale Fehlanpassung hinzudeuten schienen. So kommen auch Glidewell et al. (1957) zu dem Schluß: „Je mehr Symptome (von der Mutter) berichtet werden, desto größer ist die Wahrscheinlichkeit, daß das Kind bei klinischer Untersuchung als gestört diagnostiziert wird".

Was die zweite Bedingung angeht, so liegen zur „Funktionsbeeinträchtigung" Berichte vieler Autoren aus Beobachtungen in der Schule vor (Eysenck und Cookson 1969). In St. Louis haben z. B. Glidewell und Mitarbeiter (1960), die die Verwendbarkeit eines Symptominventars untersuchten, zeigen können, „daß eine reliable und positive Beziehung zwischen der Zahl der von der Mutter des Kindes berichteten Symptome und dem Grad von Fehlanpassung, den der Lehrer angibt, besteht". Kapitel 6 enthält einen Vergleich zwischen den von den Eltern und den von den Lehrern aus Buckinghamshire gemachten Angaben. Die Ergebnisse demonstrieren einen engen Zusammenhang zwischen dem Auftreten auffälligen Verhaltens zu Haus und Berichten über Verhaltensprobleme in der Schule. So gehörten beispielsweise die meisten Kinder, die nach den Angaben der Eltern zu Haus nicht auffällig waren, auch zu der Gruppe, die in der Schule kein Problemverhalten äußerte. Dagegen wurden über auffällige Kinder dreimal so häufig wie über zu Haus unauffällige Kinder eine Anzahl von Problemen in der Schule berichtet. Allerdings muß betont werden, daß diese Zusammenhänge keinesfalls ohne Einschränkung gelten: So zeigte mehr als ein Drittel der Kinder, die zu Hause als frei von auffälligem Verhalten bezeichnet wurden, wenigstens ein Problem in der Schule, und fast die Hälfte der wenigen Kinder mit sieben oder acht Problemen zu Haus waren anscheinend in der Schule unauffällig.

Ein Teil dieser fehlenden Übereinstimmung ist mit der Verschiedenheit der beobachteten Verhaltensbereiche in Schule und Elternhaus sowie mit den unterschiedlichen Bezugsrahmen der Eltern und Lehrer erklären (Moore, Rutter et al. 1970). Die Art der Übereinstimmung und der Diskrepanz werden durch die Ergebnisse einer von Rutter und Graham (1966) durchgeführten gründlichen Untersuchung an 10- bis 11jährigen Kindern von der Insel Wight anschaulich illustriert. Die Autoren gaben Eltern und Lehrern eigens konstruierte Fragebögen und untersuchten die erfaßten Kinder anschliessend mit klinischen Methoden. Sie kamen zu folgender Schlußfolgerung: „Beide Fragebögen erwiesen sich zur Selektion von Kindern mit psychiatrischen Störungen als gleichermaßen effektiv, aber sie selegierten zu einem erheblichen Maß voneinander verschiedene Kinder". In Buckinghamshire konnte nicht mehr als eine kleine Stichprobe einer systematischen psychiatrischen Untersuchung unterzogen werden. Interessant ist jedoch die Tatsache, daß eine Mehrzahl (80%) der Kinder, die child guidance clinics besuchten, auch im Hinblick auf ihren Gesamtsymptomscore im Elternfragebogen auffällig war. Darüberhinaus wiesen die Kinder, die aufgrund ihrer Verhaltensstörungen als Kontrollpersonen für die Klinikkinder dienten, in 74% der Fälle vier oder mehr auffällige

Items auf; in den Interviews lieferten die Eltern mit ihren Beschreibungen des kindlichen Verhaltens Verhaltensprofile, die für unabhängige Beurteiler den Eindruck einer zumindest leichten Störung aufkommen ließen.

Weil nun einiges dafür spricht, daß auffälliges mit krankhaftem Verhalten in Beziehung stehen kann, stellt sich natürlich die Frage nach dem Wert dieses Ansatzes als diagnostischem Instrument. Andere Autoren (Glidewell et al. 1963) haben die Probleme der Diagnose psychiatrischer Krankheit bei Kindern ausführlich diskutiert. Zum Teil liegen diese Probleme in technischen Fragen, wie der Festsetzung des cut-off Wertes, um Fehldiagnosen gering zu halten. Es muß aber ein mehr grundsätzlicher Einwand gegen die Genauigkeit von Techniken erhoben werden, die die psychische Befindlichkeit in dieser Altersgruppe bei einer einzigen Gelegenheit erfassen wollen: daß nämlich so viele Formen kindlichen Verhaltens nichts weiter als vorübergehende Reaktionen auf kurzlebige Schwierigkeiten darstellen können, die ohne weitere Qualifikationen kaum als emotionale Störungen zu bezeichnen sind. Viele relevante Faktoren konnten mit unserer Untersuchungsmethode in der Stichprobe nicht bestimmt werden, und, obwohl unser Konzept der Auffälligkeit die Intensität, die Häufigkeit und die operationale Bestimmung eines Verhaltensitems einschließt, macht es keine Aussage über die Dauer. Das Ausmaß der Bedeutung, das man der Bestimmung der Dauer abnormalen Verhaltens beimißt, und Krankheitsbegriff stehen aber in enger Beziehung; und wenn akzeptiert wird, daß auffälliges Verhalten, egal wie es definiert ist, eine kurzdauernde Reaktion auf irgendeine der vielen Situationen, denen das Kind ausgesetzt ist, darstellen kann, dann wird es unerläßlich zu wissen, ob solch ein Verhalten über einen gewissen Zeitraum hinweg konstant geäußert wird. Aus diesem Grund wurden die Nachuntersuchungen durchgeführt.

In Kapitel 7 werden die Ergebnisse der Nachuntersuchung einer Gruppe von 400 Kindern, die durch wenigstens vier berichtete „auffällige" Items charakterisiert waren, und deren Kontrollgruppe gleichen Umfangs, die den Angaben zufolge frei von auffälligen Verhaltensweisen war, im einzelnen dargelegt. Die „auffälligen" Kinder unterschieden sich von der Kontrollgruppe auch in anderer Hinsicht, wie der familiären Situation, dem sozioökonomischen Status, einigen Aspekten ihrer körperlichen Gesundheit und miteinander in Beziehung stehenden Formen gestörten Verhaltens, die von Eltern und Lehrern berichtet wurden. Insgesamt schienen diese Kinder und ihre Familie weniger gesund und weniger erfolgreich zu sein; sie waren zu Haus und in der Schule stärkerem Streß als die Kontrollgruppe ausgesetzt. Dennoch wurde drei Jahre später bei ungefähr 75% der auffälligen Gruppe eine verringerte Zahl auffälliger Items berichtet, und ungefähr die Hälfte war den Angaben zufolge frei von auffälligen Verhaltensweisen. Die Eltern unterstrichen die gleichen Items gestörten Verhaltens drei Jahre später bei nur 25% der Gruppe; und die Veränderungen in den Formen auffälligen Verhaltens folgten überwiegend dem Entwicklungsverlauf. Es war nicht möglich, klare Beziehungen herzustellen, anhand derer

Kinder mit sinkenden Auffälligkeitsscores von Kindern mit gleichbleibenden scores hätten unterschieden werden können.

Im Gegensatz zu dieser umfassenden und großangelegten Nachuntersuchung war das Thema der in den Kapiteln 8 und 9 zusammengefaßten Arbeit eine gründliche, mit Interviews durchgeführte Untersuchung einer vielkleineren Gruppe von Kindern. Diese wurden aufgrund ihres Besuchs einer child guidance clinic als emotional gestört betrachtet. Ihnen wurden Paarlinge mit ähnlichen Problemen gegenübergestellt, die nicht in child guidance clinics behandelt wurden. Diese Kontrollgruppe unterschied sich von der Klinikgruppe hauptsächlich durch die Einstellungen der Mütter. Auch hier zeigte sich bei der Nachuntersuchung, daß bei zwei Dritteln das Verhalten gebessert war, was bemerkenswerterweise nicht mit erhaltener Behandlung zusammenhing, sondern mit Umweltfaktoren.

Zusammenfassend betrachtet, deuten die über den Untersuchungszeitraum gesammelten Befunde darauf hin, daß Verhalten, welches auf emotionale Störungen schließen läßt, die Tendenz hat, nach entwicklungsbedingten Veränderungen oder als Folge veränderter Lebensumstände zurückgehen. Mehrere Forscher haben die genaue Bedeutung der Remission dessen diskutiert, was häufig als Index emotionaler Störung angesehen wird. Die meisten stimmen darin überein, daß das Verschwinden dieser Phänomene als Kriterium klinischer Besserung gelten kann, obwohl Gardner (1953) betont hat, daß das nicht immer der Fall sein muß. Unsere eigenen Befunde bestätigten die erstere Auffassung. Da nun das Persistieren auffälligen oder krankhaften Verhaltens eher die Ausnahme als die Regel zu bilden scheint, empfehlen wir, die Dauer der Störung zu berücksichtigen, bevor ein Verhaltensitem als „Symptom“ für emotionale Störung anzusehen ist.

Die aus dieser Untersuchung gewonnene Information läßt uns den Schluß ziehen, daß es bei vielen kindlichen Verhaltensweisen notwendig ist, eine Zahl von Faktoren in Betracht zu ziehen, bevor entschieden werden kann, ob das betreffende Item klinische Bedeutung hat oder nicht. Zu diesen Faktoren gehören a) die Häufigkeit oder Intensität des betreffenden Items; b) die „Auffälligkeit“ des Items im Verhältnis zu den Normen für das Alter und Geschlecht des Kindes; c) das Vorhandensein oder das Fehlen anderer Items auffälligen Verhaltens, von denen einige eine Symptomgruppe, ein -muster oder ein Syndrom bilden können; d) die Dauer des Verhaltens, besonders im Hinblick auf seine Tendenz zur spontanen Remission; e) die Einstellung des Beobachters und f) die Umstände, unter denen das Verhalten auftritt. Wenn man unserer Ansicht folgt und einen großen Teil der emotionalen Störungen bei Kindern besser im Sinne auffälligen Verhaltens im Gegensatz zu krankhaften Prozessen versteht, dann müßte es dieser Ansatz ermöglichen, die Verhaltensbereiche zu umreißen, die gestörte Befindlichkeit anzeigen. Unsere eigenen Ergebnisse zeigen sich in Form von Beziehungen zu Faktoren wie sozialer Schicht (Furman et al. 1965), Trennung, Position in der Familie und Krankheitsgeschichte (Kapitel 5).

Bei der Übertragung dieser Befunde auf andere Gruppen müssen natürlich die verschiedenen Spielarten von Erziehungspraktiken berücksichtigt werden, die Unterschiede in Kultur und Werthaltungen der einzelnen Gesellschaften widerspiegeln. Viele der größeren Unterschiede sind von Anthropologen beschrieben worden (Whiting und Child 1953, Opler 1969), aber ein Vergleich des Verhaltens der Mütter an markanten Punkten der Entwicklung des Kindes weist auch auf beträchtliche Variation in fünf westeuropäischen Ländern hin (Hindley 1968) und sogar innerhalb der Bevölkerung einer Stadt können (Schicht-) Unterschiede sichtbar sein (Newson und Newson 1963 und 1968, Stein und Susser 1967). Eine wichtige Aufgabe für die weitere Forschung ist es, beim Aufstellen von Arbeitskonzepten für Morbidität diese Befunde zu berücksichtigen. Von der zukünftigen Forschung, in der sowohl klinische wie epidemiologische Methoden ihren Platz haben, wird man Informationen über die Frage der Verursachung sowie die Grundlage für genaue Schätzungen von Ausmaß und Wesen der Verhaltensstörungen erwarten dürfen. Nur dann können Vorkehrungen für entsprechende Einrichtungen auf rationaler Basis getroffen werden (Timms 1968). Davidsons Vergleich (1961) europäischer Erhebungen über psychologische Störungen bei Kindern hat eindrücklich gezeigt, von wieviel unterschiedlichen Standpunkten aus diese Frage derzeit angegangen wird. Ihre Schlußfolgerung, daß es den Anschein hat, „15% bis 16% müßten vom Team einer child guidance clinic umfassend untersucht werden", ist eine herausfordernde, aber bis heute unbewiesene Einschätzung gesellschaftlicher Bedürfnisse. Sie sollte als Ansporn für die wachsende Zahl derer dienen, die im Sinne von Sullys ursprünglicher, pädagogischer Sicht child guidance verstehen als „die Anwendung wissenschaftlicher Methoden auf praktische Probleme der Behandlung, der Förderung und der Überwachung der Entwicklung des einzelnen Kindes gemäß seiner individuellen Bedürfnisse".

ANHANG 1

Interrelationen zwischen Verhaltensitems und -symptomen

Die bisherige Forschung

Die psychiatrische Literatur enthält sehr wenige empirische Studien über Muster von Verhaltensitems oder -symptomen bei Kindern verschiedener Altersgruppen (Hewitt und Jenkins 1946). Solche Kombinationsmuster könnten von einiger theoretischer Bedeutung sein. Es wird beispielsweise allgemein angenommen, daß Nägelkauen, Bettnässen, Daumenlutschen und Furcht vor der Dunkelheit allesamt Ausdruck eines zugrundeliegenden Angstzustands seien, obwohl Belege hierfür fehlen. So wird auch Einkoten gewöhnlich für ein viel „ernsteres" Symptom gehalten als z. B. Nägelkauen, aber es ist noch nie festgestellt worden, ob ein Kind, das einkotet, auch eher an einer größeren Zahl von Symptomen leidet.

Die Methode der Faktorenanalyse könnte diese beiden Fragenkomplexe aufhellen: Wie Symptome Muster oder Gruppen bilden und welche die „ernsteren" sind. Die Faktorenanalyse basiert auf Korrelationsmatrizen, die Itemgruppierungen erkennen lassen könnten; die „Ladung" könnte den „Schweregrad" oder die diskriminative Potenz spezifischer Items anzeigen. Eine der wenigen faktorenanalytischen Untersuchungen über psychiatrische Symptome bei Kindern, die bisher veröffentlicht worden sind, wurde von Himmelweit mit den Daten Ackersons (1942) durchgeführt und von Eysenck (1953) berichtet. Die von Ackerson angegebenen Korrelationen, mit denen die Faktorenanalyse gerechnet wurde, waren größtenteils niedrig oder sehr niedrig, obwohl ihnen 5000 Fälle zugrundelagen. Die Faktorenanalyse erbrachte zwei schwache Faktoren: einen allgemeinen Faktor der Instabilität oder des Neurotizismus sowie einen bipolaren Faktor der Intro-/Extraversion, was der von Klinikern häufig gemachten Unterscheidung zwischen Verhaltens- und Stimmungs-/Gefühlsstörungen ungefähr entspricht. Die Kombinationsmuster waren nicht sehr stark.

Sehr ähnliche Ergebnisse erhielt Oppenheim (unveröffentlicht) nach zwei Faktorenanalysen der Daten von 404 Fällen, die Grant und Grant in der Kinderabteilung des Maudsley Hospitals gesammelt hatten. Hier konnten mit zwei Faktoren 20% der Varianz erklärt werden. Es sei darauf hingewiesen, daß diese Untersuchungen an Gruppen von Kindern aus child guidance clinics durchgeführt wurden, wo eine große Zahl von Symptomen zu finden ist, und nicht an normalen Kindern, bei denen die Kombinationsmuster noch schwächer ausgeprägt sein könnten. Es liegt auch eine Reihe bekannter faktorenanalytischer Studien von Cattell und Coan (1957) vor, die sich aber mehr mit kindlichen Persönlichkeitszügen als psychiatrischen Symptomen beschäftigen. MacFarlane et al. (1954) berichten eine Anzahl schwacher Interkorrelationen zwischen Items und führen fünf Itemgruppierungen auf, denen die Daten von 23 Jungen und 42 Mädchen zugrundeliegen.

Obwohl der Buckinghamshire Child Survey mit einer anderen Zielsetzung konzipiert war, wurden mehrere Versuche unternommen, Kombinationsmuster von Items berichteten Verhaltens in unserer Stichprobe zu erfassen und die Bedeutung dieser Muster zu bestimmen. Der Wert dieser Arbeit als einer methodologischen Übung rechtfertigt die Darstellung der erhaltenen Ergebnisse.

Korrelationen

Die einfachste Möglichkeit, ein Maß für den Zusammenhang zwischen zwei beliebigen Verhaltensitems zu gewinnen, wäre die Berechnung eines Korrelationskoeffizienten. Dem stehen jedoch einige Schwierigkeiten gegenüber. Zunächst sei daran erinnert, daß einige Items auf einer 8-Punkte-Skala, andere auf einer 3-Punkte-Skala zu beantworten waren. Somit können drei Arten von Scattergrammen aufgestellt werden: a) 8 x 8 Verteilungen; b) 3 x 8 Verteilungen; und c) 3 x 3 Verteilungen. Auf den ersten Blick würden Produktmomentkorrelationskoeffizienten für die ersteren, Kendalls Rangkorrelationskoeffizienten für die beiden letzteren geeignet erscheinen. In Tabelle 52 werden in drei Beispielen Daten von 5- bis 10jährigen Mädchen auf diese Weise analysiert:

Tabelle 52. Korrelationen zwischen Paaren von Verhaltensitems bei 5- bis 10jährigen Mädchen.

	Daumenlutschen							
Nägelkauen	0	1	2	3	4	5	6	7
0	773	11	2	7	1	4	21	138
1	30	3	2	0	0	0	0	10
2	17	0	0	0	0	0	0	3
3	16	0	0	0	0	0	0	3
4	15	0	1	1	0	0	0	4
5	35	1	0	0	0	0	2	17
6	53	2	1	2	0	1	3	16
7	117	0	0	1	1	4	3	32

Tau = ·091
r = ·093
normalisiertes r = ·092

Tabelle 52. Fortsetzung

(2)

Reizbarkeit	*Streitereien* 0	1	2	3	4	5	6	7*
Phlegmatisch	180	6	2	1	0	2	2	1
Reizbar	861	78	32	24	13	22	8	2
Sehr reizbar	89	11	8	3	6	6	8	9

Tau = ·178
r = ·205
normalisiertes r = ·204

(3)

Mäkelei am Essen	*Appetit* Ubermäßiger	Mittelstarker	Schwacher
Ißt fast alles	90	567	15
Bestimmte Eßvorlieben	28	497	69
Ziemlich mäkelig beim Essen	6	121	200

Tau = ·462
r = ·505
normalisiertes r = ·494

* Die Zahlen 0 bis 7 zeigen die Items einer Acht-Punkte-Skala an; 0 entspricht (h) auf dem Elternfragebogen, 7 entspricht (a).

Zusätzlich zu r und Tau berechneten wir r mit normalisierten Randverteilungen[1]. Das wurde deshalb getan, weil in den meisten Fällen die Verteilungen sehr schief waren. Wie aus den Beispielen zu ersehen ist, wirkte sich die Normalisierung sehr gering auf die Korrelationen aus, aber Tau war meist etwas kleiner als r. Genaugenommen wären Tau-Koeffizienten für diese Art von Tafeln am besten geeignet gewesen, aber uns stand hierfür kein Computerprogramm zur Verfügung, und außerdem sind diese Koeffizienten für die Durchführung von Faktorenanalysen nicht brauchbar.

Diese Beispiele veranschaulichen auch gewisse andere Aspekte unseres Materials. Wie in den 8 x 8 Tafeln des Daumenlutschens und Nägelkauens (Tabelle 52.1) kommt es häufig vor, daß mehr als die Hälfte der Fälle in der Nullzelle für beide Verteilungen liegt. Diese Erscheinung ist in einer Stichprobe „normaler“ Kinder zu erwarten, sie trägt aber nicht zu sehr hohen Korrelationen bei. Bei den 3-Punkte-Skalen häuft sich die Mehrzahl der Fälle in der mittleren Kategorie. Insgesamt wird das ganze Vorhaben noch dadurch erschwert, daß die meisten „Symptome“[2] vergleichsweise selten sind:

1 Siehe M. G. Kendall und A. Stuart, Advanced Theory of Statistics (Charles Griffin 1967), Bd. 2, pp. 567 und 573, Beispiele 33.42 und 33.11.

2 Im übrigen Teil dieses Anhangs bezieht sich das Wort „Symptom“, sofern nicht anders vermerkt, auf die dritte (extreme) Kategorie der 3-Punkte-Skalen oder auf die vier oberen Kategorien (einmal alle zwei Wochen oder häufiger) im Fall der 8-Punkte-Skalen.

Sie treten nur bei einem Anteil von zwischen 3% und 7% unserer Stichprobe auf.

Die Höhe dieser beobachteten Korrelationen ist auch recht auffallend: Man hätte nach dem gesunden Menschenverstand eine ziemlich hohe Korrelation zwischen zwei angeblichen Angstsymptomen wie Daumenlutschen und Nägelkauen erwartet. Selbst die Korrelation von .5 zwischen ausgewählten Eßvorlieben und übermäßigem Appetit ist nicht sehr hoch. Ebenso beträgt die Korrelation zwischen Unruhe im Schlaf und Alpträumen nur .3. Somit werden die bisher gefundenen schwachen Interkorrelationen erneut bestätigt.

Symptomgruppenanalyse

Eine vorläufige Analyse deutete darauf hin, daß unter Kinder mit fünf oder mehr Symptomen gewisse Items eher als andere bei demselben Kind zusammen auftraten. Insgesamt bestand bei einigen Symptomen die Tendenz, nur als Glied einer Gruppe von vier, fünf oder mehr Symptomen zu erscheinen, während andere genausooft allein oder sowohl allein wie als Glied einer Vierer- oder Fünfergruppe beobachtet werden konnten. Zwei Faktoren erschwerten jedoch die weitere Analyse: a) Es war fast unmöglich, die statistischen Signifikanzen der verschiedenen Dreier-, Vierer- und Fünferkombinationen abzuprüfen, da die Berechnung der Zufallswahrscheinlichkeiten extrem aufwendig wird; b) selbst in einer Gruppe von beispielsweise 1500 Fällen sanken die Häufigkeiten schnell unter zehn, wenn spezifische Kombinationen von gleichzeitig vier oder fünf Symptomen gesucht wurden.

Deshalb scheint nur die Möglichkeit der Untersuchung von Paaren übrigzubleiben, d.h. des überzufällig häufigen gemeinsamen Auftretens zweier beliebiger Symptome. Tabelle 53 zeigt solch eine Analyse für alle Symptome bei elfjährigen Mädchen.

Diese Tabelle enthält nur die 20 von 39 möglichen Kombinationen, die überzufällig mit einem anderen Symptom auftraten. Die tatsächlichen Häufigkeiten (bei 1273 Fällen) sind im linken unteren Teil der Tabelle angegeben, die berechneten erwarteten Häufigkeiten im rechten oberen Teil. Dickgedruckte Häufigkeiten liegen signifikant über der erwarteten Zufallswahrscheinlichkeit.

Zu den Symptomen, die sehr wenige signifikante Verbindungen mit anderen aufwiesen, gehörten Daumenlutschen, Bettnässen, Tics, Einkoten, Schuleschwänzen, Stehlen und Lesestörungen. In dieser Gruppe hatte Eifersucht die meisten überzufälligen Verbindungen zu anderen Symptomen, gefolgt von Streiterei mit anderen Kindern, Schmollen, Ängstlichkeit, Kopfschmerzen, Jammern, Stimmungsschwankungen und Bauchschmerzen. Es sei nochmals darauf hingewiesen, daß diese Symptome in der Stichprobe vergleichsweise selten sind und daß die Analyse aus diesem Grund auf einer kleinen Zahl von Fällen aufbaut.

Tabelle 53. Gemeinsames Auftreten von Paaren von Symptomen, verglichen mit Zufallswahrscheinlichkeiten (11- bis 15jährige Mädchen; N = 1273).

	N =	Weinen 100	Unruhiger Schlaf 79	Verstopfung 85	Wutanfälle 102	Jammern 51	Eifersüchtig 55	Bauchschmerzen 59	Streiterein 62	Furcht/Dunkelheit 62	Ängstigt sich 55	Unteraktiv 63	Kopfschmerzen 88	Alpträume 73	Schmollen 96	Stimmungsänderungen 81	Andere Probleme 54	Geht nicht gern z. Schule 63	Verschlossen 36	Lügen 25	Erbrechen 39
Weinen	100	—	6·2	6·7	8·0	4·0	4·3	4·6	4·9	4·9	4·3	4·9	6·9	5·7	7·5	6·4	4·2	4·9	2·8	2·0	3·1
Unruhiger Schlaf	79	**12**	—	5·3	6·3	3·2	3·4	3·7	3·8	3·8	3·4	3·9	5·5	4·5	6·0	5·0	3·4	3·9	2·2	1·6	2·4
Verstopfung	85	9	**17**	—	6·8	3·4	3·7	3·9	4·1	4·1	3·7	4·2	5·9	4·9	6·4	5·4	3·6	4·2	2·4	1·7	2·6
Wutanfälle	102	**31**	**19**	**13**	—	4·1	4·4	4·7	5·0	5·0	4·4	5·1	7·1	5·8	7·7	6·5	4·3	5·1	2·9	2·0	3·1
Jammern	51	**17**	6	6	**25**	—	2·2	2·7	3·0	2·5	2·2	2·7	3·5	2·9	3·8	3·2	2·2	2·5	1·4	1·0	1·6
Eifersüchtig	55	**18**	**12**	**11**	**23**	**15**	—	2·5	2·7	2·7	2·4	2·8	3·8	3·2	4·1	3·4	2·3	2·8	1·6	1·1	1·7
Bauchschmerzen	59	8	**11**	**19**	**13**	**6**	**9**	—	2·9	2·9	2·5	3·0	4·1	3·4	4·4	3·8	2·4	2·9	1·7	1·2	1·8
Streitereien	62	**17**	**9**	**38**	**23**	**7**	**18**	**11**	—	3·0	2·7	3·1	4·3	3·6	4·7	3·9	2·6	3·1	1·8	1·2	1·9
Furcht/Dunkelheit	62	6	**9**	**9**	**13**	**6**	**9**	4	**9**	—	2·7	3·1	4·3	3·6	4·7	3·9	2·6	3·1	1·8	1·2	1·9
Ängstigt sich	55	**15**	4	**10**	**16**	**12**	**12**	**15**	**7**	6	—	2·7	3·8	3·2	4·1	3·4	2·3	2·8	1·6	1·1	1·7
Unteraktiv	63	5	5	**8**	8	3	5	**6**	4	1	**7**	—	4·4	3·6	4·8	4·0	2·7	3·1	1·8	1·2	1·9
Kopfschmerzen	88	**16**	**18**	**20**	**21**	**12**	**11**	**19**	**14**	**14**	**10**	**6**	—	5·0	6·6	5·6	3·7	4·4	2·5	1·7	2·7
Alpträume	73	**12**	**15**	**15**	**19**	**6**	**9**	**10**	**11**	**11**	**11**	5	**18**	—	5·5	4·7	3·1	3·6	2·1	1·4	2·2
Schmollen	96	**34**	**16**	**16**	**33**	**19**	**16**	**13**	**22**	8	**12**	**9**	**20**	9	—	6·1	4·1	4·6	2·7	1·9	2·9
Stimmungsänderungen	81	**18**	**10**	9	34	**18**	**21**	**8**	**15**	**8**	**13**	3	**14**	6	**28**	—	3·4	4·0	2·3	1·6	2·5
Andere Probleme	54	4	5	6	10	**8**	**7**	3	**6**	**6**	4	3	4	6	**12**	**8**	—	2·7	1·5	1·1	1·7
Geht nicht gern z. Schule	63	4	3	7	14	**10**	**7**	5	**11**	4	**6**	**7**	8	7	**17**	**10**	4	—	1·8	1·2	1·9
Verschlossen	36	5	3	5	6	3	**5**	2	4	4	**12**	**6**	4	**4**	**8**	**7**	**7**	**6**	—	·707	1·1
Lügen	25	**5**	0	1	7	**7**	**6**	1	**7**	1	1	4	2	**23**	**9**	**7**	**5**	**5**	1	—	·766
Erbrechen	39	**9**	**8**	8	13	3	4	**9**	4	5	**5**	1	**10**	**12**	**14**	5	1	**6**	1	2	—

Skalogramm-Analyse

Angesichts der offenkundigen Schwierigkeiten bei der Anwendung von Interkorrelationen wurden auch die Möglichkeiten der Guttmanschen Skalierungstechnik (Guttman 1950) erprobt. Das ist eine von mehreren Methoden zur Skalierung von Einstellungen, mit deren Hilfe Probanden auf einem Einstellungskontinuum geordnet werden können. Die besonderen Vorteile der Guttmanschen Technik liegen darin, daß gesichert ist, daß nur Items mit einer gemeinsamen zugrundeliegenden Dimension aufgenommen werden, und zweitens, daß der einzelne Gesamtscore mit einem hohen Maß an Reproduzierbarkeit verrät, aus welchen Items er sich aufbaut, da diese in einer Rangordnung stehen. Guttmansche Skalierungen können nur bei Inhalten mit Erfolg angewandt werden, die sich skalieren lassen, d.h. die einen beträchtlichen Grad an Strukturierung und Musterbildung aufweisen und die mit Hilfe einer eindimensionalen Skala erfaßt werden können. Während des zweiten Weltkrieges wurde diese Technik zur Entwicklung einer 6-Item-Neurotizismusskala, die zu Auslesezwecken in der US-Armee eingesetzt wurde, verwandt.

Die Guttmansche Skalierungstechnik erfordert einen hohen Aufwand an Arbeit und Zeit, sogar bei elektronischer Datenverarbeitung. Es kommt häufig vor, daß ein Inhaltsgebiet nicht befriedigend skaliert werden kann. Bei viel Glück sind ungefähr zwei Drittel der Items einer Itemsammlung nicht brauchbar. Selbst wenn Ergebnisse mit einem ausreichend hohen Reproduzierbarkeitskoeffizienten gewonnen werden, umfaßt die resultierende Skala häufig einen viel engeren Bereich als die ursprüngliche Itemsammlung.

Da die Musterbildung der Symptome meist relativ schwach ausgeprägt war, konnte nicht erwartet werden, daß unsere Daten das für eine Guttmansche Skala erforderliche Maß an Strukturierung liefern würden. Für einen ersten Versuch nahmen wir aber dennoch 100 unausgelesene Fälle aus der Gruppe der 11jährigen und älteren Jungen und führten mit ihnen die ersten Schritte einer Skalogramm-Analyse durch. Eine Schwierigkeit, die sofort auftauchte, bestand darin, daß die Methode dann nicht anwendbar ist, wenn ein Item mit mehr als 80% oder weniger als 20% der Fälle besetzt ist. Es sei daran erinnert, daß die Mehrzahl der Symptomhäufigkeiten in dieser Studie in einer Höhe von 5% bis 7% liegen und daß kaum ein Symptom die 20%-Marke erreicht. Deshalb war es erforderlich, die mittlere Kategorie (im Falle der 3-Punkte-Symptomskalen) und Position drei und vier (bei den 8-Punkte-Skalen) hinzuzunehmen. Wir hatten es also nicht mehr mit Symptomkategorien als solchen zu tun, sondern mit größeren Gruppierungen, die Verhaltensitems enthielten wie „fürchtet sich etwas vor einigen Tieren“, „schwindelt manchmal“, „wird manchmal ärgerlich“, „etwas schüchtern gegenüber fremden Kindern“, „scheint manchmal in eine Traumwelt versunken zu sein“ und in einigen Fällen auch die mittlere Kategorie, wie z.B. „ungefähr so destruktiv wie die meisten Kinder“, „geht ungefähr genausogern wie die meisten Kinder zur Schule", „ißt ungefähr genausoviel wie die anderen Kinder des gleichen Alters".

Sobald die mittleren Kategorien hinzukamen, stiegen die Itemhäufigkeiten beträchtlich an, und nachdem 21 Items mit Häufigkeiten entweder unter 20% oder über 80% entfernt worden waren, wurde versucht, die restlichen 17 Items zu skalieren. Dieser Versuch war überraschend erfolgreich. Für Jungen von elf Jahren und älter ergab sich eine Guttmansche Skala von folgenden 14 Items mit einer Reproduzierbarkeit von 90%, angegeben in der Reihenfolge von höchster zu niedrigster Häufigkeit: Reizbarkeit; Ängstlichkeit; Mäkelei am Essen; Lügen; kein schneller Leser; geht ungern zur Schule; Jammern; Stimmungsschwankungen; Eifersucht; etwas Furcht vor Tieren; Kopfschmerzen; Umherstreifen; schüchtern gegenüber anderen Kindern; verschlossen.

Die Tatsache, daß diese Items eine Skala mit einem ziemlich hohen Reproduzierbarkeitskoeffizienten bilden, ist in zweifacher Hinsicht von Bedeutung, als die Items eine gemeinsame zugrundeliegende Dimension und die kumulative Rangeigenschaft einer Guttmanschen Skala besitzen. Letzteres besagt beispielsweise, daß ein Kind, welches eifersüchtig ist, auch positive Antworten bei „Stimmungsschwankungen", „jammert", „geht nicht gern zur Schule", „Leseschwierigkeiten", „Lügen", „Mäkelei am Essen", „ängstigt sich" und „Reizbarkeit" erhalten hat, aber nicht bei „Furcht vor Tieren", „Kopfschmerzen", „Neigung zum Umherstreifen", „Schüchternheit gegenüber anderen Kindern" und „Rückzugsverhalten". Nochmals sei darauf hingewiesen, daß jedes dieser Items eine extreme und eine mittlere oder durchschnittliche Kategorie enthält. Die Methode erlaubt nicht die Konstruktion einer Guttmanschen Skala, die nur aus extremen Kategorien besteht; aber wenn jedes Item als ein Kontinuum der Häufigkeit oder Intensität des jeweiligen Verhaltens, also eher wie ein Persönlichkeitszug aufgefaßt wird, ist zu verstehen, daß einige dieser Züge oder Verhaltensmerkmale die kumulativen Eigenschaften einer Guttmanschen Skala haben.

Anschließend wurde bei den drei anderen Untergruppen der Stichprobe der Skalierungsvorgang durchgeführt: bei 5- bis 11jährigen Jungen, 5- bis 11jährigen Mädchen und 11- bis 15jährigen Mädchen. In jedem Fall erbrachte die Analyse eine Guttmansche Skala mit nicht weniger als neun Items und einer Reproduzierbarkeit nicht unter 87%. Wie wir sehen werden, besteht zwischen den vier Skalen ein gewisses Maß an Überlappung: Vier Items tauchen in allen vier Skalen auf und zwei weitere in drei der vier Skalen. Diese Tatsache würde darauf hindeuten, daß es unter den vielen, hier ausgewählten Formen kindlichen Verhaltens einen Kern von rund einem Dutzend gibt, die hierarchisch so angeordnet sind, daß ihre Reihenfolge anhand des Vorhandenseins oder Fehlen der auf der Skala darunter- oder darüberliegenden Items vorhergesagt werden kann.

Es ist wichtig zu wiederholen, daß aus technischen Gründen die mittlere Kategorie jedes Items mit dem auffälligen Extrem vereint wurde. Das bedeutet, daß in einigen Fällen die Items auf den Skalen mehr im Sinne von Charakterzügen oder Verhaltensformen als im Sinne von Symptomen verstanden werden sollten. Es ist vielleicht in Zukunft möglich, ein neues Verfahren zu entwickeln, daß allein auf die extremen Kategorien aufbaut. Andererseits gibt es einige Items, bei denen die mittlere Kategorie einen leichten Störungsgrad anzeigen kann; am besten ist jedes Item der Skalen auf seinen Wert hin zu untersuchen und dabei auch an diesen Aspekt zu denken.

Tabelle 54. Skalogramme der Verhaltensitems (von stärkstem bis leichtestem Schweregrad).

Ältere Knaben	*Jüngere Knaben*	*Ältere Mädchen*	*Jüngere Mädchen*
Etwas Rückzugsverhalten	Gelegentlich Zuckungen oder eigentümliche Angewohnheiten	Etwas Furcht vor Tieren	Manchmal unruhiger Schla
Etwas Schüchternheit vor fremden Kindern	Einige Wutanfälle	Gelegentliche Bauchschmerzen	Etwas destruktiv
Bummeln oder umherstreifen	Gelegentliche Kopfschmerzen	Etwas Schüchternheit vor fremden Kindern	Etwas Rückzugsverhalten
Gelegentliche Kopfschmerzen	Sachen wegnehmen oder stehlen	Etwas destruktiv	Etwas Furcht vor der Dunkelheit
Etwas Furcht vor Tieren	Fürchtet sich etwas vor unbekannten Menschen	Gelegentliche Eifersucht	Gelegentliches Weinen
Gelegentliche Eifersucht	Etwas Rückzugsverhalten	Ängstigt sich manchmal	Geht nicht sehr gern zur Schule
Gelegentliche Stimmungsänderungen	Gelegentliche Stimmungsschwankungen	Gelegentliche Stimmungsschwankungen	Ängstigt sich manchmal
Jammert	Gelegentliches Weinen	Jammert	Kein schneller Leser
Geht nicht gern zur Schule	Ängstigt sich manchmal	Kein schneller Leser	Jammert
Kein schneller Leser	Geht nicht gern zur Schule	Lügt manchmal	
Lügt manchmal	Jammert	Geht nicht sehr gern zur Schule	
Eßvorlieben oder Mäkelei am Essen	Kein schneller Leser		
Ängstigt sich manchmal oder öfters			
Manchmal verstimmt oder reizbar			

In jeder Skala der Tabelle 54 steht das „schlimmste“ Item an der Spitze. Die Items wurden gewöhnlich nach ihren mittleren Kategorien oder nach mittlerer und extremer Kategorie benannt. Die Reproduzierbarkeitskoeffizienten der einzelnen Untergruppen liegen jeweils bei 90%, 88%, 88% und 87%, was für diesen Zweck befriedigend ist. Die folgenden Items erscheinen auf allen vier Skalen, meist am weniger auffälligen Ende der Skalen: „jammert“, „geht nicht gern zur Schule“, „kein schneller Leser“ und „ängstigt sich manchmal“. Zwei Items tauchen auf drei Skalen auf und zwar „etwas Rückzugsverhalten“ und „gelegentliche Stimmungsschwankungen“. Vier der Items sind nur auf den zwei Skalen für die älteren Kinder zu finden: „etwas Furcht vor Tieren“, „etwas Eifersucht“, „lügt manchmal“ und „etwas Schüchternheit gegenüber fremden Kindern“.

Zusammenfassend ist zu sagen, daß die bisherige Analyse darauf hindeutet, daß auffälliges Verhalten bei als normal betrachteten Schulkindern so gut wie keine Muster bildet. Die Items gruppierten sich gewiß nicht in der engen Vermaschung, wie es nach einigen Theorien zu erwarten wäre. Dieser Befund ist jedoch teilweise darauf zurückzuführen, daß ausgesprochen krankhaftes Verhalten in unserer Stichprobe relativ selten zu beobachten war. Wenn die Definition eines Symptoms dahingehend erweitert wird, daß auch seltene, aber nicht auffällige[1] Verhaltensweisen darunterfallen, steigen die Häufigkeiten an, und wir sind in der Lage, ungefähr ein Dutzend Items in jeder Alters-/Geschlechtsgruppe für eine Guttmansche Skala mit der für sie geforderten Eigenschaft der kumulativen Rangordnung zusammenzustellen. Dieses Vorgehen läßt nicht nur einen gewissen Grad an Strukturierung der Daten erkennbar werden; es schafft auch die Möglichkeit, in jeder Untergruppe die Items von stärkerem und leichterem „Schweregrad" zu bestimmen. Dieses Problem wird im nächsten Abschnitt ausführlicher behandelt werden.

Der „Schweregrad" von Symptomen

Die Betrachtung des Ausmaßes, in dem ein Symptom mit wenigen oder vielen anderen Symptomen Teil eines Musters ist, führt logischerweise zur Korrelation der Symptome mit dem Gesamtauffälligkeitsscore. Da es keine Möglichkeit einer externen Validierung gibt, kann der Schweregrad einer Verhaltensweise auf einer bestimmten Alterstufe für Jungen oder Mädchen einfach dadurch bestimmt werden, daß geprüft wird, wie diese Verhaltensweise mit dem Gesamtscore korreliert, d. h., wie gut sie das Vorhandensein einer größeren oder kleineren Zahl auffälliger Verhaltensitems ohne Rücksicht auf deren Inhalt vorhersagt.

So grob dieses Maß auch ist, hat sich doch ein einfaches Zusammenzählen aller auffälligen Items eines bestimmten Kindes als brauchbarer Diskriminator zwischen Kindern aus child guidance clinics und „normalen" erwiesen (s. S. 162). Man könnte annehmen, daß solche Items, von welcher Qualität sie auch immer sein mögen, quantitativ mit dem Begriff der emotionalen Störung verknüpft sind. Ausgehend von dieser Überlegung wurde ein Gesamtauffälligkeitsscore errechnet (s. S. 77), mit dem einzelne Verhaltensitems korreliert werden konnten. Es leuchtet ein, daß eine hohe Korrelation mit gutem Grund als Hinweis auf einen gewissen Störungsgrad verstanden werden kann; umgekehrt weist eine geringe Korrelation mit dem Gesamtscore auf eine geringe psychiatrische Bedeutung hin. Wir teilten unsere Fälle deshalb nach der Höhe ihrer Gesamtscores auf und errechneten für jede dieser Grup-

---

1 Anm. d. Übersetzers: Im Sinne der hier verwandten statistischen Definition auffälligen Verhaltens ist seltenes Verhalten ein Verhalten, das mit einer kleinen, aber noch nicht so kleinen Häufigkeit auftritt, daß es auffällig genannt werden kann.

pen den jeweiligen Prozentsatz mit bestimmten Verhaltensitems. So wurden z. B. bei jüngeren Knaben (1876 Fälle jünger als elf Jahre) die Häufigkeiten für „Destruktivität", „Furcht vor der Dunkelheit", „Bettnässen" und „Nägelkauen" bestimmt.

Die ersten beiden dieser Beispiele (s. Tabelle 55) zeigen einen engen und gleichmäßigen Zusammenhang mit dem Gesamtscore, während die beiden letzteren bestenfalls unregelmäßig damit zusammenhängen. Dieses Ergebnis könnte auf den ersten Blick als Beispiel für unterschiedliche Schweregrade einzelner Items verstanden werden. Aber je mehr auffällige Items einem Kind zugeschrieben werden, desto größer wird die Wahrscheinlichkeit, daß es irgendeine bestimmte Verhaltensweise, egal welchen Inhalts, äußert.

Tabelle 55. Prozentsatz von Kindern mit ausgewählten Verhaltensformen nach Gesamtauffälligkeitsscore.

	Gesamtauffälligkeitsscore							
	0	1	2	3	4	5	6	7 und darüber
N =	733	491	299	152	81	59	23	38
Von Eltern berichtetes Verhalten								
Destruktives Verhalten	0%	1%	2%	2%	1%	5%	13%	18%
Furcht vor der Dunkelheit	0%	5%	13%	16%	28%	25%	26%	37%
Bettnässen	0%	5%	10%	11%	19%	13%	17%	13%
Nägelkauen	16%	18%	21%	24%	21%	20%	21%	32%

Wenn ein Kind z. B. sechs auffällige Items hat, ist klar, daß die Wahrscheinlichkeit, daß irgendeine Verhaltensweise geäußert wird, viel größer ist als bei einen Kind mit nur einem Item. Mit anderen Worten, allein der Zufall würde eine ansteigende Prozentsatzkurve bei zunehmendem Gesamtauffälligkeitsscore liefern, ohne Rücksicht auf den Inhalt des Verhaltens. Leider war es nicht möglich zu berechnen, wie weit sich die beobachteten Werte von den Zufallswahrscheinlichkeiten entfernen, wobei die jeweils unterschiedlichen Häufigkeiten von bis zu 40 Items für verschiedene Altersgruppen der Jungen und Mädchen hätten berücksichtigt werden müssen.

Dennoch können mögliche Zusammenhänge zwischen dem Gesamtauffälligkeitsscore und einem beliebigen Symptom auf vielerlei Art untersucht werden. So könnten z. B. die Mittelwerte der Gesamtauffälligkeitsscores einmal mit und einmal ohne ein bestimmtes Item errechnet werden. Indem der durchschnittliche Gesamtscore minus das betreffende Symptom berechnet wird, wird der Einwand hinsichtlich wachsender Zufallshäufigkeiten bei wachsendem Gesamtscore weitgehend entkräftet.

Die sechs Items mit den größten Unterschieden sind für jede Untergruppe in Tabelle 56 aufgeführt. Wie erwartet werden konnte, verändern sich diese allmählich mit dem Alter und sind einige Unterschiede zwischen Jungen und Mädchen zu beobachten. „Stimmungsschwankungen“, „Ängstlichkeit“, „Jammern“, „Wutanfälle“, „Weinen“, „Schmollen“, „Streiterei mit anderen Kindern“, „Eifersucht“ und „Bauchschmerzen“ sind alle unter den obersten sechs Items in wenigstens drei unserer Untergruppen zu finden. Überschneidungen mit dem stärker auffälligen Pol der Skalogramme im vorangegangenen Abschnitt sind nicht häufig, aber es besteht fast vollständige Übereinstimmung mit den in Tabelle 54 dargestellten Ergebnissen für die älteren Mädchen. So stehen tatsächlich sieben der zehn Items, die bei älteren Mädchen die größte Zahl an überzufälligen Verbindungen mit anderen Symptomen aufweisen, auch mit dem Gesamtauffälligkeitsscore in Beziehung.

Ein weiteres Ergebnis soll hier erwähnt werden. Wenn die Items nach der Häufigkeit ihres Auftretens in eine Rangordnung von hoch bis niedrig gebracht werden und dann der Rang des mittleren Gesamtauffälligkeitsscores von Kindern mit einem bestimmten Symptom bestimmt wird, ergibt sich ein Rho-Koeffizient von -.71.

Tabelle 56. Items mit den größten Mittelwertsunterschieden im Gesamtauffälligkeitsscore für jede Alters- und Geschlechtsgruppe.

5–7 Jahre	8–10 Jahre	11–12 Jahre	13–15 Jahre
	JUNGEN		
Stimmungsschwankungen	Stimmungsschwankungen	Stimmungsschwankungen	Stimmungsschwankungen
Ängstlichkeit (Sich Sorgen)	Ängstlichkeit (Sich Sorgen)	Abneigung gegen die Schule	Streitereien
Lügen	Schmollen	Wutanfälle	Ängstlichkeit (Sich Sorgen)
Weinen	Streitereien	Weinen	Verstopfung
Jammern	Lügen	Schmollen	Gehorsam
Wutanfälle	Eifersucht	Streitereien	Bauchschmerzen
	MÄDCHEN		
Jammern	Jammern	Wutanfälle	Streitereien
Stimmungsschwankungen	Stimmungsschwankungen	Jammern	Eifersucht
Weinen	Eifersucht	Ängstlichkeit (Sich Sorgen)	Jammern
Reizbarkeit	Weinen	Stimmungsschwankungen	Schmollen
Eifersucht	Ängstlichkeit (Sich Sorgen)	Streitereien	Wutanfälle
Wutanfälle	Bauchschmerzen	Schmollen	Bauchschmerzen

Dieser Wert besagt, daß, je seltener ein Item auftritt, es desto häufiger mit anderen Items in Verbindung steht. Es wäre nun zu überlegen, ob man die häufiger berichteten Items bei der Berechnung des Gesamtauffälligkeitsscores weglassen sollte; durch diese Maßnahme wird aber nicht erreicht, daß ein beliebiges Item Vorhersagewert erhält.

Zusammenfassung

Wie wir gesehen haben, hat es sich schwierig erwiesen, geeignete Methoden zur Bestimmung von Mustern, Gruppen oder Verbindungen von Symptomen zu finden. Das beruht teilweise auf technischen Gründen, teilweise auf dem natürlichen Mangel an Symptomen in einer Stichprobe normaler Kinder, aber auch auf der echten Schwäche oder dem Fehlen dieser Muster. Selbst in klinischen Stichproben ergaben sich weitaus niedrigere Interkorrelationen zwischen Symptomen, als nach einigen Theorien zu erwarten wäre. Nach diesen Daten wäre es nicht möglich, Syndrome oder nosologische Gegebenheiten aufzudecken, die eine gemeinsame zugrundeliegende Determinante erkennen ließen; darüberhinaus kann die Gesamtzahl auffälliger Items, die einem Kind zugeschrieben werden, bedeutsamer sein als der Inhalt solcher Items. Daraus folgt, daß der Schweregrad eines beliebigen Items auffälligen Verhaltens dadurch bestimmt werden könnte, inwieweit es mit anderen solchen Items, d.h. mit dem Gesamtauffälligkeitsscore, in Beziehung steht.

ANHANG 2

Die Fallgeschichten von vier Vergleichspaaren aus Klinik- und Kontrollkindern

Anmerkung

Um die Zusammenstellung der Vergleichspaare zu verdeutlichen, werden die auf dem Fragebogen aufgeführten Verhaltensitems folgendermaßen dargestellt:

1. Der hauptsächliche Vorstellungsgrund der Klinikkinder ist in Schrägschrift gesetzt.
2. Bei jedem Item, das ein Kind in der extremen Kategorie äußert, der Paarling dagegen nicht, ist das nicht-extreme Verhalten in Klammern angegeben. Wenn keines der beiden Kinder das extreme Verhalten zeigt, wird das Item nicht erwähnt.

Fallvergleich 1

Klinikfall	Kontrollfall
Junge, zwölf Jahre alt Standort der nächsten Klinik: dieselbe Stadt	Junge, dreizehn Jahre alt Standort der nächsten Klinik: drei Meilen vom Wohnhaus entfernt
Ausgangsdaten	*Ausgangsdaten*
Durchschnittliche Beurteilung des Ausgangszustands = 3 (mäßige Störung)	Durchschnittliche Beurteilung des Ausgangszustands = 3 (mäßige Störung)
Familiäre Herkunft	*Familiäre Herkunft*
a) Vater Wenige Angaben vorhanden; lebte mit der Mutter des Jungen unverheiratet neun Jahre zusammen, in dieser Zeit mehrere vorübergehende Trennungen, aber endgültige Trennung, als der Junge sieben Jahre alt war; soll angeblich ein starker Trinker sein.	a) Vater Fabrikarbeiter; 39 Jahre alt; Bandscheibenvorfall, sonst bei guter Gesundheit; nicht „nervös“

Klinikfall	Kontrollfall
b) Mutter Verkäuferin in Zeitarbeit; 38 Jahre alt; gute Gesundheit; sehr leicht aufgebracht, „sehr nervös", machte sich oft Sorgen (s. auch unten).	b) Mutter Hausgehilfin in Zeitarbeit; 40 Jahre alt; gute Gesundheit; jetzt nicht „nervös", war aber sehr „nervös", als der Junge ein Säugling war.
c) Geschwister ältere Halbschwester: 19 Jahre alt (verheiratet und lebt in London); ältere Halbschwester: 17 Jahre alt (lebt im Erziehungsheim); ältere Schwester: 13 Jahre alt; jüngerer Bruder: 11 Jahre alt.	c) Geschwister Jüngere Schwester: 6 Jahre alt.
d) Weitere Angaben Die Mutter hatte ursprünglich während des Krieges einen Soldaten geheiratet, als sie achtzehn Jahre alt war. Sie bekam ihre ersten beiden Kinder von ihm, hatte dann aber keinen Kontakt mehr mit ihm, da sie und die Kinder gegen Ende des Krieges aus London evakuiert wurden. Sie traf dann einen anderen Mann, mit dem sie zusammenlebte und von dem sie drei Kinder bekam; dieser Junge war das zweite Kind. Dieser Mann war nicht gewalttätig, wie ihr Ehemann gewesen war, trank aber viel und gab seinen ganzen Lohn für Alkohol aus. Nach mehreren Trennungen und Versöhnungen trennten sie sich endgültig, als der Junge sieben Jahre alt war. Die Kinder wurden dann (wegen der „Schwäche" der Mutter) für ungefähr vier Monate von der Fürsorge versorgt. Der Junge hatte auch mehrere Trennungen erlebt, da er viermal im Krankenhaus gelegen hatte und mit einem Jahr für einen Monat von der Fürsorge versorgt worden war, als sein Bruder geboren wurde. Kurz nach der Rückkehr zu seiner Mutter, nachdem sich diese von seinem Vater getrennt hatte, kam er wieder (für drei Jahre) in die Obhut der Fürsorge, nachdem er vor einem Gericht als „schwer erziehbar" befunden worden war. Während dieser Zeit blieb als einziges Kind das jüngste bei der Mutter. Als der Mutter ein council house zur Verfügung gestellt wurde, zogen dieser Junge (nun elf Jahre alt) und seine ältere Schwester mit ein. Die ältere Halbschwester war mittlerweile verheiratet und lebte in einer eigenen Wohnung, hatte aber anscheinend ein gutes Verhältnis zur Mutter. Die jüngere Halbschwester zog	d) Weitere Angaben Die Mutter war selbst in einem Waisenhaus aufgewachsen. Der Junge war nie wirklich von seinen Eltern getrennt gewesen, wurde aber vom zweiten bis zum vierten Lebensjahr in eine Kinderkrippe gebracht, weil seine Mutter „sehr nervös" geworden war und durch das Leben mit dem Kind in einem einzigen Raum bei einer Wirtin, die keinen Lärm duldete, und bei einem Vater, der nach der Nachtschicht schlafen wollte, sich überlastet fühlte.

Klinikfall

für eine kurze Zeit in das Haus der Mutter, wurde dann aber in ein Erziehungsheim in einiger Entfernung eingewiesen. Sie hatte vor kurzem einen Brief an die Mutter geschrieben, wo sie über „Geräusche“ und Angst, „verrückt zu werden“, klagte. (Der Brief wurde gesehen). Die Mutter selbst schien sehr verstört zu sein und sprach davon, daß sie verfolgt würde von a) einem Irländer, der sich sexuell an ihr interessiert gezeigt hatte und der, als sie ihn zurückgewiesen hatte, drohte, alle ihre Fensterscheiben einzuschlagen und sie zu „kriegen“; b) von seiner Frau, „einer verrückten Frau mit starrem Blick“, die in den Laden kam, wo sie arbeitete, und sie „fünf Minuten lang anstarrte, ohne zu sprechen“.

Angaben aus dem Elternfragebogen

a) Unterstrichene medizinische Probleme
keine gesundheitlichen Probleme; nervös.

b) Krankenhauseinlieferungen
Mit sechs Wochen: für zehn Tage: Beschneidung. Mit neun Monaten: für 14 Tage: Scharlach. Mit sechs Jahren: für sieben Tage: zur Beobachtung wegen hoher Temperatur. Mit sieben Jahren: für drei Tage: Mandeln herausgenommen.

c) Unterstrichene Verhaltensitems
Sehr reizbar, wird leicht verstimmt oder ärgerlich.
Hat richtigen Wutanfall, täglich oder fast täglich.
Sehr destruktiv.

(Schwindelt manchmal).
(Ißt fast alles).

Immer hungrig, ißt große Mengen.

Sehr unruhig und zappelig, kann nicht eine Minute lang stillsitzen.
Neigt sehr dazu, einfersüchtig zu sein.
(Bummelt auf dem Heimweg von der Schule oder kann mit Freunden spielen gehen, ohne den Eltern Bescheid zu sagen).
Sträubt sich gewöhnlich, wenn er/sie gebeten oder aufgefordert wird, etwas zu erledigen.

Kontrollfall

Angaben aus dem Elternfragebogen

a) Unterstrichene medizinische Probleme
keine gesundheitlichen Probleme; nervös.

b) Krankenhauseinlieferungen
keine Krankenhausaufenthalte, wurde aber sechs Wochen zu früh geboren und mußte nach der Geburt acht oder neun Wochen im Krankenhaus bleiben.

c) Unterstrichene Verhaltensitems
Sehr reizbar, wird leicht verstimmt oder ärgerlich.
Hat richtigen Wutanfall, täglich oder fast täglich.
(Ungefähr so destruktiv wie die meisten Kinder des gleichen Alters).
Lügt ziemlich oft absichtlich.
Ziemlich mäkelig beim Essen, ißt nur bestimmte Nahrungsmittel.
(Ißt ungefähr genausoviel wie die anderen Kinder des gleichen Alters).
Sehr unruhig und zappelig, kann nicht eine Minute lang stillsitzen.
Neigt sehr dazu, eifersüchtig zu sein.
Streift weit oder lange umher, ohne daß die Eltern den Aufenthaltsort kennen.

Sträubt sich gewöhnlich, wenn er/sie gebeten oder aufgefordert wird, etwas zu erledigen.

Klinikfall

(Weinen: keine Angaben).
Hat täglich oder fast täglich heftige Streitereien mit anderen Kindern.
Hat sehr sichtbare Zuckungen des Gesichts oder des Körpers oder eine eigentümliche Angewohnheit, die fast dauernd auftritt.
(Guter Leser, lernte Lesen schneller als die anderen Kinder).

Mütterliche Beschreibung der Probleme des Kindes in der Befragung

Von dem Jungen wurde gesagt, daß er sehr unruhig und überhaupt nicht in der Lage sei, eine Minute lang stillzusitzen. Nach der Beschreibung seiner Mutter, wie er auf einem Stuhl sitzt, war er jemand, der an multiplen Tics litt, aber das war wahrscheinlich übertrieben. Er hatte „furchtbare Launen", und wenn er ärgerlich war, warf er Gegenstände, auch Möbel, durchs Zimmer. Neulich war ein Kaffeetisch entzweigegangen, als er in schlechter Laune etwas dagegen geworfen hatte. Als er einmal mit seiner Schwester draußen war, war er beim Überqueren eines Baches von einem Treppenstein abgerutscht und hatte in seiner Wut alle Steine herausgerissen und um sich geworfen. Er kämpfte sehr oft mit seinem Bruder und seiner Schwester und hatte seine Schwester schon so terrorisiert, daß diese lieber auf der Treppe sitzenblieb, als in das Zimmer ging, in dem er war.

Er war davon besessen, die Türen zu schließen. Wenn irgendeine Tür offen war, mußte er sie schließen. Die einzige Ausnahme war seine Schlafzimmertür, die er nachts gern offenstehen ließ. Wenn jemand das Zimmer betrat, in dem er saß, und die Tür schloß, sah er immer sofort nach, indem er gegen die Tür drückte.

Er kaute so stark an seinen Nägeln, „bis sie bluteten". Wenn er abends seine Mutter von der Arbeit zurückerwartete, stand er im Fenster und „kaute an seinen Nägeln". Er rief auch immer nach ihr, wenn er nachts im Bett lag – „Ich denke, daß

Kontrollfall

Weint täglich oder fast täglich.
(Hat nie heftige Streitereien mit anderen Kindern).
Hat sehr sichtbare Zuckungen des Gesichts oder des Körpers oder eine eigentümliche Angewohnheit, die fast dauernd auftritt.
Schien beim Lesenlernen Schwierigkeiten gehabt zu haben.

Mütterliche Beschreibung der Probleme des Kindes in der Befragung

Der Junge war körperlich sehr gesund, aber hatte seit der Geburt Atembeschwerden. Er war sechs Wochen zu früh geboren und mußte für einige Zeit „mit einem Schlauch durch die Nase" gefüttert werden. Er blieb acht oder neun Wochen im Krankenhaus. In jüngster Zeit hatte er wieder „Ärger mit dem Atmen" – gab eigentümliche „Schnauflaute" von sich und verlangte, daß alle Türen und Fenster weit geöffnet blieben.

Im Alter von sieben Jahren entwickelte sich ein Tic. Dieser begann im Gesicht, ging über auf den Arm, seinen Hals, seine Schultern usw.. Die Mutter machte sich sehr große Sorgen, als sich der Tic zeigte, und dachte, es wäre Veitstanz, aber nachdem sie einmal eines Besseren belehrt worden war, ignorierte sie den Tic, und er verschwand nach vier Jahren.

Er war in der Schule „sehr zurück" und hatte beim Lesenlernen große Schwierigkeiten. Seine Eltern waren über seine Zukunft sehr besorgt und hatten in der Schule um Hausarbeiten zur Übung für ihn gebeten. Die Lehrer hatten jedoch gemeint, daß das keine gute Idee sei. Sein erster Trimesterbericht in der secondary modern school war sehr gut gewesen, aber im letzten stand, daß er „überall schlecht" sei. Es schien ihm sehr an Konzentration zu mangeln, und „es scheint ihm alles egal zu sein".

Er hatte oft Wutanfälle gehabt, in denen er mit Gegenständen um sich warf und ge-

Klinikfall

er mich hassen muß, so wie er mich nachts zu sich hochruft – sobald ich unten bin, geht es von vorne los". Strafen ließen ihn ungerührt und „wenn ich ihn schlage, lacht er". „Er scheint es zu mögen. Er sagt: „Mach' weiter, es tut nicht weh, mach' es noch mal." „Ich glaube, eines Tages bringe ich ihn um".

Seine Konzentrationsfähigkeit war schwach, und er verlor schnell das Interesse. Das beeinflußte seine Schulleistungen, wie auch die Tatsache, daß er leicht verlegen war, wenn er in der Klasse vorlesen sollte oder irgendwie die Aufmerksamkeit der anderen auf ihn gerichtet war. Er ging der Mutter zufolge sehr achtlos und destruktiv mit seinen Sachen um, aber in den von ihr gegebenen Beispielen hatten andere Leute seine Kleidung beschädigt.

Kontrollfall

gen seine jüngere Schwester ausschlug. Gegenüber seinen Eltern war er sehr herausfordernd und erledigte Aufträge nur, wenn es ihm Spaß machte, „sonst bekommt er einen Wutanfall". Er kam z. B. nie pünktlich nach Hause.

Er war sehr eifersüchtig auf seine kleine Schwester und lehnte sie seit ihrer Geburt ab. Damals hatte er gesagt, daß er kein Mädchen wolle, sondern einen Bruder, und seitdem war er immer unfreundlich zu ihr. Als sie ungefähr zwei Jahre alt war, schloß er sie in einen dunklen Schrank ein. Seitdem fürchtete sie sich vor der Dunkelheit. Im Winter sagte er ihr oft, daß er das Flurlicht für sie anmachen würde, lief dann weg und ließ sie im Dunkeln stehen. Vor zwei oder drei Jahren hatte er sie von ihrem Dreirad gestoßen, und im letzten Monat hatte er sie auf dem Heimweg von der Sonntagsschule getreten und ihr eingeschärft, daß sie sagen solle, sie hätte ihr Bein beim Ausrutschen auf dem Gehweg verletzt. Er log viel, oft auch, wenn es gar nicht nötig war. Zum Beispiel fuhr er mit dem Bus in die Schule, und seine Eltern kauften ihm dafür eine Zwei-Monats-Karte. Neulich war ihnen aufgefallen, daß er oft sehr naß zu werden schien, aber er sagte, daß das beim Warten auf den Bus passieren würde. Sie fanden dann heraus, daß er seit vier Monaten mit einem Freund ungefähr fünf Meilen über Felder zur Schule ging. Er hatte davon keinen finanziellen Vorteil gehabt, da seine Eltern die Karte kauften und er keine Rückerstattung bekommen konnte. Während der ganzen vier Monate hatte er seinen Eltern gesagt, er müßte so früh von zu Haus weggehen, daß er um 8.30 Uhr in der Klasse sein und ein Buch lesen könnte. Sie hatten jetzt über den Direktor erfahren, daß das nicht stimmte.

Er hatte immer den Wunsch, von seinen Eltern etwas geschenkt zu bekommen, aber wenn er etwas bekam, schien er eine Abneigung dagegen zu entwickeln. Zum Beispiel hatte er sich zu Weihnachten ein Tonbandgerät gewünscht, weil sie in der Schule ein Instrument spielen lernen wollten. Als er es bekam, wollte er es aber nicht ha-

Klinikfall

Kontrollfall

ben und hatte nicht einmal den Karton geöffnet, in dem es gekommen war. Ein Nachbar hatte ihm Fußballstiefel geschenkt, die er sich gewünscht hatte, aber jetzt zog er sie nicht an. Ein anderer Nachbar schenkte ihm einen Geometriekasten, da er gern Zeichnungen anfertigte, und „er sagte, daß er das alte Ding nicht haben wolle" und gab es einem anderen Jungen. Er hatte mehrmals gesagt, daß er gern von zu Haus weglaufen und in die Armee eintreten würde, wenn er so alt wäre. Er sagte seiner Mutter, daß sie das kleine Mädchen vorzöge und Dinge für sie täte, die sie für ihn nicht täte. Er neigte dazu, „anderen Kindern Sachen wegzunehmen". Er brachte die Sachen dann nach Haus und sagte, daß sie ihm geschenkt worden seien, aber meistens kam dann ein Telefonanruf von zornigen Eltern, die sich beschwerten, daß er die Sachen mit Gewalt weggenommen habe und daß sie sie zurückhaben wollten. Er war sehr zappelig und unruhig und meistens „unterwegs". Er hatte die Angewohnheit, dauernd mit den Fingern zu klopfen. Er war sehr unruhig im Schlaf und sprach dann oft, wobei er das Geschehen des Tages diskutierte und alte Gespräche wiederholte.

Schulbericht (Klinikfall)

In einer Förderklasse auf der secondary modern school; hatte Wutanfälle; kaute an seinen Nägeln; Konzentrationsschwierigkeiten; „ein unglücklicher und empfindlicher Junge".

Schulbericht (Kontrollfall)

Unterdurchschnittliche Leistungen; meist nahe am unteren Ende des schlechtesten von vier streams in einer secondary modern school; unruhig; arbeitete im Unterricht nicht mit; log; aggressiv gegenüber anderen Kindern; zeitweilig war er interessiert und arbeitete beständig, aber gewöhnlich in Störungen des Unterrichts verwickelt; sehr ungehorsam; mißachtete stets kleinere Regeln; angeberisches Verhalten; Bedürfnis, die Aufmerksamkeit der anderen auf sich zu lenken.

Klinikfall

Einstellung der Familie zu den Problemen des Kindes

Die Mutter schien sehr verstört zu sein, und ihre Einstellung zum Jungen schien von gänzlicher Ablehnung und Abneigung (wenn nicht Haß) geprägt zu sein. Sie konnte nichts Gutes über ihn sagen und machte sich über jede freundliche Bemerkung, die von anderen Leuten (z. B. von seinen Lehrern oder dem Klinikpersonal) gemacht wurde, lustig. Alle seine Handlungen wurden als Akte gegen sie gerichteter, bewußter Provokation angesehen.

Ergriffene Maßnahmen

Keine, außer Vergeltung mit gleichen Mitteln, wie Wutanfällen und Drohungen, daß „sie ihn wieder wegbringen lassen würde", wenn er sich nicht bessern würde.

Grund für die Überweisung

Der Junge besuchte eine sehr psychiatrisch orientierte Schule, deren Direktor die Überweisung durch den Schularzt veranlaßt hatte. Die Mutter hätte niemals den Anstoß für die Überweisung gegeben und würde – nach ihrem eigenen Eingeständnis – aller Voraussicht nach auch keinen Gebrauch von der angebotenen Hilfe machen.

Zustand bei der Nachuntersuchung

Alter: 13 Jahre
Durchschnittliche Besserungs-/Verschlechterungsbeurteilung
= –1 (leicht verschlechtert)

Kontrollfall

Einstellung der Familie zu den Problemen des Kindes

Die Mutter klagte während des ganzen Interviews über den Jungen, meistens in seiner Gegenwart. Sie schien den Eindruck zu haben, daß die Probleme auf ihrem Fehlverhalten beruhten – „Ich muß irgendwo einen Fehler gemacht haben" – konnte sich jedoch nicht vorstellen, wie das geschehen oder wie es wiedergutzumachen sei. Das Verhältnis der Eltern zum Jungen war im wesentlichen von Verblüffung geprägt; sie wurden aus ihm nicht klug.

Ergriffene Maßnahmen

Diese Eltern waren gewissenhafte Leute, die für jeden Ratschlag und jede Unterstützung dankbar waren. Sie erörterten die Erziehungsprobleme des Jungen mit der Schule (sie gingen an allen Elternsprechtagen in die Schule usw.), aber ihnen war noch keine geeignete Person eingefallen, mit der sie sein allgemeines Verhalten hätten besprechen können. Sie hätten aber eine Gelegenheit dazu begrüßt.

Grund für das Ausbleiben einer Überweisung

Für die Schule schien dieses Problem eine Sache schlechten Betragens zu sein, obwohl zugegebenermaßen in dieser Gegend von der Schule ausgehende Überweisungen weniger stark propagiert wurden. Die Eltern – obwohl sie für eine Beratung dankbar gewesen wären – hatten keine Vorstellung, wo man diese hätte bekommen können.

Zustand bei der Nachuntersuchung

Alter: 13 Jahre
Durchschnittliche Besserungs-/Verschlechterungsbeurteilung
= –1 (leicht verschlechtert)

Klinikfall

Veränderungen in der familiären Situation

Die Mutter hatte neun Monate zuvor erneut geheiratet, und zur gleichen Zeit war der Junge zu seiner ältesten Halbschwester und deren Ehemann weggebracht worden. Er konnte sich dort nicht einleben und lief zwei- oder dreimal nach Haus zurück. Beim letzten Mal, vor ungefähr einem Monat, war er mit einer Bronchitis zu Hause angekommen und blieb deshalb zu Haus. Die Mutter war zu ihrem großen Ärger schwanger geworden; sie hatte ihren Arzt um eine Unterbrechung gebeten, die dieser jedoch ablehnte. Dennoch machte sie einen entspannteren Eindruck als früher. Sie hatte in der Zwischenzeit eine psychiatrische Ambulanz besucht, „aber die sagten, daß mir nichts fehlen würde".

Verlauf der früheren Probleme

Der Junge war noch sehr reizbar, verlor oft die Beherrschung und hatte oft Wutanfälle; er war sehr destruktiv und hielt sich zur Zeit des Interviews zu Haus anstatt in der Schule auf, weil sein einziger Mantel und seine Hose mit weißer Farbe beschmiert waren. Er war immer noch auf seine Geschwister sehr eifersüchtig und schien sich mit seinem jüngeren Bruder und seiner etwas älteren Schwester, die er noch häufig provozierte, schlecht zu verstehen. Er war noch sehr unruhig und „nirgendwo und überall". Er kaute an seinen Nägeln noch so stark, daß sie bluteten. Seine Stimmungen schwankten noch sehr, und er war außerordentlich ungehorsam. Er schien nicht mehr die dauernde Sorge zu haben, ob alle Türen fest verschlossen seien, und saß jetzt in einem Raum, auch wenn die Türen geöffnet waren. Seine Beziehung zu seinem Stiefvater war weit davon entfernt, gut zu sein, obwohl die Mutter meinte, daß der Stiefvater fast übermenschliche Anstrengungen unternommen habe, den Jungen für sich zu gewinnen. Innerhalb der letzten Woche hatte es einen besonders heftigen Streit zwischen dem Jungen und seinem Stiefvater gegeben.

Kontrollfall

Veränderungen in der familiären Situation

Keine Veränderungen.

Verlauf der früheren Probleme

Die Mutter gab an, daß der Junge noch in vielerlei Hinsicht schwierig sei. Sein Hauptproblem schien immer noch die überwältigende Eifersucht auf seine jüngere Schwester zu sein; er verhielt sich ihr gegenüber noch aggressiv, knuffte, schlug oder verfolgte sie bei der geringsten Provokation. Er war immer noch der Meinung, daß seine Mutter für seine Schwester Dinge tat, die sie für ihn nicht tat. Die Mutter sagte dazu, daß zwischen den beiden ein so großer Altersunterschied bestünde, daß das manchmal nicht zu vermeiden wäre, egal wie sie sich anstrengten, beiden gleichermaßen gerecht zu werden. Beispielsweise hatte der Junge seit seinem neunten Lebensjahr seine Schuhe geputzt, während die Schuhe seiner kleinen Schwester (sie war noch nicht ganz neun Jahre alt) noch von den Eltern geputzt wurden. Das paßte ihm überhaupt nicht, und kürzlich hatte er seine Schuhe in die Ecke geworfen und zu seiner Mutter gesagt: „Du putzt die! Du putzt ihre!" Bei einer anderen Gelegenheit hatte er seine Mutter nach oben gerufen, daß sie ihn baden solle, weil sie ja das kleine Mädchen auch noch badete.

Klinikfall

Der Junge hatte gesagt, daß der Stiefvater im Hause nichts zu suchen und ihm auch nichts zu sagen habe, und, als er aufgefordert wurde, sich vor dem Essen die Hände zu waschen, hatte er das Handtuch auf den Stiefvater geworfen. Der Stiefvater war dann für den Rest des Abends grollend im Auto sitzengeblieben, womit er die Mutter „gekränkt" hatte, und hatte verkündet, daß er von nun an nichts mehr mit dem Jungen zu tun haben oder auch nur über ihn sprechen wolle. Er glaubte aber, daß „etwas geschehen muß, so kann es nicht weitergehen".

Die Mutter gab an, daß der Junge vollkommen in Ordnung war, wenn er mit ihr allein war, aber schwierig wurde, sobald jemand anders versucht, einen Teil ihrer Aufmerksamkeit zu beanspruchen. Das galt nicht nur für ihren Mann, sondern auch für die anderen Kinder. Er schien sich viele Sorgen um sie zu machen und wollte immer wissen, wo sie war und was sie tat. Wenn sie sich manchmal in einem anderen Zimmer oder im Haus aufhielt, wenn er draussen war, kam er öfters an die Tür oder das Fenster, um nachzusehen, ob sie noch da war.

Er schien mit dem, was für ihn gemacht wurde, nie zufrieden oder darüber erfreut zu sein. Er schien sehr unreif für sein Alter zu sein, obwohl „er auf keinen Fall geistig gestört ist"; er verbrachte viel Zeit beim Spielen mit Papierpfeilen und Modellautos und hatte vor kurzem angefangen, viel mit Wasser zu spielen. Er füllte z. B. Wasser in eine Plastikflasche, die vorher deodorierendes Pulver enthalten und seiner Mutter gehört hatte, und beschäftigte sich eine lange Zeit damit, daß „er nur dasaß und Wasser aus der Flasche spritzte". Er hatte auch eine alte Talkumpuderbüchse seiner Mutter mit Wasser gefüllt und nachts mit auf sein Zimmer genommen. Als er gefragt worden war, warum er das getan hätte, sagte er, er habe sie zum Trinken mitgenommen, wenn er nachts Durst bekommen sollte; seine Mutter meinte aber, daß das eine seltsame Begründung sei, wo es im Haus so viele Gläser gäbe. Neulich hatte er auch be-

Kontrollfall

Er erwartete auch von ihr, daß sie nach oben kam und ihm Sachen zum Anziehen heraussuchte, obwohl ihm die Eltern eine Kommode gekauft hatten und die sauberen Sachen immer in einer bestimmten Ordnung hineinlegten, so daß er wußte, wo sie lagen. Zu Weihnachten oder bei anderen Gelegenheiten, wenn Geschenke verteilt wurden, zählte er immer seine und die seiner Schwester sorgfältig, um sicherzugehen, daß sie beide genausoviel bekommen hatten. „Bis vor sehr kurzer Zeit bestand er darauf, mit ihr in die Badewanne zu gehen, so daß er sicher sein konnte, daß sie nicht mehr Seife oder Wasser bekam, glaube ich". Die Mutter sagte, daß diese dauernde Eifersucht, die er seit der Geburt der Schwester hatte, sie und ihren Mann so fertiggemacht hätten, daß sie sich manches Mal fragten, ob es nicht besser gewesen wäre, wenn sie das kleine Mädchen nie bekommen hätten. Ein drittes Kind wollten sie auf keinen Fall haben, weil das dann „vielleicht die Schwester so (eifersüchtig) werden ließe", obwohl der Vater sehr gern ein weiteres Familienmitglied gehabt hätte.

Der Junge hatte noch eine heftige Art und war aggressiv gegenüber anderen Leuten. Er hatte beispielsweise mehrmals seine Mutter geschlagen, als sie anderer Meinung war als er. Er schlug seine Schwester häufig und hatte sich neulich in der Schule einen Daumen gebrochen, als er einen anderen Jungen verprügelte. Er hatte keinen Sinn für Humor, und wenn ihn jemand hänselte oder sich auf seine Kosten lustig machte, ging er sofort auf den Betreffenden los. Er war während der letzten beiden Jahren ein gutes Stück gewachsen; er, der früher ein kleiner schwächlicher Junge gewesen war, war jetzt anscheinend fast so groß wie sein Vater, ein Mann von stattlicher Größe. Er schien nur Leuten gegenüber aggressiv zu sein; seine Sachen machte er nicht entzwei und vergriff sich auch in Wutanfällen nicht an Gegenständen.

Er haßte die Schule und hatte kein Interesse am Lernen, obwohl die Lehrer in sei-

Klinikfall

gonnen, mit Feuer zu spielen und heimlich Paraffinlampen anzustecken. Als die Mutter und der Stiefvater den Jungen einmal allein im Haus gelassen hatten, weil sie ins Kino gegangen waren, mußten sie bei ihrer Rückkehr feststellen, daß er alle Behälter in der Küche mit Paraffin gefüllt hatte – „Er hatte es in die Teebüchse getan, in den Salzstreuer und in alle Gläser". Dieses Verhalten beunruhigte die Mutter sehr, da sie Angst hatte, daß er das Haus anzünden könnte.

Kontrollfall

ner gegenwärtigen Schule „viel Verständnis gezeigt hatten" und sehr hilfsbereit zu ihm und seinen Eltern gewesen waren. Es gab eine Zeit, in der er sich fragte, ob er noch für ein weiteres Jahr auf der Schule bleiben sollte; der Direktor meinte, daß das eine gute Idee sein könnte, da er der Ansicht war, daß dieses zusätzliche Jahr seinen Fähigkeiten zum Durchbruch verhelfen könnte. Der Junge lehnte es jedoch ab und sagte, daß „er dort nicht bleiben will". Die Eltern fragten sich, wie er auf der Arbeitsstelle zurechtkommen sollte, wenn er versuchte, „sich wegen jeder Kleinigkeit Genugtuung zu verschaffen" und körperliche Gewalt anzuwenden, wie er es jetzt in seiner Umgebung tat. Er nahm auch die Haltung des Alleswissenden an, wenn seine Eltern ihm etwas zu erklären versuchten. So hatte er neulich sein Fahrrad reparieren wollen und seinen Vater gebeten, ihm dabei zu helfen. Sobald sein Vater aber nach draußen gegangen war und begonnen hatte zu erklären, was zu tun sei, tat er offenbar so, daß er alles besser wüßte, und zuguterletzt schrie er seinen Vater an, so daß der Vater in das Haus zurückging und ihn damit alleinließ. Die Mutter sagte, daß der Vater ein extrem geduldiger Mann und gut zu Kindern sei, daß aber selbst er ziemlich oft nicht wüßte, wie er damit fertigwerden könnte oder wie er am besten mit dem Jungen umgehen sollte. Vor kurzem hatten ihm drei seiner Freunde die Möglichkeit angeboten, für zehn shillings in der Woche einen ihrer Zeitungsaustragebezirke zu übernehmen, aber das ließ ihn gleichgültig, und er nahm die Gelegenheit nicht wahr.

Er log immer noch recht häufig, aber längst nicht mehr so viel wie früher. Die Mutter schrieb die Besserung der Tatsache zu, daß die meisten seiner anderen Lügen aufgedeckt worden waren und er merkte, daß es keinen Zweck hatte. Es wurde von ihm erzählt, daß er ein sehr gesunder Junge sei, der viel draußen war, gern lange Spaziergänge machte und allein oder mit anderen Jungen in der Umgebung etwas

Klinikfall

Kontrollfall

unternahm. Er war noch sehr schüchtern in Gesellschaft fremder Erwachsener, und wenn z. B. Freunde die Familie besuchten, saß er während der ganzen Zeit vollkommen stumm da, abgesehen von einem gelegentlichen „Ja" oder „Nein". Das war selbst dann der Fall, wenn zum Besuch Kinder ungefähr seines Alters gehörten. Andererseits ging er in den örtlichen Jugendklub und hatte dort eine Tanzpartnerin, die er aber zu anderen Zeiten nicht traf. Dieser Jugendklub machte ihm großen Spaß, und „er scheint während der übrigen Woche nur noch dafür zu leben". Wenn seine Eltern ihm einen Auftrag erteilten, erfüllte er ihn immer noch mit großem Widerstreben. Sein Appetit war sehr stark, und „am liebsten würde er nur von Kuchen leben".

Schulbericht (Klinikfall)

Nicht vorhanden, da der Junge in dem Gebiet noch nicht wieder eingeschult worden war.

Schulbericht (Kontrollfall)

Unterdurchschnittliche Leistungen für sein Alter; im untersten Viertel seiner Lerngruppe; log oft; sehr reizbar; kein Interesse an der Schule; unreif in seiner Einstellung zur Schule; schwache Konzentrationsfähigkeit.

Einstellung der Familie (Klinikfall)

Die Mutter war insgesamt ruhiger und verhielt sich nicht mehr so feindselig gegenüber dem Jungen wie früher. Sie lehnte ihn aber immer noch ab und machte sich auch Sorgen über den nachteiligen Effekt, den sein Verhalten auf ihre neue Ehe haben könnte. Der Stiefvater verstand sich mit den beiden anderen Kindern, die ihn auch gernhatten, war aber nicht bereit, sich mit diesem Jungen abzufinden, der ihn nicht akzeptierte. Sie wollten bald in die child guidance clinic gehen, wobei sie wieder die Hoffnung hatten, auf diesem Weg für den Jungen einen Platz in einem Schulheim zu bekommen.

Einstellung der Familie (Kontrollfall)

Beide Elternteile machten sich recht grosse Sorgen. Sie waren der Ansicht, daß der Junge „in der Schule seine Möglichkeiten weggeworfen" hätte und daß seine Einstellung zusammen mit seiner Agressivität es ihm schwermachen würde, sich zurechtzufinden, wenn er zu arbeiten anfing. Sie meinten, daß das grundsätzliche Problem die Eifersucht sei, konnten sich aber nicht vorstellen, was sie hätten tun sollen, um das zu vermeiden. Insgesamt waren sie noch vollkommen ratlos über den Jungen und die Art und Weise, wie am besten mit ihm umzugehen war.

Fallvergleich 2

Klinikfall	Kontrollfall
Mädchen, fünf Jahre alt Standort der nächsten Klinik: neun Meilen vom Wohnhaus entfernt	Mädchen, fünf Jahre alt Standort der nächsten Klinik: sieben Meilen vom Wohnhaus entfernt
Ausgangsdaten	*Ausgangsdaten*
Durchschnittliche Beurteilung des Ausgangszustands = 2 (leicht gestört)	Durchschnittliche Beurteilung des Ausgangszustands = 2 (leicht gestört)
Familiäre Herkunft	*Familiäre Herkunft*
a) Vater Techniker; 41 Jahre alt; litt an Magengeschwür, aß deshalb eine besondere Diät; weitere Beschwerden: „Arthritis"; Neigung zu übertriebener Besorgnis um die eigene Gesundheit und die des Kindes und der Möglichkeit eines Unfalls; machte sich auch oft Sorgen wegen seiner Arbeit; erste Ehefrau starb kinderlos zwei Jahre nach der Heirat.	a) Vater Buchhalter; 33 Jahre alt; gute Gesundheit; leicht aufbrausend, beruhigte sich aber schnell.
b) Mutter Hausfrau; 32 Jahre alt; körperlich bei guter Gesundheit; „sehr schwache Nerven" seit der Geburt des Kindes; im ersten Jahr weinte sie die meiste Zeit, weil sie sich nach einem Umzug in eine neue Gegend kurz vor der Geburt des Kindes einsam fühlte und weil sie mit dem Baby nur schwer zurechtkam. Sie veranlaßte, daß ihr Mann den Gasofen gegen einen elektrischen austauschte („Wenn ich mal meinen Kopf in den Ofen stecken sollte"); hatte zum Zeitpunkt des Interviews immer noch Schwierigkeiten, mit dem Baby und der Hausarbeit fertigzuwerden; meinte, daß ihr Mann sie nicht verstünde und daß ihre eigenen Geschwister kein Interesse an ihren Problemen hätten und sie ablehnten – ihre Eltern waren tot; neigte dazu, sich über die Gesundheit des Kindes Sorgen zu machen, so wurde jeder kleiner Kratzer mehrmals in einem Antiseptikum gebadet.	b) Mutter Hausfrau; 33 Jahre alt; gute Gesundheit; sehr ausgeglichene Natur, aber wenn sie einmal aus der Fassung gebracht oder verärgert war, blieb sie so für einige Zeit.

Klinikfall	Kontrollfall
c) Geschwister Keine.	c) Geschwister Ältere Schwester: 6 Jahre alt; jüngere Schwester: 2 Jahre alt.
Angaben aus dem Elternfragebogen	*Angaben aus dem Elternfragebogen*
a) Unterstrichene medizinische Probleme Reisekrankheit; oft Schnupfen oder Heiserkeit; langandauernder oder beschwerlicher Husten; Übergewicht; sehr nervös.	a) Unterstrichene medizinische Probleme Keine.
b) Krankenhauseinlieferungen Keine.	b) Krankenhauseinlieferungen Keine.
c) Unterstrichene Verhaltensitems Sehr unruhig und zappelig, kann nicht eine Minute lang stillsitzen.	c) Unterstrichene Verhaltensitems Sehr unruhig und zappelig, kann nicht eine Minute lang stillsitzen.
Sehr reizbar, wird leicht ärgerlich oder verstimmt.	Sehr reizbar, wird leicht ärgerlich oder verstimmt.
Ziemlich mäkelig beim Essen, ißt nur bestimmte Nahrungsmittel.	Ziemlich mäkelig beim Essen, ißt nur bestimmte Nahrungsmittel.
Schwacher Appetit, neigt dazu, in sehr kleinen Bissen zu essen.	Schwacher Appetit, neigt dazu, in sehr kleinen Bissen zu essen.
Scheint sich oft zu ängstigen, sorgt sich um viele Dinge.	Scheint sich oft zu ängstigen, sorgt sich um viele Dinge.
Jammert und quengelt viel, schwer zu befriedigen.	Jammert und quengelt viel, schwer zu befriedigen.
Hat sehr sichtbare Zuckungen des Gesichts oder des Körpers oder eine eigentümliche Angewohnheit, die fast dauernd auftritt.	Hat sehr sichtbare Zuckungen des Gesichts oder des Körpers oder eine eigentümliche Angewohnheit, die fast dauernd auftritt.
Weint zwei- oder dreimal wöchentlich.	Weint zwei- oder dreimal wöchentlich.
(Zerstört selten oder nie Gegenstände absichtlich).	Sehr destruktiv.
(Scheint etwas Unbehagen zu fühlen, wenn nicht ein schwaches Licht brennt).	Fürchtet sich nachts im Bett vor der Dunkelheit.
(Selten oder nie eifersüchtig).	Neigt sehr dazu, eifersüchtig zu sein.
(Hat selten oder nie Tagträume).	Hat fast täglich Augenblicke, in denen er/sie in sich versunken ist und die Leute um sich herum vergißt.
(Ungefähr so gehorsam wie die meisten Kinder).	Sträubt sich gewöhnlich, wenn er/sie gebeten oder aufgefordert wird, etwas zu erledigen.
(Schmollt nie).	Schmollt zwei- oder dreimal wöchentlich.
(Hat nie Wutanfälle).	Hat zwei- oder dreimal wöchentlich Wutanfälle.
(Lutscht nie am Daumen oder Finger).	Lutscht zwei- oder dreimal wöchentlich am Daumen oder Finger.
(Hat nie heftige Streitereien mit anderen Kindern).	Hat zwei- oder dreimal wöchentlich heftige Streitereien mit anderen Kindern.

Klinikfall

Weitere Angaben über Verhaltensweisen

„Erwachte bis vor kurzem jede Nacht und stöhnte und weinte ohne ersichtlichen Grund".

Mütterliche Beschreibung der Probleme des Kindes in der Befragung

Das Kind war sehr lebhaft und stellte hohe Anforderungen an seine Umwelt. Schon als Baby weinte sie viel und schien wenig Schlaf zu brauchen. Als sie ungefähr ein Jahr alt war und laufen lernte, „mußte ich stundenlang mit ihr im Zimmer herumlaufen". Als sie sich schon besser fortbewegen konnte, „mußte ich ihr jedes Mal durch das Zimmer nachlaufen, wenn ich das Lätzchen umbinden wollte", und das tat sie noch, wenn sie zum Ausgehen angezogen wurde. Mit zwei Jahren und zehn Monaten wurde sie tagsüber in eine private Kinderkrippe gebracht, um die Mutter zu entlasten, aber sie gewöhnte sich dort nicht ein und blieb nach kurzer Zeit wieder zu Hause. Mit vier Jahren wurde sie in die nursery school geschickt. Da fing sie an, „im Schlaf zu sprechen und die Arme hin und her zu bewegen und ihren Schultag noch einmal zu erleben". Die Mutter verstand das als Hinweis darauf, daß die Lehrer sie nicht richtig behandelten, und „da war ich ganz durcheinander, und ich fing an zu weinen, als ich sie am nächsten Tag in der Schule zurückließ". Die Mutter beschrieb auch einen Vorfall, wo das Kind in der nursery school eingekotet hatte und „alle Lehrer sagten, sie sei ungezogen, und standen um sie herum und guckten böse". Die Mutter hatte gesagt, daß sie nicht ungezogen sei; der Fußboden des Schulklos war naß, und es war ihr immer eingeschärft worden, nicht auf ein „schmutziges" Klo zu gehen.

Bis vor kurzem wachte sie mehrmals in der Nacht auf und rief nach der Mutter. Jetzt wachte sie nur einmal – ungefähr um 3h – auf und bat um den Topf. Wenn die Mutter zu ihr kam, bestand sie darauf, daß die Mutter blieb und sich zu ihr ins Bett legte.

Kontrollfall

Weitere Angaben über Verhaltensweisen

Keine.

Mütterliche Beschreibung der Probleme des Kindes in der Befragung

Die Mutter war der Ansicht, daß sich bei diesem Mädchen die Tatsache ihrer mittleren Stellung in der Geschwisterreihe auswirkte. Zwischen ihr und ihrer älteren Schwester, auf die sie sehr eifersüchtig war, lag nur ein kleiner Altersabstand. Sie wollte alles tun, was ihre Schwester tat, „und will nicht einsehen, daß es bestimmte Dinge gibt, die sie noch nicht machen kann". Die beiden kleinen Mädchen mussten genau gleich behandelt werden – zur gleichen Zeit ins Bett gehen, zur gleichen Zeit neue Kleidungsstücke bekommen usw. – oder „es gibt einen Aufstand". Sie war sehr „hitzig" und hatte richtige Wutanfälle – sie warf mit Gegenständen, stampfte mit den Füßen auf usw. –, aber diese vergingen schnell; als sie jünger war, stieß sie in Wut ihren Kopf gegen die Wand. Wenn sie gescholten wurde oder einen Klaps bekam, weinte sie nie, sondern ging weg und schmollte ein paar Minuten, kam dann aber wieder zurück, als ob nichts geschehen wäre, „eben noch traurig und im nächsten Augenblick ganz vergnügt".

Als sie in die Schule kam, war sie in der ersten Zeit ganz durcheinander. Am ersten Tag klammerte sie sich an das Geländer und weigerte sich, das Gebäude zu betreten. Als sie mit Gewalt ins Klassenzimmer gebracht wurde, weinte sie, bis ihre Mutter wegging. Nach der Aussage des Lehrers hat sie sich dann beruhigt. Nach ungefähr einer Woche hörte dieses Verhalten auf, aber zu Beginn des nächsten Trimesters „hatte sie sich in den Ferien wieder daran gewöhnt, zu Haus zu bleiben", und lief mehrmals von der Schule weg nach Hause. „Ich legte das, was ich gerade machte, nur beiseite, zog

Klinikfall

Wenn der Vater zu ihr ging, kam das Kind auch zur Ruhe, aber schimpfte am nächsten Morgen die Mutter, daß diese nicht selbst gekommen war.

Sie fürchtete sich vor verschiedenen Dingen: vor „Flammen und Feuer", vor „Alligatoren und Schlangen"; nachts mußte ein Licht brennen und sie ging nicht ins Bett, bevor der Vater gekommen war; sie ging nicht allein auf das Klo; sie fürchtete sich davor, „zu sterben und in den Himmel zu kommen".

Sie wurde nicht dazu ermuntert, mit den Nachbarskindern zu spielen, wollte aber auch nicht allein spielen, so daß die Mutter ihr Spielpartner sein mußte.

Schulbericht

In der Schule glaubte man, daß sie einige Male aus „sehr fadenscheinigen medizinischen Gründen", aber auch wegen der überbesorgten Mutter gefehlt habe. Für ihr Alter durchschnittliche Leistungen. In ihrem Verhalten war sie unruhig, und wenn sie sprach, „sprudelten die Wörter nur so aus ihr heraus"; sie war auch schüchtern und schien sich mehr als andere Kinder zu ängstigen.

Kontrollfall

meinen Mantel an und brachte sie sofort wieder in die Schule." In dieser Zeit „schien ihre Furcht vor der Schule sie allgemein zu verängstigen", und sie zeigte Furcht vor Hunden und einige Furcht vor Fremden, obwohl beide Formen der Furcht seitdem nicht wieder auftraten. Es entwickelte sich bei ihr im Gesicht ein Tic, aber medizinischer Rat wurde deswegen nicht eingeholt; er ist dann auch spontan zurückgegangen.

Sie „hört nicht, wenn man zu ihr spricht", aber das schien auf ein bewußtes Überhören der Wünsche der Mutter hinzudeuten.

Sie sprach nie über die Schule und „zieht sich in ihre Schale zurück, wenn man sie fragt". Ihre Mutter meinte, daß sie klüger als ihre Schwester sein könnte, aber daß sie sich in der Schule „nicht konzentriert" und aus diesem Grund nicht so gut wie ihre Schwester abschnitte. Die Mutter fragte sich, ob die Abneigung, Vorfälle aus der Schule zu besprechen, daher rührte, daß die Schwester „alles schon mitgemacht hatte". Die Eltern versuchten, ihren Schulangelegenheiten das gleiche Interesse wie denen der älteren Schwester entgegenzubringen, aber vermuteten, daß es ihren Bemühungen an Spontanität mangeln könnte, „weil es für uns nichts Neues mehr ist, wir wissen schon, was kommt".

Schulbericht

Einige Male wegen Krankheit gefehlt. Für ihr Alter durchschnittliche Leistungen. Keine Anmerkungen zum Verhalten.

Klinikfall

Einstellung der Familie zu den Problemen des Kindes

Der Vater hatte mit dem Hausarzt vereinbart, daß das Kind in die Klinik überwiesen werden sollte, um die Mutter zu „reizen".

Die Mutter schwankte dazwischen, überhaupt keine Probleme zu sehen oder das Kind mit Symptomen zu „überhäufen", um zu zeigen, daß sie mit vielerlei Problemen fertigwerden mußte. Sie hatte sehr ambivalente Gefühle gegenüber unserem Besuch; einerseits wollte sie nichts über ihre eigene Unzulänglichkeit hören, andererseits schüttete sie einem verständnisvollen Gegenüber nicht ungern ihr Herz aus. Ihre Einstellung während des Interviews wandelte sich von der Aussage, daß, wie sich das Kind verhalte, „ einfach dessen Art sei", über den Vorwurf gegen den Mann, daß er das Kind falsch behandele, bis zu einem schließlichen Bekenntnis ihrer eigenen Gefühle der Unzulänglichkeit, mit den Problemen fertigzuwerden.

Ergriffene Maßnahmen

Sehr wenig. Die Mutter gänzlich unfähig, damit fertigzuwerden. Der Vater berichtete bei der Begrüßung noch in der Tür Einzelheiten über die Vorfälle des Tages. Es hat den Anschein, daß der Hausarzt ziemlich oft aufgesucht worden ist, der Mutter aber sagte, daß sie zuviel Aufhebens machte und alles in Ordnung wäre – schließlich auf Wunsch des Vaters vom Hausarzt in die child guidance clinic überwiesen.

Grund für die Überweisung

Die Probleme des Kindes wurden als Vorwand gebraucht, um auf den Zustand der Mutter und ihre Hilfsbedürftigkeit bei der Lösung ihrer Probleme zu sprechen zu kommen. Der unmittelbare Anlaß war das Bestehen des Vaters auf medizinischen Maß-

Kontrollfall

Einstellung der Familie zu den Problemen des Kindes

Sie glaubten, daß das Kind „eine Phase durchmacht", die durch die Einschulung ausgelöst worden sei, die aber jetzt vorüberginge. Sie meinten auch, daß die mittlere Stellung in der Geschwisterreihe bestimmte Gefahren in sich berge, da das Kind zu übermäßigen Anstrengungen verleitet werde, um mit der älteren Schwester mitzuhalten und besondere Aufmerksamkeit durch Großtuerei auf sich zu ziehen. Sie waren der Auffassung, daß das ganz natürlich sei und die Pflicht der Eltern darin bestünde, die Geborgenheit und Aufmerksamkeit zu geben, die sie nötig hatte. Sie glaubten nicht, daß es irgendein Problem gab, daß sich nicht ohne äußere Hilfe auflösen würde.

Ergriffene Maßnahmen

Entschlossenes Handeln, wenn sie sich weigerte, zur Schule zu gehen. Andere Probleme, wie z. B. der Tic, wurden ignoriert, aber Anstrengungen wurden unternommen, zusätzliche Aufmerksamkeit und Geborgenheit zu geben, um das Kind über die „schwierige Phase" hinwegzubringen.

Grund für das Ausbleiben einer Überweisung

Die Mutter dachte, daß „man mit den Problemen seiner Kinder selbst fertigwerden sollte". „Man sollte selbst wissen, was falschläuft" und dann die entsprechenden Maßnahmen ergreifen, um das Problem zu lösen.

Klinikfall

nahmen, um eine Situation zu verändern, in der das Verhalten des Kindes von der Mutter als Waffe gegen ihn eingesetzt wurde.

Zustand bei der Nachuntersuchung

Alter: 7 Jahre
Durchschnittliche Besserungs-/Verschlechterungsbeurteilung
= –1 (leicht verschlechtert)

Veränderungen in der familiären Situation

Acht Wochen vor dem Interview der Nachuntersuchung war eine Schwester geboren. Auch diesem Kind gegenüber zeigte sich die Ängstlichkeit der Eltern: Es wurde vor und nach jeder Mahlzeit gewogen, um sicher zu sein, daß es genug gegessen hatte. Die Mutter hoffte, daß dieses Kind sich nicht wie ihre Schwester „entpuppen" würde.

Verlauf der früheren Probleme

Es wurde keine offene ablehnende Reaktion gegen die Ankunft des neuen Babys beobachtet; das Kind schien interessiert und erfreut zu sein, und ihre Mutter meinte, daß es davon abgehalten werden müßte, das Baby zu viel anzufassen.

Sie wachte noch nachts auf und rief ihre Eltern zu sich – jetzt hauptsächlich, weil sie hustete und dann trinken wollte. Sie hatte vor ungefähr zwölf Monaten eine „Bronchitis" bekommen und seitdem immer gehustet und gekeucht. Die Mutter hatte sie sieben Monate täglich mit Antibiotika behandelt, bis der Vorrat aufgebraucht war. Danach hustete sie jede Nacht und so laut, daß sie nicht nur die Eltern, sondern auch die Türnachbarn aufweckte. Sie hatte neulich mit ihrer Mutter in einem Bett geschlafen, und der Vater war in ihr Zimmer gezogen, damit „er nicht durch die Mahlzeit des Babys gestört würde". Seit-

Kontrollfall

Zustand bei der Nachuntersuchung

Alter: 7 Jahre
Durchschnittliche Besserungs-/Verschlechterungsbeurteilung
= +1 (leicht gebessert)

Veränderungen in der familiären Situation

Keine Veränderungen.

Verlauf der früheren Probleme

Die Mutter war der Auffassung, daß das Mädchen die recht schwierige „Phase", die sie nach der Einschulung hatte durchmachen müssen, überwunden hatte. Sie schien jetzt recht gern in die Schule zu gehen und tat dies ohne Murren. Probleme tauchten dann auf, wenn Veränderungen im Unterrichtsablauf oder in der Lehrerbesetzung eintraten. Es brachte sie beispielsweise aus der Fassung, wenn ihr Lehrer krank wurde und die Klasse von einer Vertretung übernommen wurde; sie brauchte auch eine gewisse Zeit der Eingewöhnung zu Beginn eines neuen Schuljahres, wenn sie einen neuen Lehrer bekam. Sie hing zu Haus gleichermaßen am Alten, und Änderungen im Ablauf des Familienlebens oder nur eine Umstellung der Möbel schienen ihr unangenehm zu sein. Sie war immer noch ein eher schlechter Esser und hatte einen schwächeren Appetit als die übrige Familie. Sie war aber nicht mäkelig beim Essen,

Klinikfall

dem hatte der Husten nachgelassen. Sie keuchte während des Tages sehr oft, und ihre Mutter lenkte durch ständige Bemerkungen ihre Aufmerksamkeit darauf. Ihr waren Atemübungen vorgemacht worden, um ihr Linderung zu verschaffen, aber sie führte sie nicht aus, und „man kann sie nicht dazu zwingen, nicht wahr?"

Im letzten Jahr hatte es in der Schule einige Unruhe gegeben, als das Kind von einem Lehrer unterrichtet worden war, vor dem sie sich fürchtete; in dieser Zeit fing sie an zu stottern. Der Lehrer soll der Mutter gesagt haben, daß das Kind „trotzig" wäre und „nicht antworten würde"; das Kind hatte erwidert, daß es das vor zu großer Angst nicht könnte.

Die Mutter war der Meinung, daß die Fortschritte des Kindes in der Schule (besonders im Lesen) zu gering seien; „sie wird in die junior school gehen, ohne lesen zu können". Die Schule beschrieb sie dagegen als leicht überdurchschnittlich im Lesen. Sie schien nicht viele Freunde zu haben; sie war kürzlich nach Hause gekommen und hatte sich darüber beklagt, daß die anderen Kinder nicht mit ihr spielen wollten. Sie hatte auch eine kleine Geschichte über einen Tannenbaum geschrieben, der sehr unglücklich war, weil ihn niemand liebhatte.

Sie schien sich davor zu fürchten, allein gelassen zu werden – sei es in der Dunkelheit oder sogar am Tage –, wenn die Mutter z. B. in einem anderen Raum war. Neulich hatte die Mutter sie im Haus allein gelassen, als sie einkaufen gegangen war; bei ihrer Rückkehr machte das Kind einen sehr erregten und verstörten Eindruck. Sie war sehr unruhig im Schlaf und hatte vor kurzem angefangen, ihre Nägel zu kauen oder abzureißen.

Kontrollfall

und ihre Mutter sagte, daß sie jetzt wußten, daß sie einen schwachen Appetit hat und ihr deshalb schon kleinere Portionen geben. Sie schien sehr gesund und zäh zu sein, wenn auch etwas zu dünn. Sie war immer noch hitzig und neigte dazu, ziemlich schnell verstimmt zu sein. Sie schmollte aber nicht und hatte, wie die Mutter bemerkte, alles in allem „ein liebes Wesen". Der Tic, den sie bei der Einschulung bekommen hatte, war nicht wieder aufgetreten, aber in den letzten zwölf Monaten hatte sie angefangen, an ihren Nägel zu kauen. Das ging nicht soweit, daß ihre Nägel bluteten, aber sie waren ziemlich weit abgekaut. Wenn sie abends ins Bett ging, lutschte sie auch am Daumen.

Die Mutter meinte, daß sie insofern oft „sehr nervös" war, als sie durch jede tadelnde Bemerkung in der Schule leicht aus der Fassung gebracht würde. So war sie beispielsweise am letzten Wochenende weinend nach Haus gekommen, weil der vertretende Lehrer sie wegen Lachens im Unterricht in die Ecke gestellt hatte. Diese Art von Vorfällen brachten sie immer durcheinander. Andererseits reagierte sie nicht übertrieben, wenn sie von ihrer Mutter getadelt wurde oder einen Klaps bekam. Sie neigte auch dazu, sich häufig Sorgen zu machen, und wurde vor Prüfungen oder ähnlichen Ereignissen sehr nervös. Aber „sie scheint in der Lage zu sein, ihre Nervosität zu überwinden", da sie in den letzten Schulprüfungen an dritter Stelle lag und kürzlich auch ihre erste Ballettprüfung mit Auszeichnung bestanden hatte, obwohl sie vor beiden Gelegenheiten sehr nervös war.

Sie schien sich vor nichts mehr zu fürchten oder in irgendeiner Form verschlossen zu sein. Sie sträubte sich immer noch, einen Auftrag auszuführen und „muß immer zweimal aufgefordert werden"; letzten Endes gab sie aber immer nach („Dafür sorge ich schon"). Es bestand immer noch etwas Eifersucht und es gab kleinere Streitereien zwischen den drei Schwestern.

Klinikfall

Schulbericht

Anwesenheit gut, überdurchschnittliche Leistungen; meist unter den besten 25% der Klasse; war ängstlicher als die anderen Kinder; „hat einen schwachen Minderwertigkeitskomplex; die Mutter sorgt sich um ihr Abschneiden und das kann dem Kind zu erkennen gegeben worden sein".

Einstellung der Familie

Es war schwierig, Näheres darüber zu erfahren. Nach außen hin zeigte die Mutter Angst und eine wie von langem Leiden gezeichnete Hinnahme der Situation, andererseits wurden die Gesundheits- und Verhaltensprobleme des Kindes, selbst in seiner Gegenwart, von ihr überzeichnet. So sprach sie beispielsweise von seinem „schwachen Lesen", während das Kind in Wirklichkeit über dem Durchschnitt lag. Es drängte sich sehr der Eindruck auf, daß das Verhalten des Kindes als Waffe gegen den Vater eingesetzt wurde. Ihre „schlimmen Nächte" brachten die Mutter in ihr Bett (wie auch die Ankunft des neuen Babys), und ihre „Bronchitis" versetzte ihn in Schrecken, weil er große Furcht vor Krankheiten hatte, besonders vor Tuberkulose, der Todesursache seiner ersten Ehefrau.

Kontrollfall

Schulbericht

Anwesenheit gut, überdurchschnittliche Leistungen; meist unter den besten 25% der Klasse; keine Verhaltensprobleme in der Schule.

Einstellung der Familie

Die Mutter war der Ansicht, daß „alle Kinder schwierige Phasen durchmachen", in denen sie aus dem einen oder anderen Grund zusätzliche Aufmerksamkeit und Geborgenheit nötig haben. In der Zeit des ersten Interviews befand sich dieses Kind in solch einer Phase, und diese war nun überstanden. Sie würde wahrscheinlich immer eine Neigung zu Nervosität und Ängstlichkeit haben, aber das war eben ein Teil ihrer Persönlichkeit. Was das Verhalten anging, so führten „etwas gesunder Menschenverstand und etwas Geduld" gewöhnlich zur Überwindung der Krise.

Fallvergleich 3

Klinikfall

Junge, 10 Jahre alt
Standort der nächsten Klinik: dieselbe Stadt

Ausgangsdaten

Durchschnittliche Beurteilung des Ausgangszustands = 3 (mäßige Störung)

Kontrollfall

Junge, 11 Jahre alt
Standort der nächsten Klinik: 11 Meilen vom Wohnhaus entfernt

Ausgangsdaten

Durchschnittliche Beurteilung des Ausgangszustands = 3 (mäßige Störung)

Klinikfall	Kontrollfall
Familiäre Herkunft	*Familiäre Herkunft*
a) Vater Gießer; 39 Jahre alt; gute körperliche Gesundheit; nie „schwache Nerven" gehabt.	a) Vater Holzmaschinist; 33 Jahre alt; gute körperperliche Gesundheit; nie schwache Nerven" gehabt.
b) Mutter Verließ die Familie, als der Junge 18 Monate alt war; keinen weiteren Kontakt mit Ehemann oder Kind. Der Junge wurde von den väterlichen Großeltern aufgezogen, bis 18 Monate vor dem Interview der Großvater starb.	b) Mutter Trennte sich von ihrem Ehemann, als der Junge 6 Jahre alt war, aber behielt die Kinder. Als der Junge 9 Jahre alt war, nahm sie eine Überdosis Aspirin; nach der Entlassung aus dem Krankenhaus ging sie nach Irland, ohne nach Hause zurückzukehren oder die Kinder noch einmal zu sehen. Sie heiratete dann wieder und kehrte in die Gegend zurück, traf sich mit dem Jungen aber immer nur aus Zufall.
Stiefmutter Heiratete den Vater vier Jahre vor dem Interview. Hausfrau; 40 Jahre alt; gute körperliche Gesundheit; „sehr schnell und aktiv"; ausgeprägter Tic an beiden Augen; sehr angespannt; war vorher verheiratet und hatte einen 18jährigen Sohn.	Stiefmutter Heiratete den Vater 18 Monate vor dem Interview, aber hatte vorher schon 6 Monate die Kinder versorgt. Hausfrau; 36 Jahre alt; bekam kurz nach dieser Heirat überall auf dem Körper (außer im Gesicht und auf der Brust) die Schuppenflechte; sie glaubte, daß die Flechte die Folge davon sei, daß sie vor Ärger über die Destruktivität und Grobheit ihres Stiefsohnes „innerlich kocht"; sie gab an, daß die Schuppenflechte jucke und sie reizbar mache und daß sie deswegen nicht schlafen könne; mit den eingeschränkten sozialen Kontakten fühlte sie sich einsam. War von ihrem ersten Ehemann bei der Geburt ihres zweiten Kindes verlassen worden.
c) Geschwister Keine.	c) Geschwister Jüngerer Bruder: 10 Jahre alt; jüngerer Bruder: 8 Jahre alt.
d) Andere Familienangehörige Ein Sohn der Stiefmutter aus deren erster Ehe, 18 Jahre alt.	d) Andere Familienangehörige Kinder der Stiefmutter aus deren erster Ehe: ein Junge, 14 Jahre alt, der während der Schulzeit in einem Schulheim war; ein Mädchen, 11 Jahre alt.
Angaben aus dem Elternfragebogen	*Angaben aus dem Elternfragebogen*
a) Unterstrichene medizinische Probleme Gegenwärtig keine Probleme; Informant	a) Unterstrichene medizinische Probleme Keine physischen Probleme; nervös.

Klinikfall

(Stiefmutter) hatte keine Information über frühere Krankheiten.

b) Krankenhauseinlieferungen
Keine Angaben erhältlich.

c) Unterstrichene Verhaltensitems
Lügt ziemlich oft absichtlich.
Hat mehrmals Sachen gestohlen.

Sehr destruktiv.

Unterdurchschnittlich aktiv, sitzt gern soviel wie möglich still da.
(Nie unruhig im Schlaf).
Weint zwei- oder dreimal wöchentlich.

Schmollt stundenlang ungefähr einmal alle zwei Wochen.
Kaut täglich oder fast täglich an den Nägeln.
(Lutscht nie am Daumen oder Finger).

Hat sehr sichtbare Zuckungen des Gesichts oder des Körpers oder eine eigentümliche Angewohnheit, die fast dauernd auftritt.
Schien beim Lesenlernen Schwierigkeiten gehabt zu haben.

Mütterliche Beschreibung der Probleme des Kindes in der Befragung

Die Mutter des Jungen verließ seinen Vater, als der Junge 13 Monate alt war. Es wurde gesagt, daß sie zu einem anderen Mann gezogen sei; die Kinder hatte sie bei ihren Eltern zurückgelassen. Die mütterlichen Großeltern willigten ein, ihn aufzunehmen, aber gaben zu erkennen, daß sein Vater „ungeheure" Kosten für den Unterhalt bezahlen sollte. Der Vater, dem bei der Scheidung das Sorgerecht übertragen worden war, brachte dann das Kind zu seinen Eltern, die damals über 60 Jahre alt waren. Der Junge lebte bis zu seinem achten Lebensjahr bei ihnen. Da starb der (väterliche) Großvater, und die Großmutter, die bei schlechter Gesundheit war, meinte,

Kontrollfall

b) Krankenhauseinlieferungen
Keine.

c) Unterstrichene Verhaltensitems
Lügt ziemlich oft absichtlich.
(Hat sich wenigstens ein- oder zweimal unerlaubt an anderer Leute Sachen bedient (hierzu gehört auch das Wegnehmen von Sachen der eigenen Familienmitglieder).
(Ungefähr so destruktiv wie die meisten Kinder des gleichen Alters).
(Ungefähr so aktiv wie die meisten Kinder des gleichen Alters).
Täglich oder fast täglich unruhig im Schlaf.
(Weint ungefähr einmal alle zwei- oder drei Monate).
(Schmollt nie stundenlang).

Kaut zwei- oder dreimal wöchentlich an den Nägeln.
Lutscht täglich oder fast täglich am Daumen oder Finger.
(Hat gelegentlich Zuckungen oder eine eigentümliche Angewohnheit, die bei Müdigkeit, Langeweile usw. auftreten).

Schien beim Lesenlernen Schwierigkeiten gehabt zu haben.

Mütterliche Beschreibung der Probleme des Kindes in der Befragung

Die Eltern des Jungen hatten sich getrennt, als er sechs Jahre alt war, und er und seine Brüder waren bei der Mutter geblieben,bis er ungefähr neun Jahre alt war. Seine Mutter nahm dann eine Überdosis Aspirin, rief die Polizei an und wurde in eine Nervenklinik eingeliefert, aus der sie nach zehn Tagen weglief. Sie kam nicht nach Hause zurück, sondern ging nach Irland, wo sie wieder heiratete. Sie war im folgenden wieder in die Gegend, wo die Familie wohnte, zurückgekehrt, aber hatte nicht versucht, mit ihren Kinder in Verbindung zu treten. Sie hatte ihnen Weihnachtsgeschenke geschickt, aber es wurde ihnen nicht gesagt, woher diese gekommen wa-

Klinikfall

daß es für sie schwierig sein würde, den Jungen allein großzuziehen. Er wurde deshalb zu seinem Vater zurückgebracht, der vor ungefähr zwei Jahren wieder geheiratet hatte.

Einige Wochen lang hatte der Junge in der Schulpause Kekse gestohlen oder sie wenigstens genommen, ohne dafür zu bezahlen.

Das wurde vom Direktor entdeckt, der den Vater schriftlich in einer „Angelegenheit" zu sich bat, „über die er sich nicht näher auslassen wollte". Der Direktor hatte die Sache schon mit dem Jungen besprochen, der die Kekse mit vier Pennies pro Woche von seinem Taschengeld bezahlte. Er hatte zu Haus von dem Vorfall nichts erzählt. Zusammen mit einem Freund gleichen Alters hatte er auch ein Fahrrad genommen, das sie im Wald gefunden hatten. Sie brachten es zum Haus des Freundes und ließen es dort liegen; die Mutter des Freundes kam später zu der Familie, um zu fragen, ob sie etwas von einem „gestohlenen Fahrrad" wüßten. Zunächst leugnete er ab, etwas von dem Fahrrad zu wissen, aber sagte später seinem Vater, wo sie es im Wald gefunden hatten; die beiden Väter brachten es wieder an die alte Stelle zurück.

Es war anscheinend in ziemlich schlechtem Zustand und konnte gut im Wald liegengelassen worden sein.

Die Mutter meinte, daß er sehr unergründlich sei und daß „sie nicht an ihn herankommt". Er zeigt keine Reaktion auf Ermahnungen oder Bestrafungen. Das ärgerte sie: „Ich kann unergründliche Menschen nicht ausstehen". Sie sagte, daß der Direktor mit ihr in Bezug auf die „Unergründlichkeit" des Jungen einer Meinung wäre – was nicht bestätigt wurde.

Der Junge zeigte bei keiner Gelegenheit offen seine Gefühle. Es wurde von ihm gesagt, daß er keine Reaktion auf den Tod des Großvaters oder beim Verlassen der Großmutter gezeigt habe, „und wenn er gesagt bekäme, er solle seine Sachen zusammenpacken und irgendwo anders hingehen, so wäre es ihm ganz recht".

Kontrollfall

ren. Die Kinder kamen offenbar in die Obhut der örtlichen Fürsorge, als die Mutter ins Krankenhaus eingeliefert wurde, und wurden anschließend, wahrscheinlich auf privater Basis, von der Frau aufgezogen, die später ihre Stiefmutter wurde. Sie selbst hatte aus einer früheren, gescheiterten Ehe zwei Kinder, aber davon lebte nur eines, ein Mädchen, zu Hause; ihr Sohn war in einem Schulheim für fehlangepaßte Kinder und kam nur in den Ferien nach Hause. Sie heiratete den Vater des Jungen, als der Junge zehn Jahre alt war, und dann zog die ganze Familie in das Haus, wo die Jungen mit ihrer eigenen Mutter gewohnt hatten.

Als die Jungen zur Pflege zu ihr kamen, waren sie sehr schwierig. Ihr Verhalten war sehr roh; sie fluchten; sie waren sehr destruktiv; und sie zeigten ungehemmte Aggression. Die Stiefmutter gab an, daß sich ihr Verhalten stark gebessert habe und daß dieser Junge nicht mehr „ein richtiger kleiner Wilder" sei.

Er hatte herumliegendes Geld genommen. Die Stiefmutter ließ oft Wechselgeld auf dem Tisch oder dem Kaminsims liegen und hatte ein- oder zweimal gedacht, daß ein Teil davon verschwunden zu sein schien. Da es jedoch niemand genommen haben wollte, glaubte sie, daß sie sich geirrt haben müsse.

Eines Tages verschwanden sechs shillings, und kurz darauf zeigte der Junge eine neue Taschenlampe vor. Er leugnete es ab, das Geld genommen zu haben und sagte, daß er die Taschenlampe von seinem Taschengeld bei Woolworths gekauft hätte. Die Familie ging der Sache nach und fand heraus, daß es diese bestimmte Taschenlampe nur in einem anderen Geschäft des Ortes gab und dort 7/6 kostete. Da sein Taschengeld sich auf zwei shillings belief, waren sie fast sicher, daß er das Geld genommen hatte, obwohl er es immer noch abstritt. Seit einem Jahr war nichts mehr vermißt worden, und die kleinen Diebstähle schienen aufgehört zu haben. Der Junge log auch, insbesondere um sich zu verteidigen, wenn er etwas

Klinikfall

Er hatte immer gelogen – „obwohl er in einem christlichen Elternhaus aufgewachsen ist". Es war schwierig herauszufinden, welche Form des Lügens hier vorlag, aber es wurde als „albernes Lügen" bezeichnet. Die einzigen Beispiele, die gegeben wurden, waren Lügen zur Verteidigung, wenn er Übeltaten bezichtigt wurde.

„Er ist für sein Alter zurückgeblieben". Er war in seinen Bewegungen sehr langsam, „nicht so lebhaft wie andere zehnjährige Jungen". Er verbrachte seine Zeit lieber damit, „kleine Zeichnungen anzufertigen, die meiner Meinung wie die eines Vierjährigen aussehen". Er hatte keine Hobbys und beteiligte sich nicht an konstruktiven Tätigkeiten. „Er bleibt immer im Haus" und ging nicht in Jugendgruppen usw.. Wenn er nichts zu tun hatte, saß er da, riß seine Fingernägel ab und kaute sie. Er hatte auch die Angewohnheit, „mit seiner Nase zu spielen und zu schnüffeln". Er machte auch sein Bett naß, hat aber damit fünf Monate zuvor aufgehört. Die Stiefmutter meinte, daß das dadurch erreicht worden sei, daß er abends nichts mehr zu trinken bekam. Er war „mürrisch" – Beispiele dafür wurden nicht gegeben, aber es wurde von ihm gesagt, daß er manchmal in sein Zimmer ginge und dort dasitze. „Er ist sehr zerstörerisch . . . Wenn er neue Spielsachen hat, sind sie am nächsten Tag kaputt".

Kontrollfall

falsch gemacht hatte. Das war bei allen Kindern so, die „schwören würden, daß sie nichts getan haben, selbst wenn man weiß, daß sie es gewesen sind". Er fluchte früher erschreckend, aber das hatte aufgehört. Seit kurzem war er launisch geworden und schien in schlechte Stimmung zu kommen, wenn er seine Brüder anschrie: „Haltet die Klappe oder ihr kriegt eine drüber" oder ähnliche Bemerkungen machte. Erwachsenen gegenüber zeigte er keine offenen Aggressionen, aber seine Stiefmutter meinte: „Es lag ihm kürzlich ein- oder zweimal auf der Zunge, mir etwas an den Kopf zu werfen". Er kaute oft an seinen Nägeln und lutschte auch am Daumen. Er fand den Unterricht in der Schule schwierig und erhielt in seiner jetzigen Schule etwas Nachhilfeunterricht. Daß er in der Schule so schlecht vorankam, lag wahrscheinlich z. T. daran, daß er in den ersten Schuljahren so oft gefehlt hatte. Anfänglich mochte er auch nicht gern in die Schule gehen, weil er wegen seiner schmutzigen und ungepflegten Erscheinung in der Schule gehänselt und gequält wurde. Gegenwärtig ging er auf eine junior school in der Gegend, wo seine Stiefmutter vor ihrer Wiederheirat gewohnt hatte, und fuhr zusammen mit deren Tochter mit dem Zug dorthin. Er mußte aber in der nächsten Zukunft auf eine secondary modern school überwechseln, was zur Folge haben würde, daß er wieder in die Gegend kam, wo die Jungen ihn gehänselt hatten, als er kleiner war; davor graute ihm.

Als er zuerst zu seiner Stiefmutter gebracht worden war, hatte er jede Nacht sein Bett eingenäßt. Sie hatte vom Hausarzt Tabletten bekommen und jegliches Trinken vor dem Zubettgehen unterbunden. Er hatte dann für eine Weile heimlich getrunken, aber damit aufgehört, als ihm das Verbot erklärt wurde. Er versuchte, sein Bettnässen zu verbergen, indem er sein Bett machte und seinen Schlafanzug neben saubere Sachen in den Trockenschrank hing. Die Stiefmutter hatte gesagt, daß er sein nasses Bett nicht zu ver-

Klinikfall | Kontrollfall

Kontrollfall:

heimlichen brauche; er würde nicht für etwas bestraft werden, was er im Schlaf getan hätte, weil er nichts dafür könne, Nach ungefähr einem Jahr ging die Enuresis zurück und trat nur selten auf. Er hatte Zuckungen der Wangen und der Augen, „fast wie Blinzeln", solange ihn die Stiefmutter kannte. Das schien sich zu verschlimmern. Die Familie sprach nicht darüber, und sie meinte, daß es dem Jungen gar nicht bewußt wäre. Die anderen Kinder in der Familie durften ihn deswegen nicht hänseln, obwohl es in der Schule nicht auszuschließen war.

Der Junge hatte eine sehr enge Beziehung zu seiner wirklichen Mutter gehabt und immer gedacht, daß sie für ihn zurückkommen würde. Seit ihrer Rückkehr hatte er sie einmal im Bus getroffen, aber sie fragte nur, wie es ihm ginge, und gab ihm zwei shillings. Danach war sein Verhalten „zwei Wochen lang unmöglich", und niemand wußte, was los war, bis jemand anders erzählte, daß er seine Mutter getroffen hätte.

„Er sitzt oft mit offenem Mund da, wenn man zu ihm spricht" und guckte, als ob er kein Wort hören würde.

Klinikfall:

Schulbericht

Regelmäßige Anwesenheit im vergangenen Trimester; unterdurchschnittliche Gesamtleistung, aber durchschnittliche Leseleistung; er gehörte zur unteren Klassenmitte; er log und hatte in der Schule gestohlen; er versuchte dauernd, die Aufmerksamkeit auf sich zu lenken, was ihn zu einem Problem im Unterricht werden ließ und Schwierigkeiten im Umgang mit anderen Kindern bereitete. „Einer der bemitleidenswertesten Fälle im meiner 15-jährigen Schulpraxis . . . von seiner Stiefmutter gehaßt und von seinem Vater als der Grund für Eheschwierigkeiten angesehen".

Kontrollfall:

Schulbericht

Regelmäßige Anwesenheit im vergangenen Trimester; unterdurchschnittliche Gesamt- und Leseleistung für sein Alter; im untersten Viertel seiner Klasse; lutscht am Daumen oder Finger; hat sichtbare Zuckungen.

Klinikfall

Einstellung der Familie zu den Problemen des Kindes

Die Stiefmutter sagte, daß sie und der Vater befürchteten, „daß er sich zu einem jugendlichen Delinquenten entwickeln würde" und sie seinetwegen keinen „Familienskandal" haben wollten. Zuerst gab sie zu verstehen, daß das an dem schlechten Erbgut der Mutter läge; später änderte sie ihre Meinung und meinte, daß er in einigen Zügen „nach seinem Vater schlagen" könnte. Der Junge konnte nichts recht machen; als die Stiefmutter nach bestimmten Verhaltensweisen gefragt wurde, schränkte sie ihre Antworten, wenn sie nichts Ungünstiges zu sagen wußte, mit „aber" ein und fuhr dann fort, eine andere Verhaltensweise zu beschreiben, die ein Problem darstellte. Ihr lag sehr viel daran, daß mit dem Jungen „etwas geschehen sollte" und zeigte großes Interesse an Schulheimen. Sie sagte, daß die Mutter des Jungen hätte gezwungen werden sollen, ihn zurückzunehmen. An einer Stelle wurde erwähnt, daß der Vater gesagt habe, man rege sich zu sehr auf und der Junge sei in Ordnung.

Ergriffene Maßnahmen

Verbote, Schimpfen und Bestrafung – „Prügel helfen nicht". Die Disziplinierungshandlungen wurden vom Vater durchgeführt: „Er ist sein Kind. Das ist seine Sache und geht mich nichts an".

Grund für die Überweisung

Der Direktor der Schule des Jungen, der sehr um ihn besorgt war, schien beträchtlichen Druck auf die Eltern ausgeübt zu haben, den Jungen vom Hausarzt überweisen zu lassen – Schulen konnten von sich aus die Kinder nicht überweisen. Der Vater sah es als „großen Blödsinn" an, aber

Kontrollfall

Einstellung der Familie zu den Problemen des Kindes

Die Stiefmutter fand alle drei Jungen anstrengend zu erziehen, aber meinte, daß dieser Junge den wenigsten Ärger mache. Sie führte die Schwierigkeiten der Jungen auf die ungenügende Förderung in ihren ersten Lebensjahren und auf emotionale Probleme nach der Zerrüttung der Familie zurück. Obwohl sie das Verhalten verstandesmäßig verstehen konnte, fühlte sie sich in der Praxis oft sehr müde und reizbar. Sie glaubte, daß dieser Junge und sein jüngerer Bruder aus einem Schulheim Nutzen ziehen würden – wie es ihr eigener Sohn getan hatte. Das würde natürlich ihre Belastung während der Schulzeit verringern und ihr wieder ihre alten „friedlichen Tage" mit nur einem kleinen, stillen Mädchen zu Haus zurückbringen, einen Zustand, von dem sie mehrmals sagte, daß sie sich sehnsuchtsvoll daran erinnere. Ihre Einstellung zu den Jungen war jedoch freundlich, und, obwohl sie von der Belastung, drei sehr „schwierige" kleine Jungen aufzuziehen, fast erdrückt wurde, schien sie sie nicht abzulehnen.

Ergriffene Maßnahmen

Die Stiefmutter versuchte, die Jungen anhand von Beispielen, durch Einsicht usw. zu „fördern", und hoffte, daß sie mit der Zeit Fortschritte zeigen würden. Es wurde auch Rat von den Schulärzten eingeholt in der Hoffnung, Hinweise auf besondere Schule zu erhalten.

Grund für das Ausbleiben einer Überweisung

Der eigene Sohn der Stiefmutter war in einer child guidance clinic gewesen, aber sie glaubte nicht, daß es in diesem Fall helfen könnte; die Schwierigkeiten gingen „zu weit zurück" und waren zu tief im früheren Leben mit der Mutter verwurzelt. Sie war der Ansicht, daß sie sie mit der

Klinikfall

die Stiefmutter war offensichtlich dafür eingestellt, weil sie hoffte, den Jungen von zu Haus wegzubekommen.

Zustand bei der Nachuntersuchung

Alter: 12 Jahre
Durchnittliche Besserungs-/Verschlechterungsbeurteilung = + 1 (leicht gebessert)

Veränderungen in der familiären Situation

Der Junge war kurz nach dem ersten Interview in die Obhut der örtlichen Fürsorge genommen worden. Er blieb einige Monate in einem Kinderheim, bis für ihn ein Platz in einem Schulheim für fehlangepaßte Kinder gefunden wurde. Sein Vater und seine Stiefmutter wollten keinen weiteren Kontakt mit ihm haben, und so verbrachte er seine Ferien in einem kleinen, relativ familienähnlichen Kinderheim. Die Hauseltern des Kinderheims schrieben ihm auch anstelle seiner Eltern in der Schulzeit. Die Großmutter, die ihn aufgezogen hatte, aber jetzt sehr schwach war, hielt auch die Verbindung zu ihm noch aufrecht; wenn er in der Schule war, schickte sie ihm Pakete und Briefe und holte ihn in allen Ferien für eine Woche oder zehn Tage zu sich. Ein längerer Aufenthalt hätte beide Seiten belastet, weil der Junge aktiv und „meistens schmutzig", die Großmutter aber sehr auf Sauberkeit bedacht war.

Kontrollfall

Zeit selbst fördern könnte und daß ihnen ein Aufenthalt in einem Schulheim sehr nutzen würde. Sie sah aber in der child guidance clinic nicht die geeignete Stelle, einen Platz in solch einer Schule zu bekommen, sondern zog den Schularzt vor.

Zustand bei der Nachuntersuchung

Alter: 13 Jahre
Durchschnittliche Besserungs-/Verschlechterungsbeurteilung = + 1 (leicht gebessert)

Veränderungen in der familiären Situation

Dieser Junge und seine beiden jüngeren Brüder besuchten jetzt Schulen für Lernbehinderte. Dieser Junge war Tagesschüler und lebte noch zu Hause, während die beiden jüngeren Brüder in einem Schulheim waren und nur in den Ferien nach Hause zurückkamen. Da der eigene Sohn der Stiefmutter auch noch ein Schulheim besuchte, bestand die Familie während der Schulzeit nur aus dem Jungen, seinem Vater, der Stiefmutter und ihrer Tochter, die jetzt auf eine technical school ging.

Die Schuppenflechte der Mutter war sehr schlimm, und ihr Hausarzt hatte kürzlich vorgeschlagen, daß sie von einem Psychiater untersucht werden sollte. Sie hatte auch einen sehr schlechten Schlaf und Beschwerden mit ihrer Stimme, die sehr heiser war und „immer wieder wegbleibt". Sie war von einem Sprachtherapeuten erfolglos behandelt worden, da sie nicht lernen konnte sich zu entspannen oder auf die Instruktionen des Therapeuten zu konzentrieren. Sie haßte die Ferien, wenn alle Kinder im Haus waren, aus folgendem Grunde: „Ich komme mit der Arbeit einfach nicht weiter und kann das Haus auch nicht richtig saubermachen." Sie glaubte auch, daß die Haut, die sich von ihrer Schuppenflechte löste, das Haus verschmutzte, und sie es nicht sauber bekäme. Seit einem Jahr nahm sie Beruhigungstabletten.

Klinikfall

Kontrollfall

Die Mutter des Jungen war im letzten Jahr wieder aufgetaucht und war zu ihrem Haus gekommen, um zu fragen, ob der Junge für ein paar Tage bei ihr bleiben könnte. Der Junge sagte, daß er nicht gehen wolle; die Mutter weinte an der Tür, und er schloß sich anderthalb Stunden auf dem Klo ein. Trotzdem meinte die Stiefmutter, daß ihn der Vorfall nicht übermäßig verwirrt hätte: „Wer's nicht versteht, der spürt's auch nicht, und es hat nicht die Wirkung auf ihn wie auf ein kluges, empfindliches Kind".

Verlauf der früheren Probleme (Klinikfall)

Im allgemeinen waren die Hauseltern der Ansicht, daß dieser Junge keine offenen Verhaltensprobleme zeige, sehr leicht zu erziehen sei und sich im Vergleich zu vielen ihrer Heimkinder gut benehme. Und doch hatte er „etwas an sich", was einen, der ihn traf, abstieß. Die anderen Kinder im Heim konnten sich mit ihm nicht anfreunden, obwohl er sich immer sehr bemühte, mit ihnen auszukommen, und hilfsbereit und nicht aggressiv war. Dennoch gab es „überall Murren", wenn bekannt wurde, daß er über die Ferien kommen würde. Die Hauseltern meinten, daß es hierfür mehrere Gründe geben könnte, die sie bis zu einem gewissen Grad teilten. Das Äußere des Jungen war nicht gewinnend: Er hatte ein ziemlich schlechtes Gehör, möglicherweise als Folge einer früheren Mittelohrentzündung, und hatte auch Polypen. Er war ein großer Junge, kräftig gebaut und hatte einen „walzenförmigen" Brustkorb. Sie konnten nicht genau erklären, was es in seiner Erscheinung war, das ihn unattraktiv machte – „Man würde ihn nie ansehen und sagen: „Das ist ein netter Kerl." Er neigte auch etwas dazu, „alberne Sachen zu sagen", wenn die anderen Kinder sprachen, und erzählte ihnen manchmal großtuerische phantastische Geschichten. Wenn sie z. B. besprachen, was sie in der Bastelstunde machen wollten, hatte er immer etwas viel Besseres vor. Die Hauseltern fragten sich auch, ob den anderen Kindern die Tat-

Verlauf der früheren Probleme (Kontrollfall)

Die Stiefmutter sagte, daß es beim Jungen keine Schwierigkeiten mit dem Stehlen gegeben hätte, das vollkommen aufgehört zu haben schien. Sie erwähnte aber einen Vorfall vor einem Jahr und achtzehn Monaten, als die beiden jüngeren Brüder vom Manager des örtlichen Supermarkts nach Haus gebracht wurden, weil sie beim Stehlen von Bonbons erwischt worden waren. Sie gaben an, daß sie das deshalb getan hätten, weil dieser Junge ihnen gesagt hatte, daß man in einem Selbstbedienungladen hineingehen und zulangen könnte. Er log nicht mehr so stark wie früher, obwohl er immer noch sehr ausweichend war, wenn er Rede und Antwort stehen sollte. Er sagte jetzt eher einen Teil der Wahrheit oder versuchte, um die Antwort herumzukommen, aber log selten direkt.

Es wurde von ihm gesagt, daß er zunehmend „mürrischer" würde und sich eine Verhaltensweise angewöhnt hätte, die seine Mutter als „dumme Frechheit" beschrieb. Wenn er beispielsweise aufgefordert wurde, etwas zu tun, tat er es, aber extrem langsam und herausfordernd mit „einem halben Lächeln auf dem Gesicht", was sie sehr störte. Er hatte auch sehr schlechte Laune, wenn „er nicht immer seinen Willen bekommt", und bei solchen Gelegenheiten „spricht er dann stundenlang nicht mit einem". Seine Reaktion schien im allgemeinen langsam aufwallen-

Klinikfall

sache nicht passen könnte, daß er zu Hause blieb, wenn sie in die Schule gehen mußten, da seine Schule ein Vier-Trimester-Jahr und somit andere Ferien hatte.

Es wurde jedoch klar, daß diese Gründe bis zu einem gewissen Grad Rationalisierungen waren, und die Hauseltern gestanden auch ein, daß sie nicht genau wußten, warum der Junge so unattraktiv war. Er war hilfsbereit, half den anderen Kindern und den Hauseltern, und wenn er zu Hause war, ging er auch durch das Dorf und bot Gärtnern, Bauern des Dorfes oder in der Umgebung tätigen Arbeitern seine Hilfe an. Wenn er bei ihnen war, hielt er sich selten im Haus auf – er war lieber im Freien beschäftigt. Er mochte nicht gern stillsitzen, und selbst wenn er fernsah, konnte er sich nicht länger als zehn Minuten konzentrieren. Seine Beschäftigungen hatte immer ein bestimmtes Ziel, er war nicht einfach unruhig und zappelig. Er hatte den Hund des Kinderheims sehr gern und machte Spaziergänge mit ihm. Er ging jedoch nicht mit den anderen Kindern nach draußen, hauptsächlich weil sie – so schien es – ihn nicht dabeihaben wollten.

Die Hauseltern waren nicht der Ansicht, daß man ihn so etwas wie einen „Lügner" nennen konnte, aber er neigte dazu, Vorfälle zu übertreiben und sie in einem günstigen Licht darzustellen. Er hatte auch eine leichte Neigung zum Tagträumen, und sie nahmen an, daß er wahrscheinlich kleine Geschichten mit sich als dem Helden ersann. Er war nicht verschlossen, obwohl seine Schwerhörigkeit in ihren Augen zur Folge hatte, daß er manchmal nicht alles mitbekam, was um ihn herum geschah und ab und zu „alberne Bemerkungen machte". Sie glaubten nicht, daß er stahl, aber er aß oft alles Eßbare oder Süßigkeiten auf, die jemand anders vielleicht herumliegen ließ, und in den letzten Ferien hatte er zweimal die Speisekammer geplündert. Gewöhnlich beschränkte er sich jedoch darauf, jegliche Süßigkeiten zu verschlingen, die ein anderes Kind liegengelassen hatte – „Jemand geht herum und fragt: „Wo ist mein Osterei?" Und wir gucken M.

Kontrollfall

de Verärgerung und nicht Aggression zu sein. Es wurde von ihm behauptet, daß er sich mit der Tochter der Stiefmutter aus erster Ehe sehr gut verstünde, die im selben Alter war, und deren Bruder bewunderte und ihm nacheiferte, wenn dieser in den Ferien nach Hause kam. Er kam aber mit seinen eigenen Brüdern überhaupt nicht gut zurecht. Die Stiefmutter sagte, daß das für sie schwer zu verstehen sei. Sie hätte gedacht, daß er unter diesen Umständen auf die jüngeren Brüder hätte aufpassen oder sie beschützen wollen, aber stattdessen schien er sehr grob und unfreundlich zu ihnen zu sein. Sie meinte, daß er allgemein ziemlich „unfreundlich" sei und grausam in seinen Reaktionen auf körperliches Leiden, aber die Beispiele, die sie gab, waren sehr gelinde; so sagte er beispielsweise: „Geschieht ihr recht", wenn eine Ente eine Katze hackte, die über eines ihrer Jungen hatte herfallen wollen. Er lachte auch oft, wenn sich eines der anderen Kinder verletzt hatte. Er selbst konnte physische Schmerzen nicht besonders gut ertragen. Wenn er Prügel bekommen hatte, weinte er immer, und als er sich arg die Hand geschnitten hatte, war er beim Anblick des eigenen Blutes ohnmächtig geworden.

Er lutschte immer noch ziemlich viel am Daumen und saß dann mit dem Finger im Mund da und träumte manchmal lange vor sich hin; er kaute auch an seinen Nägeln. Er nahm immer noch seinen Teddybär mit sich ins Bett. Sein Bettnässen war selten geworden und trat immer nach Vorfällen auf, in denen er emotionell erregt worden war – entweder eine Bestrafung zu Haus oder irgendeine Schwierigkeit mit der Schule. Nach außen schien er sich darüber keine Sorgen zu machen, aber die Stiefmutter glaubte, daß das Bettnässen eine alternative Reaktion darauf sein könnte. Am meisten störte sie die Tatsache, daß er die eingenäßten Sachen zu verstecken versuchte. Es war ihm gesagt worden, daß ihn dafür niemand bestrafen würde. Dennoch fand sie immer wieder den nassen Schlafanzug unter dem Kopfkissen und das Oberbett über das

Klinikfall

an, und er hat einen Schokoladenring um seinen Mund." Meist hatte er einen sehr guten Appetit, und es wurde von ihm gesagt, daß er „hohle Beine" habe. Sie meinten, daß er in keiner Weise destruktiv sei; wenn überhaupt, dann war er eher possessiv und behutsam mit seinen Sachen. Er hatte jedoch die Neigung, Dinge zu tun, bei denen er selbst schmutzig und zersaust wurde – „Wenn es in der Nähe irgendwo Dreck gibt, er findet ihn." Er war immer „entweder auf einem Baum oder in einem Erdloch", und das setzte seiner Kleidung ziemlich zu. Sie hatten ihn überhaupt nicht verdrießlich gefunden, obwohl sie der Ansicht waren, daß sein Äußeres und seine Schwerhörigkeit ihn mürrisch aussehen ließen, wenn er es in Wirklichkeit auch nicht war. Sein Gehorsam war normal und nicht übermäßig. Sie hatten ihn noch nie weinen sehen und glaubten nicht, daß er sichtbare Zuckungen oder eine eigentümliche Angewohnheit habe, obwohl er immer noch an seinen Nägeln kaute.

Schulbericht

Besuchte ein Schulheim für fehlangepaßte Jungen; durchschnittliche Leistungen für sein Alter; meist nahe der Spitze seiner Lerngruppe, die aus nur sieben Kindern bestand; log oft; hatte ein- oder mehrmals gestohlen; erschreckt sehr leicht; hatte sichtbare Zuckungen des Gesichts oder des Körpers; „ein sehr unsicheres Kind; sehnt sich nach Aufmerksamkeit oder Zuneigung".

Kontrollfall

nasse Bettlaken gebreitet, so daß es unbemerkt bliebe. Wenn ihm das vorgeworfen wurde, stritt er gewöhnlich ab, das Bett eingenäßt zu haben. Er hatte immer noch Zuckungen am Auge und im Gesicht, aber das wurde auch seltener und schien nur als Reaktion auf emotionalen Streß jeglicher Art aufzutreten. Wenn er z. B. in der Schule einen schlechten Tag gehabt hatte, kam er mit Augenzucken nach Hause. Er hatte immer noch die Neigung, mit offenem Mund herumzulaufen und schien noch Schwierigkeiten beim Hören zu haben – oder wenigstens im Reagieren –, wenn er angesprochen wurde. Er hatte in seiner jetzigen Schule an einer audiometrischen Untersuchung teilgenommen und wurde auf einem Ohr für ziemlich schwehörig befunden. Die Stiefmutter war sich nicht sicher, zu welchem Grad sein schlechtes Hören auf Schwerhörigkeit beruhte und wieviel auf bewußte Mißachtung zurückzuführen war. Sie sagte, daß er immer dann schlecht zu hören schien, wenn ihm ein Auftrag gegeben wurde oder er mit etwas aufhören sollte. In fast jeder Beziehung war er ein langsamer Junge, der mit Ausnahme von Schwimmen nicht sehr auf körperliche Betätigung aus war. Ihm machten Holzarbeiten und Modellbau Spaß, und meistens langweilte er sich sehr, wenn er diesen Beschäftigungen nicht nachgehen konnte. Sein Lesen war nicht gut genug, um z. B. ein Buch lesen zu können, und die Familie besaß kein Fernsehen.

Schulbericht

Besuchte eine Sonderschule für lernbehinderte Kinder; Anwesenheit gut; überdurchschnittliche Leistungen für diesen Schultyp; in der Mitte seiner Lerngruppe, in der bis zu zwei Jahren ältere Jungen waren; „sehr freundlich gegenüber den Lehrern, zu denen er guten Kontakt hält"; „ein fröhlicher, vergnügter Junge".

Klinikfall

Einstellung der Familie

Der Vater und die Stiefmutter hatten allen Kontakt mit dem Jungen abgebrochen, als dieser in die Obhut der Fürsorge kam. Seine Großmutter zeigte noch Interesse an ihm, obwohl sie schon sehr gebrechlich war. Die Hauseltern im Kinderheim versuchten, die Rolle von Ersatzeltern zu spielen, aber konnten nicht die Wärme für ihn empfinden, wie sie es sich gewünscht hätten.

Kontrollfall

Einstellung der Familie

Der Vater schien den Jungen vollkommen zu akzeptieren. Die Einstellung der Mutter schien sich aber zu verschlechtern. Sie glaubte, daß er ihr persönlich Schwierigkeiten mache und zu ihr frech sei; sie war auch verärgert, wenn andere Leute, wie der Direktor seiner Schule etwa, sich positiv über den Jungen äußerten. Sie fand, daß Jungen schwer zu verstehen seien, und sehnte sich nach den Tagen, wo sie und ihre Tochter allein waren. „Langsame und bequeme Leute" wie der Junge – und somit auch sein Vater – regten sie auf.

Fallvergleich 4

Klinikfall

Mädchen, 6 Jahre alt
Standort der nächsten Klinik: 6 Meilen vom Wohnhaus entfernt

Ausgangsdaten

Durchschnittliche Beurteilung des Ausgangszustands = 4 (starke Störung)

Familiäre Herkunft

a) Vater
Werkmaschinist; 33 Jahre alt; Magengeschwür; nie „schwache" Nerven gehabt.

b) Mutter
Hausfrau; 30 Jahre alt; gute körperliche Gesundheit; machte sich viel Sorgen, war schnell aufgeregt; hatte sich einen Jungen gewünscht und war enttäuscht, als ihre ersten beiden Kinder Mädchen waren.

Kontrollfall

Mädchen, 7 Jahre alt
Standort der nächsten Klinik: dieselbe Stadt

Ausgangsdaten

Durchschnittliche Beurteilung des Ausgangszustands = 3 (mäßige Störung)

Familiäre Herkunft

a) Vater
Maschinist an einer Filzmaschine; 38 Jahre alt; litt an Migräne und schwerem Nasenbluten; kam sehr leicht aus der Fassung, weinte z. B., als das Kind einen Asthmaanfall hatte; erbrach sich, wenn die Kinder sich zuviel zankten.

b) Mutter
Hausfrau; 28 Jahre alt; Übergewicht, als Kind asthmatisch; in den zwei vergangenen Jahren „sehr schlechte Nerven"; sehr reizbar; zu einer Zeit konnte sie nicht allein im Haus bleiben; in Behandlung

Klinikfall	Kontrollfall
	beim praktischen Arzt, der eine Überweisung zum Psychiater nahegelegt hatte, wovor sie aber so große Angst hatte, daß sie es ablehnte. Sie hatte überhaupt keine Kinder gewollt; diese waren alle „Zufälle", aber sie hätte lieber einen Jungen gehabt, als dieses Mädchen geboren wurde.
c) Geschwister Ältere Schwester: 7 Jahre alt; jüngerer Bruder: 5 Jahre alt; jüngere Schwester: 2; 6 Jahre alt.	c) Geschwister Ältere Schwester: 8 Jahre alt; jüngerer Bruder: 5 Jahre alt.
Angaben aus dem Elternfragebogen	***Angaben aus dem Elternfragebogen***
a) Unterstrichene medizinische Probleme Reisekrankheit; hartnäckiger oder beschwerlicher Husten; litt zwei Wochen oder länger an Hautbeschwerden; Ekzem; Asthma; nervös.	a) Unterstrichene medizinische Probleme Litt zwei Wochen oder länger an Hautbeschwerden; Asthma; nervös.
b) Krankenhauseinlieferungen Im Alter von fünf Jahren: für vier Wochen: Ekzem.	b) Krankenhauseinlieferungen Keine.
c) Unterstrichene Verhaltensitems (*Ekzem* (s. o.) war der hauptsächliche Grund für die Überweisung).	c) Unterstrichene Verhaltensitems
Fürchtet sich nachts im Bett vor der Dunkelheit.	(Scheint etwas Unbehagen zu fühlen, wenn nicht ein schwaches Licht brennt).
Lügt ziemlich oft absichtlich.	(Schwindelt manchmal).
Geht nicht gern zur Schule.	(Geht ungefähr genausogern wie die meisten Kinder zur Schule).
Sehr reizbar, wird leicht verstimmt oder ärgerlich.	(Wird manchmal ärgerlich – z. B. bei Müdigkeit oder wenn von anderen Kindern herausgefordert).
Ziemlich mäkelig beim Essen, ißt nur bestimmte Nahrungsmittel.	Ziemlich mäkelig beim Essen, ißt nur bestimmte Nahrungsmittel.
Jammert und quengelt viel, schwer zu befriedigen.	(Jammert ungefähr genausoviel wie die meisten Kinder des gleichen Alters).
Sehr unruhig und zappelig, kann nicht eine Minute stillsitzen.	(Ungefähr so aktiv wie die meisten Kinder des gleichen Alters).
Sträubt sich gewöhnlich, wenn er/sie gebeten oder aufgefordert wird, etwas zu erledigen.	(Ungefähr so gehorsam wie die meisten Kinder.)
Stimmungen sehr veränderlich, den einen Augenblick himmelhochjauzend, im nächsten ohne bestimmten Grund betrübt.	(Gelegentliche Stimmungsänderungen als Reaktion auf Ereignisse).
Täglich oder fast täglich unangenehme Träume.	Ungefähr einmal monatlich unangenehme Träume.
(Nie unruhig im Schlaf).	Täglich oder fast täglich unruhig im Schlaf.
Erbricht sich zwei- oder dreimal wöchentlich als Folge von Husten.	(Erbricht sich nie).

Klinikfall

Weint täglich oder fast täglich.
Schmollt zwei- oder dreimal wöchentlich.
Hat zwei- oder dreimal wöchentlich Wutanfälle.
Lutscht täglich am Daumen.
Hat zwei- oder dreimal wöchentlich heftige Streitereien mit anderen Kindern.

Mütterliche Beschreibung der Probleme des Kindes in der Befragung

Das Kind hatte ein sehr schweres Ekzem und verschlimmerte es durch Kratzen so, daß ihre Kleidung täglich und ihre Bettwäsche ungefähr alle zwei Tage gekocht werden mußte.

Sie hatte auch Hustenanfälle, die bis zu zwei Stunden dauerten – „sie dauern so lange, bis sie sich übergibt und Schleim spuckt". Diese Anfälle passierten recht häufig – in der vergangenen Woche z. B. zweimal – und traten auf, wenn sie nicht zur Schule gehen wollte oder „sich beeilt hatte". Als Beispiel nannte die Mutter hierfür, wie sich das Mädchen abgehetzt hatte, um einen Fehler bei der Überbringung einer Nachricht ihrer Mutter wiedergutzumachen, für den sie ausgeschimpft worden war.

Sie ging nicht gern zur Schule und sagte, daß sie Schmerzen hätte, „um nicht gehen zu müssen". Sie sagte öfters, daß sie mittags nichts essen könnte, weil sie sich krank fühlte, und wenn sie sich zwischen Bett oder Schule entscheiden sollte, ging sie meistens ins Bett. Wenn sie zur Schule geschickt wurde, „geht sie weinend die Straße entlang". Sie „schien es zu mögen", unbestimmt krank zu sein, und bat oft um eine Aspirin für ihre „Kopfschmerzen" oder ihre „Bauchschmerzen", die sie aber von der Mutter nicht bekam.

Sie ließ sich sehr leicht aus der Fassung bringen; wenn ihr z. B. etwas aufgetragen oder wenn sie von ihren Geschwistern gehänselt wurde, „bricht sie in Tränen aus". Sie hatte nicht ein normales Weinen, sondern „eine Art Wimmern".

Kontrollfall

Weint zwei- oder dreimal wöchentlich.
(Schmollt nie).
(Hat nie Wutanfälle).
Lutscht täglich am Daumen.
(Hat nie heftige Streitereien mit anderen Kindern.)

Mütterliche Beschreibung der Probleme des Kindes in der Befragung

Sie bekam ein Ekzem, als sie ungefähr sechs Monate alt war, obwohl sie schon vorher hinter den Ohren Beschwerden mit der Haut hatte. Seitdem hatte sie immer Ekzem, mal schlimmer, mal weniger schlimm und besonders in den Kniekehlen und auf der Innenseite ihrer Ellenbogen.

Sie bekam Asthma, als sie achtzehn Monate alt war, obwohl es zunächst für Bronchitis gehalten worden war. Sie regte sich in ihren Asthmaanfällen sehr auf. „Sie fängt an zu schreien, sobald sie zu keuchen beginnt und fleht dann: „Mutti, Mutti! Laß mich nicht husten; hole den Doktor; bring mich ins Krankenhaus." Die Mutter hatte selbst bis zu ihrem siebten Lebensjahr Asthma gehabt.

Sie klagte, wie auch ihre ältere Schwester, häufig über Kopfschmerzen. Ihre Mutter dachte, daß diese vom Vater vererbt worden seien, der schwer an Migräne litt – „Leute wie wir sollten keine Kinder haben, sie in die Welt setzen, nur um zu leiden!"

Sie stritt sich dauernd mit ihrer Schwester und ihrem Bruder, aber hauptsächlich mit der Schwester, weil die beiden in einem Zimmer schliefen und sich im Bett stritten. Das brachte den Vater aus der Fassung, der dazu erzogen worden war, sich niemals mit seinen Brüdern zu streiten oder zu balgen. Am Morgen des Interviews hatte die Streiterei der Mädchen den Vater z. B. so durcheinandergebracht, daß er sich nach dem Frühstück übergab.

Sie mäkelte am Essen, aber nicht mehr so schlimm wie früher. Sie mochte kein grü-

Klinikfall

Sie war sehr eifersüchtig auf ihre ältere Schwester und auf ihren jüngeren Bruder und „denkt immer, daß sie besser wegkommen als sie". Es ärgerte sie sehr, daß ihre ältere Schwester in Frankreich geboren war, als ihr Vater in der Armee war, und daß diese immer neue Sachen bekam, weil sie von niemand die Sachen auftragen konnte. Alle Kinder bekamen streng der Reihe nach ein paar neue Sachen, sobald Geld dafür vorhanden war. Ihr paßte auch die Tatsache nicht, daß ihr jüngerer Bruder erst nach seinem fünften Geburtstag in die Schule gehen mußte, während sie schon vorher eingeschult worden war; das lag an der Schulverwaltung und nicht an den Eltern.

Sie log oft und sagte, daß sie es „wirklich und wahrhaftig" nicht getan hätte, wenn es doch der Fall war. Sie beschuldigte auch eines der anderen Kinder und gab manchmal erst nach Wochen zu, daß sie der Schuldige war.

Sie hatte „furchtbare Launen", die sich gewöhnlich gegen ihren Bruder richteten; dabei schrie sie und wälzte sich umher.

Wenn sie mit ihrem Bruder und ihrer Schwester Spiele machte, betrog sie oft und „wischte die Figuren von der Platte". Wenn die beiden dann nicht mehr mit ihr spielen wollten, „jammert sie stundenlang". Sie ging nicht zum Spielen mit anderen Kindern nach draußen, sondern blieb lieber drinnen bei den Erwachsenen und fühlte sich besonders wohl, wenn sie auf dem Knie des Vaters oder des Onkels sitzen konnte.

Nachts im Bett fürchtete sie sich sehr vor der Dunkelheit, und selbst wenn sie schon eingeschlafen war, wachte sie auf und schrie, wenn das Licht ausging. Sie gab im Schlaf Wein- und Klagelaute von sich und mußte manchmal zweimal in der Nacht aus dem Bett gehoben werden, um sie aufzuwecken, damit sie Ruhe gab. Wenn sie erwachte, konnte sie sich nicht mehr an den Traum oder das, was sie beunruhigt hatte, erinnern.

Kontrollfall

nes Gemüse essen, aber aß manchmal davon, „um mir einen Gefallen zu tun, wenn ich wegen einer Sache verstimmt war".

Manchmal sagte sie, daß sie das Schulessen nicht möge, und die Mutter fragte sich, ob sie „nicht eine Benachrichtigung schicken sollte"; zu anderen Zeiten war das Mädchen vom Essen in der Schule begeistert. Sie log oft: „Alle Kinder lügen, und ich finde das schrecklich; ich habe als Kind nie gelogen. Mein Herz brach, als meine Kinder mich zum ersten Mal anlogen." Ihr Lügen war hauptsächlich defensiv, „obwohl ich ihnen immer sage, daß sie nicht bestraft würden".

Sie lutschte häufig am Daumen und kitzelte sich dabei gleichzeitig mit einem alten ausgefransten Stück Decke an der Nase. Wenn sie fortging, z. B. ins Kino, durfte die Decke nicht vergessen werden; sie nahm sie auch abends mit ins Bett.

Sie schien oft „nur so dazusitzen" und am Daumen zu lutschen, besonders am Vortag eines Asthmaanfalls.

Im ersten Schuljahr ging sie nicht ins Klassenzimmer, wenn ihre Mutter sie nicht begleitete und der Lehrer sie begrüßte und sie auch an die Hand nahm. Wenn sie am Schultor verabschiedet wurde, machte sie eine „schreckliche Szene", kehrte um und folgte ihrer Mutter nach Hause. Zuerst dachte die Mutter, daß sie sich nicht mehr beherrschen könnte, und schrie das Kind an, zog es am Körper und „manchmal habe ich ihr auf der Straße eine anständige Tracht Prügel verpaßt", aber kam dann zu der Auffassung, daß „ich besser ruhig mit ihr umgehen sollte, wo sie doch eine Asthmatikerin ist".

Die Mutter litt im Augenblick an ihren eigenen „Nerven" – „oft komme ich kaum aus dem Bett hoch" – und die Schule hatte die Vermutung ausgesprochen, daß das die Wurzel der Schwierigkeiten wäre; das konnte die Mutter jedoch nicht akzeptieren.

Klinikfall	Kontrollfall
Schulbericht	*Schulbericht*
Durchschnittliche Leistungen für ihr Alter; meist unter den mittleren 50% ihrer Lerngruppe; verhielt sich „recht normal" in der Schule; hatte das Bedürfnis nach etwas mehr Aufmerksamkeit als der Durchschnitt, unterschied sich darin aber nicht von vielen anderen Kindern.	Durchschnittliche Leistungen für ihr Alter; meist unter den mittleren 50% ihrer Lerngruppe; war ängstlicher als andere Kinder; lutschte am Daumen; hatte ein- oder mehrmals bei der Ankunft (in der Schule) geweint oder sich geweigert, das Schulgebäude zu betreten, aber das wurde „eher als Mutterkomplex denn als Schulangst" verstanden.
Einstellung der Familie zu den Problemen des Kindes	*Einstellung der Familie zu den Problemen des Kindes*
Sie ängstigten sich und fühlten sich hilflos – „manchmal weiß man einfach nicht, was man machen soll; man scheint überhaupt nichts mit ihr machen zu können". Die Mutter versuchte, fair und geduldig zu sein, aber fand, daß ihr dauerndes Quengeln und Weinen „ihr auf die Nerven ging"; das hatte zur Folge, daß sie gereizt und ungeduldig wurde, obwohl sie wußte, daß dadurch alles nur verschlimmert würde. Sie ärgerte sich auch über den Verschleiß der Kleidungsstücke und der Bettwäsche, die wegen des Ekzems fast jeden Tag gekocht werden mußte.	Der Vater wurde durch ihre Asthmaanfälle ziemlich durcheinandergebracht und beunruhigt. Die Einstellung der Mutter war eine viel komplexere Mischung aus Ärger und einem kompensierenden Bedürfnis, die Bedeutung, „asthmatisch zu sein", zu erhöhen. So gab sie zwar zu, daß ihr das Husten des kleinen Mädchens „auf die Nerven ging" und daß sie ihr gesagt habe, „versuch doch mal, damit aufzuhören". Als das Kind aber erzählte, daß sie der Lehrer aufgefordert habe, im Unterricht nicht zu husten, war die spontane Reaktion der Mutter, daß sie ihr sagte: „Ich werde eine Mitteilung an Miss . . . schreiben, daß es sich um einen Asthmahusten handelt." Es wurde erwähnt, daß die mütterliche Großmutter gesagt habe, daß das Kind dazu neige, sich und ihre Symptome zu dramatisieren. Die Mutter fragte sich auch, „ob sie sich nicht selbst mehr helfen könnte", wandte dann aber sofort ein: „Aber sie kann ja gar nicht anders, es liegt nicht an ihr – sie ist ja nur ein kleines Mädchen." Gegen Ende der Befragung kam das Kind zum Mittagessen nach Hause und wurde begrüßt mit: „Wie geht's dir? Mußtest du diesen Morgen keuchen?"
Ergriffene Maßnahmen	*Ergriffene Maßnahmen*
Ein praktischer Arzt und ein Kinderarzt wurden wegen des Ekzems und des Asth-	Bei irgendwelchen Gesundheitsproblemen wurde sofort der Hausarzt hinzugezogen.

Klinikfall

mas aufgesucht. Die Mutter versuchte, mit Verhaltensproblemen durch Zusprache, Bestrafung und Erklären fertigzuwerden.

Grund für die Überweisung

Durch das Ekzem hatten sie Kontakt mit einem Kinderarzt bekommen, der eng mit der örtlichen child guidance clinic zusammenarbeitete und das Kind dorthin zur Behandlung vermittelte. Dieses Angebot wurde von den Eltern dankbar angenommen, die glaubten nicht mehr ohne professionelle Hilfe auskommen zu können.

Zustand bei der Nachuntersuchung

Alter: 8 Jahre
Durchschnittliche Besserungs-/Verschlechterungsbeurteilung = 0 (unverändert)

Veränderungen in der familiären Situation

Ein zweiter Bruder war sieben Monate vorher geboren. Die Gesundheit des Vaters war schlecht gewesen; er war drei Wochen wegen „einer Thrombose im Bein" nicht zur Arbeit gegangen und war auf Diät gesetzt worden, um abzunehmen. Das hatte sein Magengeschwür verschlimmert. Die Mutter hatte ein schlechtes Verhältnis zu ihren Verwandten, die ihrer Meinung nach auf sie „herabschauen" und dachten, daß sie zu viele Kinder hätte. „Sie denken, das ist un-

Kontrollfall

Verhaltensproblemen, wie z. B. die Weigerung, zur Schule zu gehen, wurde begegnet mit einer Mischung aus Ärger – Schlägen – Überprotektivität – Mitteilungen an die Schule und dauerndem Bestehen darauf, daß das Asthmaleiden des Kindes anerkannt und berücksichtigt wurde.

Grund für das Ausbleiben einer Überweisung

Das Asthma des Kindes und sein Ekzem wurden auf rein somatischer Grundlage vom Hausarzt therapiert. Die Mutter dachte, daß child guidance clinics für „geistesgestörte oder sehr schwierige Kinder" wären und schien insgesamt eine gewisse Furcht vor der Psychiatrie zu haben; der Vorschlag des Hausarztes, daß sie selbst in einer psychiatrischen Ambulanz untersucht werden sollte, traf bei ihr auf Entrüstung: „Wenn sie mir das antun, Doktor, dann bin ich schon auf halbem Weg nach . . ." (wobei sie den Namen der örtlichen Nervenklinik nannte).

Zustand bei der Nachuntersuchung

Alter: 9 Jahre
Durchschnittliche Besserungs-/Verschlechterungsbeurteilung = 0 (unverändert)

Veränderungen in der familiären Situation

Der väterliche Großvater, der blind war und einen Schlaganfall erlitten hatte, wohnte jetzt abwechselnd bei dieser Familie und einem anderen Sohn. Für die Mutter war das eine Belastung, weil er in der Küche schlafen mußte, sich tagsüber nicht anzog und über Kopfschmerzen klagte, wenn die Kinder laut waren. Sie war in der Zwischenzeit wieder arbeiten gegangen und hatte innerhalb von zwölf Monaten drei verschiedene Jobs gehabt. Im Augenblick arbeitete sie nicht, weil

Klinikfall

anständig, weil sie selbst nur eins oder zwei haben".

Verlauf der früheren Probleme

Vom Asthma wurde gesagt, daß es schon viel besser sei, und, obwohl das Kind die meiste Zeit keuchte, hatte es selten einen richtigen Anfall. Das Ekzem war auch kurz nach ihrem siebenten Geburtstag abgeklungen, nach der Geburt ihres zweiten Bruders, der jetzt sieben Monate alt war, aber wieder aufgetreten und hatte sich recht weit ausgebreitet. Die Familie ignorierte, soweit es ging, nach bewußtem Plan Asthma und Ekzem; so mußte z. B. das Kind die Salbe auf das Ekzem selbst auftragen.

Die Mutter gab an, daß ihr allgemeines Verhalten immer noch „eine große Last" sei. Die Mutter glaubte, daß sie „keinen Verstand habe, und wenn sie z. B. auf ihrem Fahrrad draußen war, hatte die Mutter immer Angst, daß etwas passieren könnte. Bei den anderen Kindern machte sie sich nie solche Sorgen, aber meinte, daß dieses Mädchen diejenige sei, „die immer Dummheiten mache". Sie verstand sich mit ihren Geschwistern nicht gut; sie und ihre ältere Schwester kämpften wie „Hund und Katze". Sie wollte oft mit dieser Schwester und deren Freundinnen mitgehen, aber die schienen sie nicht dabeihaben zu wollen; meistens fing sie dann zu weinen an und beklagte sich, daß sie unfreundlich zu ihr wären. So hatte auch der jüngere Bruder seinen Freundeskreis, die sie aber auch nicht gern mitspielen ließen. Eigene Freunde schien sie nie zu haben; ihrer Mutter hatte sie erzählt, daß sie in der Schule Freunde hätte,

Kontrollfall

ihr kleiner Junge neuerdings „an seinen (schlechten) Nerven litt", über Bauchschmerzen klagte und sich weigerte, das Haus zu verlassen, nachdem er sich an einem Tag die Hosen naßgemacht hatte; er hatte immer noch Angst davor, irgendwo hinzugehen, wo er eine Zeitlang kein Klo in seiner Nähe wußte. Die Mutter selbst war ruhiger und nahm keine Beruhigungstabletten mehr.

Verlauf der früheren Probleme

Das Kind litt immer noch an Asthma und Ekzem. Das Ekzem schien auf ihre Hände, zwischen ihren Fingern, begrenzt zu sein, aber die Mutter war darüber besorgt, weil es vor ungefähr zwölf Monaten an der gleichen Stelle aufgetreten war und sich zu einer Eiterflechte entwickelt hatte. Das Kind hatte immer noch Asthmaanfälle, aber vielleicht nicht so oft wie früher. Kürzlich war sie fast jeden Morgen keuchend mit tränenden Augen und laufender Nase aufgewacht. Das passierte im Winter wie im Sommer. Sie war noch keinem Allergietest unterzogen worden; sie schlief auf einer Wollmatraze und teilte das Zimmer mit einer Schwester, die auf Federkissen lag. Die Mutter meinte, daß das Kind fast dauernd keuchte und lenkte oft die Aufmerksamkeit in ihrer Gegenwart darauf, indem sie z. B. sagte: „Sehen sie, wie sie atmet!"

Sie mäkelte immer noch am Essen, aber insgesamt schien sie eine durchschnittliche Mahlzeit essen zu können, obwohl sie keinen starken Appetit hatte. Die Mutter machte sich Sorgen, weil „sie überhaupt nicht zu wachsen scheint", und mit neun Jahren trug sie Bekleidungsgrößen von Kindern, die zwei oder drei Jahre jünger waren. Sie hatte ein schwaches Lispeln und sprach ziemlich babyhaft und lutschte ihrer Mutter zufolge noch recht oft am Daumen. Wenn sie am Daumen lutschte, mußte sie immer noch ihren „Nasenkitzler" haben, d. h. ein Stück ausgefransten Wollstoff, das sie zur gleichen Zeit zer-

Klinikfall	Kontrollfall

aber die wohnten zum Spielen zu weit entfernt. Es schien ihr nicht möglich zu sein, bei anderen Kindern mitzuspielen; sie störte nur. Wenn sie z. B. Karten spielten, ging sie herum und sagte laut, welche Karten die einzelnen Spieler hatten. Sie soll sich über die Ankunft des neuen Babys sehr gefreut haben. Wenn sie ihn aber halten durfte, „war sie nicht sehr lieb zu ihm“. Einmal hatte sie ihn fallen lassen und mehrmals soll sie ihm schon einen Klaps gegeben haben, weil er weinte.

Sie war sehr unaufrichtig und stritt meistens ab, daß sie etwas getan hätte, und beschuldigte mit solch einer Gewißheit eines der anderen Kinder, daß das andere Kind schon ein manches Mal unschuldig bestraft worden war; sie schwor, daß sie es nicht getan hatte, selbst dann, wenn eine Beichte viel weniger Scherereien gebracht hätte – wenn sie z. B. aus Versehen eine Tasse hatte fallen lassen. Sie schien immer darüber zu klagen, daß sie ungerecht behandelt würde, und zu denken, daß die anderen Kinder Vergünstigungen erhielten, die ihr vorenthalten würden. Wenn sie dagegen etwas Besonderes bekam, z.B. als erste aus der Schule kam und das einzige Bonbon erhielt, nahm sie das als Anlaß, die anderen Kinder zu provozieren indem sie sich hämisch vor ihnen freute. Sie hatte ihre Eltern auch in Verlegenheit gebracht, als sie gegenüber Verwandten und Nachbarn im Familienkreis gefallene Äußerungen ausplauderte. Sie war sehr destruktiv, und als ihr zum Geburtstag eine Spielzeugschreibmaschine geschenkt worden war, hatte sie diese innerhalb einer Woche mit einem Metallineal auseinandergebogen. Sie verlor ständig ihre Sachen, auch ihre Kleidung, und schwor dann, daß jemand anders sie gestohlen oder ihr weggenommen hätte. Sie weinte oft, sei es aus Wut oder weil Druck auf sie ausgeübt wurde, etwas zu tun, was sie nicht tun wollte.

Ihre Schulberichte zeigten in den Augen ihrer Mutter, daß sie in ihren Leistungen unter dem Durchschnitt lag, siehe jedoch unten den Schulbericht. Die Mutter hatte

knüllt in ihrer Hand hielt. Ohne es schien ihr Daumenlutschen keine Befriedigung zu verschaffen.

Sie neigte gegenwärtig dazu, sehr reizbar zu sein, was sich aber hauptsächlich in leichter Verstimmtheit und selten in einem richtigen Wutanfall ausdrückte. Sie stritt sich noch viel mit ihren beiden Geschwistern, was die Eltern, insbesondere den Vater, immer aufs neue entsetzte. Das Unglück anderer Leute nahm sie stark mit, und sie weinte, wenn z. B. im Fernsehen ein Mensch oder ein Tier verletzt wurden. Sie hatte auch kürzlich erst geweint, weil ihr der blinde Großvater, der drei Monate bei der Familie gewohnt hatte, so leid tat. Sie fürchtete sich nachts im Bett sehr vor der Dunkelheit und mußte ein Licht im Flur brennen haben, obwohl sie im selben Zimmer wie ihre ältere Schwester schlief. Wenn sie in der Nacht aufwachte und das Licht ausgeschaltet fand, rief sie ihren Vater, er solle seine Nachttischlampe anmachen, so daß sie aufstehen und das Flurlicht selbst einschalten konnte. Sie hatte immer noch gelegentlich Alpträume. Die Abneigung gegen die Schule war nicht wieder aufgetreten, und sie schien jetzt sehr gern dorthin zu gehen.

Klinikfall

versucht, ihr zu Haus beim Lesen zu „helfen", aber das endete gewöhnlich in einer Szene, weil sie sich nicht konzentrierte und „nur im Zimmer herumguckt".

Schulbericht

Regelmäßige Anwesenheit; durchschnittliche allgemeine Leistung und Leseleistung für ihr Alter; gewöhnlich unter den mittleren 50% ihrer Lerngruppe; sehr unruhig; lutscht am Daumen; sehr reizbar; aggressiv gegenüber anderen Kindern.

Einstellung der Familie

Die Einstellung der Mutter näherte sich jetzt offener Ablehnung. Sie klagte über das Verhalten des Kindes und dessen Beschwerden, als ob sie aus absichtlicher Boshaftigkeit ihr gegenüber getan würden. So hatten z. B. die beiden anderen Mädchen in der Familie auch Ekzem, aber die Mutter meinte: „Bei ihnen macht es mir nicht so viel aus." Sie hatte auch große Furcht davor, daß das Kind verletzt oder getötet werden könnte, wenn es z. B. auf dem Motorrad des Vaters mitfuhr: eine Furcht, die bei keinem der anderen Kinder auftrat. Sie machte große Anstrengungen, eifersuchtsprovozierende Situationen zwischen ihren beiden jüngsten Kindern zu vermeiden, und war jetzt der Ansicht, die Probleme dieses Mädchens beruhten darauf, daß sie das versäumt hatte, als das Kind klein war.

Kontrollfall

Schulbericht

Regelmäßige Anwesenheit; durchschnittliche Leistungen für ihr Alter; gewöhnlich unter den mittleren 50 % ihrer Lerngruppe; sie ängstigte sich mehr als andere Kinder; „sie braucht und sucht Aufmerksamkeit; ist bei vielen Gelegenheiten eine Stütze im Unterricht".

Einstellung der Familie

Die Mutter hatte noch die Neigung, die Schwächen des Kindes selbst in dessen Gegenwart hervorzuheben; ihr „Keuchen", ihre „trockene Haut, wie die einer alten Frau", und ihre kleine Körpergröße wurden erwähnt. Es wurde auch von ihr gesagt, daß sie in der Schule „ziemlich langsam" wäre, obwohl das vom Schulbericht her kein Problem war. Andererseits wurde das Mädchen auch gelobt; im Haus war sie eine große Hilfe. Diese Mutter gab offen zu, daß sie Kinder nie hatte haben wollen, und es entstand eher der Eindruck einer leichten allgemeinen Ablehnung aller drei Kinder als der der offenen persönlichen Ablehnung eines Kindes, wie es beim Klinikkind der Fall war.

ANHANG 3

Fragebogen

1. Elternfragebogen der ersten Untersuchung (S. 218)
2. Elternfragebogen der Nachuntersuchung (S. 222)
3. Lehrerfragebogen (S. 224)

Kennung . . . .

BUCKINGHAMSHIRE CHILD SURVEY

A

Im folgenden sind einige Krankheiten und Gesundheitsprobleme aufgeführt, die bei Kindern auftreten können. Wenn eines davon auf Ihr Kind zutrifft, unterstreichen Sie bitte JA. Wenn es nicht zutrifft, unterstreichen Sie bitte NEIN.

Dieses Kind

1. Trägt immer eine Brille . . . . Ja Nein
2. Trägt manchmal eine Brille . . . . . . Ja Nein
3. Wird wegen seiner Augen in einer Poliklinik oder in einem Krankenhaus behandelt . . . . Ja Nein
4. Hatte während der letzten zwölf Monate dauernd Ohrenschmerzen oder laufende Ohren . . . . Ja Nein
5. Scheint manchmal Schwierigkeiten beim Hören zu haben . . . . Ja Nein
6. Trägt eine Hörhilfe . . . . Ja Nein
7. Leidet an Kopfschmerzen mit Übelkeit . . . . Ja Nein
8. Wird im Auto, Bus oder Zug reisekrank . . . . Ja Nein
9. Hat häufig Erkältungen oder Halsschmerzen . . . . Ja Nein
10. Hat einen hartnäckigen und beschwerlichen Husten . . . . Ja Nein
11. Hat Übergewicht . . . . Ja Nein
12. Hat Untergewicht . . . . Ja Nein
13. Ist mehr als zweimal in seinem Leben ohnmächtig geworden . . . . Ja Nein
14. Ist nervös . . . . Ja Nein
15. Hatte Hautausschlag oder andere Hautbeschwerden, die zwei Wochen oder länger dauerten . . . . Ja Nein
16. Muß eine besondere Stütze wegen Muskel- oder Knochenanomalien tragen (Prothese, Spezialschuhe z. B.) . . . . Ja Nein
17. Muß eine Zahnspange tragen . . . . Ja Nein
18. Stottert . . . . Ja Nein

Hat ein ARZT jemals gesagt, das Kind habe

19. Irgendeine Krankheit oder Störung der Knochen (*nicht* Knochenbrüche) . . . . Ja Nein
20. Irgendeine Krankheit oder Störung der Muskeln . . . . Ja Nein
21. Herzbeschwerden . . . . Ja Nein
22. Ekzem . . . . Ja Nein
23. Asthma . . . . Ja Nein
24. Tuberkulose . . . . Ja Nein
25. Irgendwelche chronische Lungenbeschwerden (wie chronische Bronchitis) . . . . Ja Nein
26. Veitstanz . . . . Ja Nein
27. Meningitis (Hirnhautentzündung) . . Ja Nein
28. Migräne . . . . Ja Nein
29. Hirnschlag . . . . Ja Nein
30. Anfälle oder Krämpfe . . . . Ja Nein
31. Diabetes . . . . Ja Nein
32. Rheumatisches Fieber . . . . Ja Nein
33. Hasenscharte oder Gaumenspalte . . Ja Nein
34. Irgendwelche Drüsenstörungen (nicht einfach geschwollene Halsdrüsen) . . Ja Nein
35. Irgendeine andere körperliche Behinderung oder chronische Krankheit . . . . Ja Nein
    Wenn ja, welche? Nähere Angeben bitte unten.
    . . . .
    . . . .
    . . . .
    . . . .
    . . . .
    . . . .

Nur bei Mädchen:

36. Bekommt sie schon ihre Periode . . Ja Nein
37. In welchem Alter trat die erste Periode auf (in Zahlen) . . . .
38. Wenn die Periode schon auftritt,
    a. macht sie sich darüber Sorgen
    b. fühlt sie sich krank?
    c. klagt sie über Schmerzen
    d. muß sie vom Unterricht fernbleiben oder sich ins Bett legen?
    e. hat sie gewöhnlich überhaupt keine Schwierigkeiten oder Belastungen

    Bitte unterstreichen Sie jeden dieser Punkte, von dem Sie denken, daß er auf ihre Tochter zutrifft

Nur bei Jungen:

39. War er schon im Stimmbruch? . . Ja Nein
40. Wenn ja, wann war das? . . . .
41. Hat das Kind jemals eine Krankheit oder eine Operation gehabt, wo es länger als eine Nacht im Krankenhaus bleiben mußte? . . . . Ja Nein Wenn ja, machen Sie bitte unten nähere Angaben.

	Alter des Kindes bei Einlieferung	*Dauer des Aufenthalts*	*Bezeichnung der Krankheit, des Unfalls oder der Operation*
42.	. . . .	. . . .	. . . .
	. . . .	. . . .	. . . .
	. . . .	. . . .	. . . .
	. . . .	. . . .	. . . .

43. Wenn das Kind im Krankenhaus gewesen ist, fanden Sie, daß sich sein Verhalten unmittelbar nach der Rückkehr nach Hause verändert hatte?
    . . . .
    . . . .
    . . . .

44. Hat das Kind jemals eine Spezialschule oder -klasse wegen einer Gesundheitsstörung (Gehör, Augen, Sprache usw.) besucht? Wenn ja, machen Sie bitte nähere Angaben.
    . . . .
    . . . .
    . . . .

B

Im folgenden werden einige Verhaltensweisen von Kindern beschrieben. Unterstreichen Sie in jeder Dreiergruppe die Verhaltensweise, die im Augenblick am ehesten auf Ihr Kind zutrifft.

45. Zerstört selten oder nie Gegenstände absichtlich.
Ungefähr so destruktiv wie die meisten Kinder des gleichen Alters.
Sehr destruktiv.

46. Fürchtet sich sehr vor einem oder mehreren Tieren (d. h. vor bekannten englischen Tieren, nicht Löwen, Tigern usw.)
Fürchtet sich etwas vor einigen Tieren.
Fürchtet sich überhaupt nicht vor Tieren.

47. Fürchtet sich nicht davor, fremde Leute zu treffen.
Fürchtet sich etwas oder hat etwas Scheu vor fremden Leuten.
Fürchtet sich allgemein vor unbekannten Leuten.

48. Fürchtet sich nachts im Bett vor der Dunkelheit.
Scheint etwas Unbehagen zu fühlen, wenn nicht ein schwaches Licht brennt.
Fürchtet sich nicht vor der Dunkelheit.

49. Sagt immer die Wahrheit.
Schwindelt manchmal.
Lügt ziemlich oft absichtlich.

50. Geht sehr gern zur Schule.
Geht genausogern wie die meisten Kinder zur Schule.
Geht nicht gern zur Schule.

51. Nimmt nie etwas, was einem anderen gehört.
Hat sich wenigstens ein- oder zweimal unerlaubt an anderer Leute Sachen bedient (hierzu gehört auch das Wegnehmen von Sachen der eigenen Familienangehörigen).
Hat mehrmals gestohlen.

52. Sehr reizbar, wird leicht verstimmt oder ärgerlich.
Wird manchmal ärgerlich (z. B. bei Müdigkeit oder wenn von anderen Kindern herausgefordert).
Sehr gleichmütige Natur, wird praktisch nie verstimmt oder ärgerlich.

53. Ziemlich mäkelig beim Essen, ißt nur bestimmte Nahrungsmittel.
Hat recht bestimmte Eßvorlieben, aber ißt die meisten Nahrungsmittel, wenn hungrig.
Ißt fast alles.

54. Überhaupt nicht schüchtern, kommt schnell mit anderen Kindern in Kontakt.
Etwas schüchtern gegenüber fremden Kindern.
Sehr zurückhaltend, schüchtern, furchtsam gegenüber anderen Kindern.

55. Immer hungrig, ißt viel in und zwischen den Mahlzeiten. Sein Hunger ist unstillbar.
Ißt ungefähr genausoviel wie die anderen Kinder des gleichen Alters.
Schwacher Appetit, neigt dazu, in sehr kleinen Bissen zu essen.

56. Sehr sorglos, macht sich überhaupt keine Sorgen.
Macht sich manchmal Sorgen (z. B. über Klassenarbeiten oder Krankheit in der Familie).
Scheint sich oft zu ängstigen, sorgt sich um viele Dinge.

57 Jammert und quengelt viel, schwer zu befriedigen.
Jammert ungefähr genausoviel wie die meisten Kinder des gleichen Alters.
Jammert oder quengelt selten oder nie.

58. Sehr unruhig und zappelig, kann nicht eine Minute lang stillsitzen.
Ungefähr genauso aktiv wie die meisten Kinder des gleichen Alters.
Unterdurchschnittlich aktiv, sitzt gern soviel wie möglich still da.

59. Neigt sehr dazu, eifersüchtig zu sein.
Zeigt manchmal Eifersucht.
Selten oder nie eifersüchtig.

60. Geht nie von zu Hause weg, ohne zu sagen wohin.
Bummelt auf dem Heimweg von der Schule oder kann mit Freunden spielen gehen, ohne den Eltern Bescheid zu sagen.
Streift weit oder lange umher, ohne daß die Eltern den Aufenthaltsort kennen.

61. Hat fast täglich Augenblicke, in denen er/sie in sich versunken ist und die Leute um sich herum vergißt.
Scheint manchmal in eine Traumwelt versunken zu sein.
Halt selten oder nie Tagträume.

62. Führt erteilte Aufträge immer aus.
Ungefähr so gehorsam wie die meisten Kinder.
Sträubt sich gewöhnlich, wenn er/sie gebeten oder aufgefordert wird, etwas zu erledigen.

63. Schwänzt mehr als ein- oder zweimal im Monat die Schule.
Schwänzt mehr als drei- bis viermal im Jahr die Schule
Schwänzt nie die Schule.

Im folgenden werden einige geringfügige Gesundheitsprobleme aufgeführt, die bei den meisten Kindern zu irgendeinem Zeitpunkt auftreten. Bitte geben Sie an, wie oft diese Probleme bei Ihrem Kind auftreten, indem Sie ein Kreuz in die zutreffende Spalte machen.

Beispiel: Wenn Ihr Kind ungefähr einmal monatlich über Kopfschmerzen klagt, setzen Sie das Kreuz in die Spalte (e), die die Überschrift „Ungefähr einmal monatlich" trägt. Wenn Ihr Kind nur ein- oder zweimal in seinem ganzen Leben Kopfschmerzen gehabt hat, setzen Sie das Kreuz in die Spalte (h), die die Überschrift „Nie oder weniger als einmal im Jahr" trägt.

	(a) täglich oder fast täglich	*(b) zwei- oder dreimal wöchentlich*	*(c) ungefähr einmal wöchentlich*	*(d) ungefähr einmal alle zwei Wochen*	*(e) ungefähr einmal monatlich*	*(f) ungefähr einmal in zwei oder drei Monaten*	*(g) zwei- oder dreimal jährlich*	*(h) nie oder weniger als einmal jährlich*
68. Hat Verstopfung								
69. Hat Kopfschmerzen								
70. Hat Alpträume oder unangenehme oder angsterregende Träume								
71. Ist im Schlaf unruhig, dreht und wälzt sich, stößt die Bettdecke weg, läuft im Schlaf usw.								
72. Näßt das Bett ein								
73. Hat Bauchschmerzen								
74. Erbricht sich								
75. Hat Durchfall (Diarrhoe)								
76. Mangelnde Kontrolle über den Darm, kotet ein								
77. Weint								
78. Schmollt stundenlang								
79. Hat richtige Wutanfälle (d. h. verliert vollkommen die Beherrschung, schreit, macht ärgerliche Bewegungen usw)								
80. Kaut an den Nägeln								
81. Lutscht am Daumen oder Finger ...								
82. Hat heftige Streitereien mit anderen Kindern								

64. Hat sehr sichtbare Zuckungen des Gesichts oder des Körpers oder eine eigentümliche Angewohnheit, die fast dauernd auftritt.
Hat gelegentlich Zuckungen oder eine eigentümliche Angewohnheit, die bei Müdigkeit, Langeweile usw. auftreten.
Hat keine Zuckungen oder eigentümliche Angewohnheiten.

65. Stimmungen sehr veränderlich, den einen Augenblick ausgelassen, im nächsten ohne bestimmten Grund betrübt.
Gelegentliche Stimmungsänderungen als Reaktion auf Ereignisse.
Hat immer gleichbleibendes Wesen außer unter sehr ungewöhnlichen Umständen.

66. Schien beim Lesenlernen Schwierigkeiten gehabt zu haben.
Lernte lesen so schnell wie die meisten Kinder.
Guter Leser, lernte lesen schneller als die anderen Kinder.

67. Gibt es am Verhalten oder an den Gewohnheiten Ihres Kindes etwas, was Sie beunruhigt, was hier aber nicht erwähnt wurde?
Wenn ja, machen Sie bitte nähere Angaben: . . . .
. . . .
. . . .
. . . .

C

Wir danken Ihnen für Ihre Angaben. Zum Abschluß haben wir noch ein paar Fragen, deren Beantwortung für unsere Untersuchung von großem Interesse ist.

83. Der wievielte war der **letzte** Geburtstag des Kindes? . . . .

84. Ist das Kind ein Junge oder ein Mädchen? . . . .

85. Ist die Person, die diese Fragen beantwortet, die Mutter des Kindes? . . . . Ja Nein
Wenn nicht, erläutern Sie bitte Ihre Beziehung zu diesem Kind:
. . . .

86. Wieviel andere Kinder gibt es noch in der Familie? . . . . Jungen
. . . . Mädchen

87. Lebt der Vater des Kindes? . . . . Wenn ja, wie alt ist er? . . . .

88. Lebt die Mutter des Kindes? . . . . Wenn ja, wie alt ist sie? . . . .

89. Ist dieses Kind
a) das einzige.
b) das jüngste. *Zutreffendes bitte*
c) das älteste. *unterstreichen*
d) in der Mitte.

90. Welche Bezeichnung trägt der Beruf Ihres Ehemannes? . . . .
Beschreiben Sie bitte seine Tätigkeit . . . .
. . . .
. . . .

91. Haben Sie neben Ihrer Hausfrauentätigkeit noch eine weitere Beschäftigung?
a) ganztags
b) in Zeitarbeit *Zutreffendes bitte*
c) überhaupt keine *unterstreichen*

92. Wie lange haben Sie schon in der Gegend gewohnt, in der Sie jetzt leben?
. . . .

93. Wo haben Sie vorher gewohnt? *(Bitte nur den Ortsnamen, nicht die ganze Adresse angeben)*
. . . .

94. War einer der beiden Elternteile seit der Geburt des Kindes länger als einen Monat von zu Hause entfernt (z. B. im Krankenhaus)? Ja Nein
Wenn ja, war es der Vater/die Mutter *(Zutreffendes bitte unterstreichen)*.

95. Hat das Kind jemals – abgesehen von Krankenhausaufenthalten (die Sie schon angegeben haben) – länger als einen Monat von zu Hause entfernt gelebt (z. B. bei Verwandten)? Wenn ja, machen Sie bitte nähere Angaben:
. . . .
. . . .
. . . .
. . . .

VIELEN DANK

BITTE NICHT UNTERSCHREIBEN

Kennung . . . .

BUCKINGHAMSHIRE CHILD SURVEY

A

Im folgenden sind einige Krankheiten und Gesundheitsprobleme aufgeführt, die bei Kindern auftreten können. Wenn eines davon auf Ihr Kind zutrifft, unterstreichen Sie bitte JA. Wenn es nicht zutrifft, unterstreichen Sie bitte NEIN.

Dieses Kind

1. Scheint manchmal Schwierigkeiten beim Hören zu haben . . . . Ja Nein
2. Leidet an Kopfschmerzen mit Übelkeit . . . . Ja Nein
3. Wird im Auto, Bus oder Zug reisekrank . . . . Ja Nein
4. Hat häufig Erkältungen oder Halsschmerzen . . . . Ja Nein
5. Hat einen hartnäckigen und beschwerlichen Husten . . . . Ja Nein
6. Hat Übergewicht . . . . Ja Nein
7. Hat Untergewicht . . . . Ja Nein
8. Ist nervös . . . . Ja Nein
9. Stottert . . . . Ja Nein
10. Hatte im letzten Jahr Ekzem . . . . Ja Nein
11. Hatte im letzten Jahr Asthma . . . . Ja Nein
12. Ist körperlich behindert oder hat eine chronische Krankheit . . . . Ja Nein

. . . .
. . . .
. . . .
. . . .
. . . .
. . . .
. . . .
. . . .

Nur bei Mädchen:

13. (Wie Frage 36 Elternfragebogen der ersten Untersuchung (im weiteren: EF 1))
14. (wie Frage 37 EF 1)
15. (wie Frage 38 EF 1)

16. Hat das Kind **in den letzten drei Jahren** jemals eine Krankheit oder eine Operation gehabt, wo es länger als eine Nacht im Krankenhaus bleiben mußte? . . . . Ja Nein. Wenn ja, machen Sie bitte unten nähere Angaben.

Alter des Kindes bei Einlieferung	*Dauer des Aufenthalts*	*Bezeichnung der Krankheit, des Unfalls oder der Operation*
. . . .	. . . .	. . . .
. . . .	. . . .	. . . .
. . . .	. . . .	. . . .

17. Ist das Kind **in den letzten drei Jahren** von einem Facharzt in der Ambulanz eines Krankenhauses oder in einer Poliklinik untersucht worden?

Art der Klinik	*Was war der Grund dafür?*	*Behandlungszeitraum (ca.)* *von* *bis*
. . . .	. . . .	. . . .
. . . .	. . . .	. . . .
. . . .	. . . .	. . . .

18. Ist das Kind in den letzten drei Jahren vom Hausarzt wegen einer schweren Krankheit oder eines hartnäckigen Problems behandelt worden? Wenn ja, machen Sie bitte nähere Angaben.

. . . .
. . . .
. . . .
. . . .

19. Hat das Kind in den letzten drei Jahren wegen einer Gesundheitsstörung (Gehör, Augen, Sprache) eine Spezialschule oder -klasse besucht? . . . . . . Ja Nein. Wenn ja, was war der Grund?

. . . .
. . . .
. . . .

20. Hat in den letzten drei Jahren irgendein **anderes** Familienmitglied im Krankenhaus gelegen oder eine schwere Krankheit zu Hause gehabt? . . . . . . Ja Nein. Wenn ja, machen Sie bitte unten nähere Angaben.

Beziehung zum Kind (z.B. Großmutter, Bruder)	*Datum (Jahr)*	*Bezeichnung der Krankheit*	*Dauer der Krankheit*	*Aufenthaltsdauer im Krankenhaus*
. . . .	. . . .	. . . .	. . . .	. . . .
. . . .	. . . .	. . . .	. . . .	. . . .
. . . .	. . . .	. . . .	. . . .	. . . .
. . . .	. . . .	. . . .	. . . .	. . . .

B

21.–58. (wie Fragen 45 bis 67 EF 1)

C

Wir danken Ihnen für Ihre Angaben. Zum Abschluß haben wir noch ein paar Fragen, deren Beantwortung für unsere Untersuchung von großem Interesse ist.

59. (wie Frage 83 EF 1)

60. (wie Frage 85 EF 1)

61. (wie Frage 86 EF 1)

62. Lebt der Vater des Kindes? . . . . Falls er gestorben ist oder die Familie für immer verlassen hat, wann geschah das?
Gestorben . . . .
Familie verlassen . . . .

63. Lebt die Mutter des Kindes? . . . . Falls sie gestorben ist oder die Familie für immer verlassen hat, wann geschah das?
Gestorben . . . .
Familie verlassen . . . .

64. Ist in den letzten drei Jahren eine andere zum Haushalt gehörende Person gestorben? . . . . Ja Nein
Ist ein anderer Freund oder Verwandter gestorben, der nicht mit der Familie zusammenlebte, den das Kind aber sehr gern hatte? . . . . Ja Nein
Bitte geben Sie an, wer starb und wann:
. . . .
. . . .
. . . .

65. (wie Frage 90 EF 1)

66. (wie Frage 91 EF 1)

67. War das Kind in den letzten drei Jahren jemals länger als eine Woche von zu Hause entfernt (abgesehen von Krankenhausaufenthalten, die Sie schon angegeben haben)? . . . . Ja Nein
Wenn ja, machen Sie unten bitte nähere Angaben:

Alter bei Trennung	*Grund (z.B. Urlaub, Krankheit d. Mutter usw.)*	*Bei wem hielt er/sie sich auf? (z.B. bei der Tante, in einem Kinderheim)*	*Dauer der Trennung*
. . . .	. . . .	. . . .	. . . .
. . . .	. . . .	. . . .	. . . .
. . . .	. . . .	. . . .	. . . .

68. War einer der beiden Elternteile in den letzten drei Jahren länger als einen Monat von zu Hause entfernt (abgesehen von Krankenhausaufenthalten)? . . . . Ja Nein
Wenn ja, war es der Vater/die Mutter *(Zutreffendes bitte unterstreichen).*

VIELEN DANK

BITTE NICHT UNTERSCHREIBEN

Vertraulich *Kennung* . . . .

BUCKINGHAMSHIRE CHILD SURVEY

Name des Kindes . . . .

Adresse . . . .

Schule . . . . Klasse . . . .

A. Anwesenheit

1. Anwesenheit im vergangenen ganzen Trimester in Tagen . . . .

2. Gesamtzahl der Unterrichtstage in jenem Trimester für die Lerngruppe des Kindes . . . .

3. Bitte unterstreichen Sie die Entschuldigungsgründe, die Ihrer Meinung nach auf dieses Kind zutreffen:
   a) Echte Krankheit des Kindes
   b) Krankheit eines Elternteils oder eines anderen Familienmitglieds
   c) Urlaub der Eltern in der Schulzeit
   d) Regelmäßige Besuche einer Poliklinik, eines Krankenhauses usw.
   e) Schwänzen (Fehlen ohne Einwilligung der Eltern)
   f) Einzelne ganze und halbe Tage ohne triftigen Grund, aber offenbar mit Einwilligung und Wissen der Eltern gefehlt
   g) Weitere Gründe (bitte erläutern) . . . .
   . . . .

B. Leistung

1. Altersspanne in der Klasse des Kindes . . . . 2. Alter des Kindes . . . . . .

3. Befindet sich das Kind in seiner Klasse oder Lerngruppe gewöhnlich unter den
   a) besten 25%
   b) mittleren 50% *Zutreffendes bitte*
   c) schlechtesten 25% *unterstreichen*

4. Wenn es mehr als einen Zug für diese Altersgruppe gibt, nach welchen Kriterien erfolgt die Aufteilung in Züge
   a) nach Parallelisierung
   b) nach Leistung *Zutreffendes bitte*
   c) nach Alter in Monaten? *unterstreichen*

   Wenn die Aufteilung nach Leistung erfolgt, welchen Rang nimmt die Klasse des Kindes im Vergleich zu den anderen Klasse derselben Stufe ein
   (z. B. von drei Klassen die mittlere, von fünf die zweite usw.)? . . . .
   . . . .

5. Bitte unterstreichen Sie in jeder der unteren Fragen das Item, das am besten auf das Kind zutrifft:
   a) Überdurchschnittliche Gesamtleistung für dieses Alter und diesen Schultyp
      Durchschnittlitliche Gesamtleistung für dieses Alter und diesen Schultyp
      Unterdurchschnittliche Gesamtleistung für dieses Alter und diesen Schultyp
   b) Kann noch nicht lesen
      Unterdurchschnittliche Leseleistung für dieses Alter
      Durchschnittliche Leseleistung für dieses Alter
      Überdurchschnittliche Leseleistung für dieses Alter

6. Ist mit diesem Kind ein Intelligenztest oder ein anderer standardisierter Test (z. B. zur Ermittlung des Lesealters) durchgeführt worden?
   Wenn ja, machen Sie unten bitte nähere Angaben:

Name des Tests	*Alter des Kindes bei Testung*	*Resultat (IQ, Lesealter usw.)*
. . . .	. . . .	. . . .
. . . .	. . . .	. . . .
. . . .	. . . .	. . . .

C. Verhaltens- und Gesundheitsprobleme

1. Bitte unterstreichen Sie jene der unten aufgeführten Items, die bei diesem Kind häufig anzutreffende Verhaltensweisen beschreiben:

   a) Sehr unruhig, kann nicht einen Augenblick stillsitzen
   b) Weint mehr als die meisten Kinder
   c) Stottert
   d) Hat andere Sprechstörung
   e) Lügt oft
   f) Hat ein- oder mehrmals gestohlen
   g) Erschreckt sehr leicht
   h) Kaut an den Fingernägeln
   i) Lutscht am Daumen oder Finger
   j) Sehr reizbar, wird leicht verstimmt oder ärgerlich
   k) Hatte in diesem Jahr einen oder mehrere Wutanfälle in der Schule
   l) Arbeitet im Unterricht nicht mit
   m) Sehr schüchtern, hat Schwierigkeiten mit anderen Kindern in Kontakt zu kommen
   n) Hat im letzten Jahr in der Schule eingenäßt oder eingekotet
   o) Hat sichtbare Zuckungen des Gesichts oder des Körpers
   p) Macht sich mehr Sorgen als andere Kinder
   q) Aggressiv gegenüber anderen Kindern
   r) Sehr still und verschlossen
   s) Sehr launenhaft – den einen Augenblick ausgelassen, im nächsten betrübt
   t) Kein Interesse an der Schule
   u) Hat in diesem Schuljahr ein- oder mehrmals Schulangst gezeigt – d.h. bei der Ankunft geweint oder sich geweigert, das Schulgebäude zu betreten.

2. Hat das Kind nach Ihrem Wissen eine chronische Krankheit oder ist es körperlich behindert? (Bitte fragen Sie **nicht** das Kind). Wenn ja, worum handelt es sich? Hat es einen Einfluß auf die Leistung oder Teilnahme an schulischen Aktivitäten?

   . . . .

   . . . .

   . . . .

D. Weitere Angaben

Wenn Sie der Meinung sind, daß weitere, über die gestellten Fragen hinausgehende Information über das Kind (wie z. B. seine familiären Verhältnisse) von Bedeutung ist, teilen Sie diese bitte im folgenden mit:

. . . .

. . . .

. . . .

. . . .

. . . .

. . . .

. . . .

. . . .

. . . .

. . . .

LITERATUR

ACKERSON, L. (1931) *Children's behaviour problems I: Incidence, genetic and intellectual factors.* Chicago: Chicago University Press.

ACKERSON, L. (1942) *Children's behaviour problems II: Relative importance and interrelations among traits.* Chicago: Chicago University Press.

ADDIS, R. S. (1935) 'A statistical study of nocturnal enuresis.' *Arch. Dis. Child.*, **10**, 169.

ARIES, P. (1965) *Centuries of childhood: a social history of family life.* New York: Vintage Books.

BAIN, W. E. (1934) 'A study of attitude of teachers toward behaviour problems.' *Child Develop.*, **5**, 19.

BAKWIN, H., and BAKWIN, R. M. (1954) *Behaviour disorders in childhood.* London: Saunders.

BALDWIN, A. L. (1944) 'An analysis of children's eating habits.' *J. Pediat.*, **25**, 74.

BALDWIN, A. L., KALHORN, J., and BRESSE, F. H. (1945) *Patterns of parent behaviour.* Evanston, Illinois: American Psychological Association.

BALDWIN, A. L. (1947) 'Changes in parent behaviour during pregnancy: an experiment in longitudinal analysis.' *Child Develop.*, **18**, 29.

BARBOUR, R. F. (1951) in Child Guidance Inter-Clinic Conference, *9th. Follow-up on child guidance cases.* London: National Association for Mental Health.

BARBOUR, R. F., and BEEDELL, C. J. (1955) 'The follow-up of a child guidance clinic population.' *J. ment. Sci.*, **101**, 794.

BARBOUR, R. F., BORLAND, E. M., BOYD, M. M., MILLER, A., and OPPE, T. T. (1963) 'Enuresis as a disorder of development.' *Brit. med. J.*, **2**, 437.

BELL, R. Q. (1959–60) 'Retrospective and prospective views of early personality development.' *Merrill-Palmer Q. Behav. & Develop.*, **6**, 131.

BILLIG, A. L. (1941) 'Finger nail-biting: its incipiency, incidence and amelioration.' *Genet. Psychol. Monogr.*, **24**, 123.

BIRCH, L. B. (1955) 'The incidence of nail-biting among school children.' *Brit. J. educ. Psychol.*, **25**, 123.

BLATZ, W. E., and BOTT, E. A. (1927) 'Studies in mental hygiene: I Behaviour of public school children.' *Ped. Sem. & J. genet. Psychol.*, **34**, 552.

BLOMFIELD, J. M., and DOUGLAS, J. W. B. (1956) 'Bed-wetting: Prevalence among children aged 4–7 years.' *Lancet*, **1**, 856.

BOWER, E. M. (1958) 'A process for early identification of emotionally disturbed children.' *Bull. Calif. State Dept. Educ.*, **27**, 6.

BOWER, E. M. (1961) 'Primary prevention in a school setting.' In CAPLAN, G. (ed.) *Prevention of mental disorder in children.* London: Tavistock Publications.

BOWER, E. M. (1962) 'Comparison of the characteristics of identified emotionally disturbed children with other children in classes.' In TRAPP, E. P., and HIMELSTEIN, P. (eds.) *Readings on the exceptional child.* London: Methuen.

BRANDON, S. (1960) 'An epidemiological study of maladjustment in childhood.' M. D. Thesis. University of Durham (King's College Newcastle.)

BRANSBY, E. R., BLOMFIELD, J. M., and DOUGLAS, J. W. B. (1955) 'The prevalence of bed-wetting.' *Med. Offr.*, **44**, 5.

BREMER, J. (1951) 'A social psychiatric investigation of a small community in Northern Norway.' *Acta Psychiat. Neurol. Suppl.*, 62.

BUCKLE, D., and LEBOVICI, S. (1960) *Child guidance centres.* Geneva: World Health Organization.

BURT, C. (1917) *The distribution and relations of educational abilities.* London: London County Council.

BURT, C. (1935) *The subnormal mind.* London: Oxford University Press.

CATTELL, R. B., and COAN, R. W. (1957) 'Personality factors in middle childhood as revealed in parents ratings.' *Child Develop.*, **28**, 4.

CHAZAN, M. (1962) 'School phobia.' *Brit. J. educ. Psychol.*, **32**, 209.

CHAZAN, M. (1963) 'Maladjustment, attainment and sociometric status.' Univ. Coll. Swansea. *Faculty of Education Journal*, **4**, 7.

CHAZAN, M. (1968) 'Children's emotional development.' In BUTCHER, H. J. (ed.) *Educational Research in Britain.* London: University of London Press Ltd.

CHESS, S., THOMAS, A., and BIRCH, H. G. (1959) 'Characteristics of the individual child's behavioural responses to the environment.' *Amer. J. Orthopsychiat.*, **29**, 791.

CHESS, S., THOMAS, A., RUTTER, M., and BIRCH, H. G. (1963) 'Interaction of temperament and environment in the production of behavioural disturbance in children.' *Amer. J. Psychiat.*, **120**, 142.

CHESS, S., THOMAS, A., and BIRCH, H. G. (1967) 'Behaviour problems revisited: Findings of an anterospective study.' *J. Amer. Acad. Child Psychiat.*, **6**, 321.

COHEN, H. (1955) 'The evolution of the concept of disease.' *Proc. Roy. Soc. Med.*, **48**, 155.

COOLIDGE, J. C., BRODIE, R. D., and FEENEY, B. (1964) 'A ten-year follow-up of sixty-six school-phobic children.' *Amer. J. Orthopstchiat.*, **4**, 675.

CRANDALL, V. J., and PRESTON, A. (1955) 'Patterns and levels of maternal behaviour.' *Child Develop.*, **26**, 267.

CUMMINGS, J. D. (1944) 'Emotional symptoms in school children.' *Brit. J. educ. Psychol.*, **14**, 151.

CUMMINGS, J. D. (1946) 'A follow-up study of emotional symptoms in schoolchildren.' *Brit. J. educ. Psychol.*, **16**, 163.

CUNNINGHAM, J. M., WESTERMAN, H. H., and FISCHHOFF, J. (1956) 'A follow-up study of patients seen in a psychiatric clinic for children.' *Amer. J. Orthopsychiat.* **26**, 602.

CYTRYN, L., GILBERT, A., and EISENBERG, L. (1960) 'The effectiveness of tranquilizing drugs plus supportive psychotherapy in testing behaviour disorders of children.' *Amer. J. Orthopsychiat.*, **30**, 113.

DAVIDSON, M. (1961) 'Einige Untersuchungsergebnisse über psychologische Störungen bei Kindern.' *Praxis der Kinderpsychologie*, **10**, 273.

DEL SOLAR, C. (1949) *Parents and teachers view the child: a comparative study of parents' and teachers' appraisals of children.* Bureau of Publications, Teachers College, Columbia University.

DOUGLAS, J. W. B., and MULLIGAN, D. G. (1961) 'Emotional adjustment and educational achievement—the preliminary results of a longitudinal study of a national sample of children.' *Proc. Roy. Soc. Med.*, 54, 885.

DOUGLAS, J. W. B. (1964) *The home and the school.* London: MacGibbon and Kee.

EISENBERG, L. (1958) 'School phobia: A study in the communication of anxiety.' *Amer. J. Psychiat.*, **114**, 712.

EISENBERG, L. (1961) 'The effectiveness of psychotherapy alone and in lone conjunction with perphenazine or placebo in the treatment of neurotic and hyperkimatic children.' *Amer. J. Psychiat.*, **117**, 1088.

ELLIS, D. B., and MILLER, L. W. (1936) 'Teachers' attitudes and child behaviour problems.' *J. educ. Psychol.*, **27**, 501.

ERON, L. D., WALDER, L. O., LAULIGHT, J. H., and HLADKY, F. (1958) 'The psychosocial development of aggressive behaviour in children.' *Proc. Rip Van Winkle Clinic*, **9**. 10.

ESTES, H. R., HAYLETT, C. H., and JOHNSON, A. M. (1956) 'Separation anxiety.' *Amer. J. Psychother.*, **10**, 682.

EYSENCK, H. J. (1952) 'The effects of psychotherapy: an evaluation.' *J. Consult. Psychol.* **16**, 319.

EYSENCK, H. J. (1953) *The structure of human personality*. London: Methuen.

EYSENCK, H. J., and COOKSON, D. (1969) 'Personality in primary school children: 2 Teachers' ratings.' *Brit. J. educ. Psychol.*, **39**, 123.

FITT, A. B. (1956) 'An experimental study of children's attitude to school in Auckland, New Zealand.' *Brit. J. educ. Psychol.*, **26**, 25.

FOSTER, J. C., and ANDERSON, J. E. (1930) *The young child and his parents: a study of one hundred cases.* (Institute of Child Welfare, Monograph Series, Number 1) University of Minnesota.

FRICK, W. B. (1964) 'School phobia: a critical review of the literature.' *Merrill-Palmer Q. Behav. & Develop.*, **10**, 361.

FURMAN, S. S., SWEAT, L. G., and CROCETTI, G. M. (1965) 'Social class factors in the flow of children to outpatient psychiatric facilities.' *Amer. J. Public Health*, **55**, 385.

GARDNER, G. (1953) *Psychiatric treatment.* New York: Williams and Williams.

GEDDA, E. (1948) 'De cas notés de troubles de canduite nerveux chez des élèves dans la periode commencants d'un district scoliare de Göteborg.' *Acta Paediat.*, **35**, 49.

GESELL, A. (1925) *The mental growth of the pre-school child.* London: MacMillan.

GESELL, A. (1940) *The first five years of life*. London: Methuen.

GESELL, A. (1956) *Youth: The years from ten to sixteen*. London: Methuen.

GESELL, A., and ILG, F. L. (1946) *The child from five to ten*. London: Methuen.

GILBERT, G. M. (1957) 'A survey of "referral problems" in metropolitan child guidance centres.' *J. clin. Psychol.*, **13**, 37.

GLASER, K. (1959) 'Problems in school attendance: school phobia and related conditions.' *Pediatrics*, **23**, 371.

GLIDEWELL, J. C., MENSH, I. N., and GILDEA, M. C. -L. (1957) 'Behaviour symptoms in children and degree of sickness.' *Amer. J. Psychiat.*, **114**, 47.

GLIDEWELL, J. C., GILDEA, M. C. -L., DOMKE, H. R., and KANTOR, M. B. (1960) 'Behaviour symptoms in children and adjustment in public school.' *Human Organization*, **18**, 123.

GLIDEWELL, J. C., DOMKE, H. R., and KANTOR, M. B. (1963) 'Screening in schools for behaviour disorders: use of mothers' reports of symptoms.' *J. educ. Res.*, **56**, 508.

GLIDEWELL, J. C. (1966) 'Studies of mothers' reports of behaviour symptoms in their children.' (Unpublished report).

GOLDBERG, D. P. (1969) 'The identification and assessment on non-psychotic illness by means of a questionnaire.' D. M. Thesis, University of Oxford.

GOLDFARB, A. (1963) 'Teacher ratings in psychiatric case-findings: I Methodical considerations.' *Amer. J. Public Health*, **53**, 1919.

GOODENOUGH, F. (1931) *Anger in young children.* Minneapolis: University of Minnesota Press.

GORDON, I. (1942) 'Allergy, enuresis and stammering.' *Brit. med. J.*, **1**, 357.

GORDON, J. E. (1957) 'The validity of Shoben's parent attitude survey.' *J. clin. Psychol.*, **13**, 154.

GRANT, Q. A. F. R. (1958) 'Age, and sex trends in the symptomatology of disturbed children.' Dissertation for the University of London Diploma of Psychological Medicine.

GRIFFITHS, W. (1952) *Behaviour difficulties of children as perceived and judged by parents, teachers and children themselves.* Minneapolis: University of Minnesota Press.

GUTTMAN, L. (1950) 'The basis for scalogram analysis.' In STOUFFAR, S. A. (ed.) *Measurement and prediction.* Princeton, N. J.: Princeton University Press.

HAGGERTY, M. E. (1925) 'The lucidence of undesirable behaviour in public school children.' *J. educ. Res.*, **12**, 102.

HALL, J., and JONES, D. C. (1950) 'Social grading of occupations.' *Brit. J. Sociol.*, **1**, 31.

VON HARNACK, G.-A. (1953) 'Wesen und soziale Bedingtheit frühkindlicher Verhaltensstörungen.' *Bibl. Paediat.*, Fasc. 55.

VON HARNACK, G.-A. (1958) *Nervose Verhaltensstörungen beim Schulkind.* Stuttgart: Georg Thieme Verlag.

HALLGREN, B. (1956) 'Enuresis. I A study with reference to the morbidity risk and symptomatology.' *Acta psychiat. et neurol.*, **31**, 379.

HEALD, F. B., MASLAND, R. P., STURGIS, S. H., and GALLAGHER, G. H. (1957) 'Dysmenorrhoea in adolescence.' *Pediatrics*, **20**, 121.

HEINICKE, C. M. (1969) 'Frequency of psychotherapeutic session as a factor affecting outcome: Analysis of clinical ratings and test results.' J. abnorm. Psychol., 74, 553.

HERSOV, L. A. (1961a) 'Persistent non-attendance at school.' *J. Child Psychol.* Psychiat., **1**, 130.

HERSOV, I. A. (1961b) 'Refusal to go to school.' *J. Child Psychol. Psychiat.*, **1**, 137.

HEWITT, L. E., and JENKINS, R. L. (1946) *Fundamental patterns of maladjustment: the dynamics of their origin.* State of Illinois, Michigan Child Guidance Institute.

HILDRETH, G. (1928) 'A survey of problem pupils.' *J. educ. Res.*, **18**, 1.

HINDLEY, C. B. (1965) 'Stability and change in abilities up to five years: group trends.' *J. Child Psychol. Psychiat.*, **6**, 85.

HINDLEY, C. B. (1968) 'Growing up in five countries: a comparison of data on weaning, elimination training, age of walking and I.Q. in relation to social class from European longitudinal studies.' *Develop. Med. Child Neurol.*, **10**, 715.

HUBBARD, R. M., and ADAMS, C. F. (1936) 'Factors effecting success of child guidance clinic treatment.' *Amer. J. Orthopsychiat.*, **6**, 81.

HUNT, W. A., WITTSON, C. L., and HUNT, E. B. (1955) 'The relationship between amount of presenting symptomatology and severity of disability.' *J. clin. Psychol.*, **11**, 305.

HUNTER, E. C. (1957) 'Changes in teachers' attitudes toward children's behaviour over the last 30 years.' *Ment. Hyg.*, **41**, 3.

ILLINGWORTH, R. S. (1958) 'Obesity.' *J. Pediat.*, **53**, 117.

ISAACS, S. (1933) *Social development in young children.* London: Routledge, and Kegan Paul.

JERSILD, A. T., and HOLMES, F. B. (1935) 'Children's fears.' *Child Develop. Monogr.*, no. 20.

KANE, R. P., and CHAMBERS, G. S. (1961) 'Improvement—real or apparent.' *Amer. J. Psychiat.*, **117**, 1023.

KANNER, L. (1957) *Child psychiatry.* (Third edition). Oxford: Blackwell Scientific Publications.

KANNER, L. (1960) 'Do behavioural symptoms always indicate psychopathology?' *Child Psychol. & Psychiat.*, **1**, 17.

KANNER, L. (1962) 'Emotionally disturbed children: a historical review.' *Child Develop.*, **33**, 97.

KEIR, G. (1952) 'A history of child guidance.' *Brit. J. educ. Psychol.*, **22**, 5.

VAN LAAR, F., RUSBACH, H. W., and DE HAAS, J. H. (1962) 'Menstruatiestoornissen bij schoolgaands adolescenten.' *Tijdschr. soc. Geneesk.*, **40**, 44.

LAPOUSE, R., and MONK, M. (1958) 'An epidemiologic study of behaviour characteristics in children.' *Amer. J. Public Health*, **48**, 1134.

LAPOUSE, R., and MONK, M. (1959) 'Fears and worries in a representative sample of children.' *Amer. J. Orthopsychiat.*, **29**, 808.

LAPOUSE, R., and MONK, M. (1964) 'Behaviour deviations in a representative sample of children: variation by sex, age, race, social class and family size. *Amer. J. Orthopsychiat.*, **34**, 436.

LAPOUSE, R. (1965) 'The relationship of behaviour to adjustment in a representative sample of children.' *Amer. J. Public Health*, **55**, 1130.

LAYCOCK, S. R. (1934) 'Teachers' reactions to maladjustments of school children.' *Brit. J. educ. Psychol.*, **4**, 11.

LEVITT, E. E. (1957) 'The results of psychotherapy with children.' *J. Consult. Psychol.*, **21**, 189.

LEVY, D. M., and TULCHIN, S. H. (1932) 'The resistance of infants and children during mental health tests.' *J. exp. Psychol.*, **6**, 304.

LEVY, M. (1947) *Maternal over-protection.* New York: Columbia University Press.

LONG, A. (1941) 'Parents' reports of undesirable behaviour in children.' *Child Develop.*, **12**, 43.

LURIE, O. R. (1969) 'Emotional health of children in the family setting.' Paper presented at the Second International Congress of Social Psychiatry. (Unpublished).

MCCLURE, W. E. (1929) 'Characteristics of problem children based on judgements of teachers.' *J. juvenile Res.*, **13**, 124.

MCCONACHIE, J. W. (1955) In Ministry of Education. *Health of the school child.* London: HMSO.

MacFARLANE, J. W., ALLEN, L., and HONZIK, M. P. (1954) *A developmental study of the behaviour problems of normal children between 21 months and 14 years.* Berkeley and Los Angeles: University of California Press.

MCFIE, B. S. (1934) 'Behaviour and personality difficulties in school children.' *Brit. J. educ. Psychol.*, **4**, 30.

MACKENZIE, E. P. (1953) 'The treatment of anorexia.' *J. Pediat.*, **58**, 187.

MAES, W. R. (1966) 'The identification of emotionally disturbed elementary school children.' *Exceptional Children*, **32**, 607.

MALONE, A. J., and MASSLER, M. (1952) 'Index of nail-biting in children.' *J. abnorm. soc. Psychol.*, **47**, 193.

MANGUS, A. R. (1949) 'Mental health of rural children in Ohio.' *Res. Bull. Ohio Agricult. Exper. Sta.*, Research Bulletin 682.

MECHANIC, D. (1964) 'The influence of mothers on their children's health attitudes and behaviour.' *Pediatrics*, **33**, 444.

MEDICAL RESEARCH COUNCIL, Committee on Research into Chronic Bronchitis (1966) *Instructions for the use of the questionnaire on respiratory symptoms.* Medical Research Council.

MENSH, I. N., KANTOR, M. E., and DOMKE, H. R. (1959) 'Children's behaviour symptoms and their relationships to school adjustment, sex and social class.' *J. soc. Issues*, **15**, 8.

MICHAELS, J. J., and GOODMAN, S. E. (1934) 'Incidence and intercorrelations of enuresis and other neuropathic traits in so-called normal children.' *Amer. J. Orthopsychiat.*, **4**, 79.

MILLER, F. J. W., COURT, S. D. M., WALTON, W, S., and KNOX, E. G. (1960) *Growing up in Newcastle upon Tyne.* London: Oxford University Press.

Ministry of Education (1953) *Health of the school child, 1952–53.* Report of the Chief School Medical Officer for 1952–53. London: HMSO.

Ministry of Education (1955) *Report of the Committee on Maladjusted children.* (Underwood Report) London: HMSO.

MITCHELL, J. A. (1942) 'A study of teachers' and mental hygienists' ratings of certain behaviour problems of children.' *J. educ. Res.*, **36**, 292.

MITCHELL, S., and SHEPHERD, M. (1966) 'A comparative study of children's behaviour at home and at school.' *Brit. J. educ. Psychol.*, **36**, 248.

MITCHELL, S., and SHEPHERD, M. (1967) 'The child who dislikes going to school.' *Brit. J. educ. Psychol.*, **37**, 32.

MOORE, T., HINDLEY, C. B., and FALKNER, F. (1954) 'A longitudinal research in child development and some of its problems.' *Brit. med. J.*, **2**, 1132.

MOORE, T. W. (1959) 'Studying the growth of personality.' *Vita hum.*, 2, 65.

MOORE, T. W. (1965) 'The place of longitudinal research in the study of child development.' In MILLER, E. (ed.) *Foundations of child psychiatry.* Oxford: Pergamon Press.

MOORE, T. W. (1966) 'Difficulties of the ordinary child in adjusting to primary school.' *J. Child Psychol. Psychiat.*, **7**, 299.

MORRIS, D. P., SOROKER, E., and BURRUSS, G. (1954) 'Follow-up studies of shy withdrawn children—I Evaluation of later adjustment.' *Amer. J. Orthopsychiat.*, **24**, 743.

MORRIS, H. H., ESCOLI, P. J., and WEXLER, R. (1956) 'Aggressive behaviour disorders in childhood: a follow-up study.' *Amer. J. Psychiat.*, **112**, 991.

MORRIS, J. N. (1957) *Uses of epidemiology*. Livingstone: Edinburgh.

MULLEN, F. A. (1950) 'Truancy and classroom disorder as symptoms of personality problems.' *J. educ. Psychol.*, **41**, 97.

New York State Department of Mental Hygiene, Mental Health Research Unit (1964) 'Persistence of emotional disturbance reported among second and fourth grade children.' Onandage County School Studies, Interim report no. 1. (Mimeographed report).

NEWSON, J., and NEWSON, E. (1963) *Infant care in an urban community*. London: Allen & Unwin.

NEWSON, J., and NEWSON, E. (1968) *Four years old in an urban community*. London: Allen & Unwin.

NORRIS, V. (1951) 'Health of the schoolchild.' *Brit. J. soc. Med.*, **5**, 145.

OLSON, W. C. (1929) *Measurement of nervous habits in normal children*. University of Minneapolis Press.

OLSON, W. C. (1930) *Problem tendencies in children: a method for measurement and description*. University of Minneapolis Press.

O'NEAL, P., and ROBINS, L. N. (1958a) 'Childhood patterns predictive of adult schizophrenia: a 30-year follow-up study.' *Amer. J. Psychiat.*, **115**, 385.

O'NEAL, P., and ROBINS, L. N. (1958b) 'The relationship of childhood behaviour problems to adult psychiatric status: a 30-year follow-up study of 150 subjects.' *Amer. J. Psychiat.*, **114**, 961.

OPLER, M. K. (1969) 'Culture and child rearing.' In HOWELLS, J. G. (ed.) *Modern perspective in international child psychiatry*. Edinburgh: Oliver & Boyd.

PASAMANICK, B., and KAWI, A. (1956) 'A study of the association of prenatal and paranatal factors with the development of tics in children.' *J. Pediat.*, **48**, 596.

PETERSON, D. R., BECKER, W. C., SHOEMAKER, D. J., LURIA, Z., and HELLMER, L. A. (1961) 'Child behaviour problems and parental attitudes.' *Child Develop.*, **32**, 51.

PIDGEON, D. A. (1960) 'A national survey of the ability and attainment of children at three age levels.' *Brit. J. educ. Psychol.*, **30**, 124.

PILZER, E. (1952) 'Disturbed children who make good school adjustment.' *Smith Coll. Stud. Soc. Wk.*, **22**, 193.

POWERS, E., and WITMER, H. L. (1951) *An experiment in the prevention of delinquency*. New York: Columbia University Press.

PRESTON, G. H., and SHEPLER, W. MCL. (1930) 'A study of problems of "normal" children.' *Amer. J. Orthopsychiat.*, **1**, 245.

PRINGLE, M. L. K., BUTLER, N. R., and DAVIE, R. (1966) *11000 Seven-year-olds.* London: Longmans.

REXFORD, E. N., and SCHLEIFER, M. (1956) 'A follow-up of a psychiatric study of 57 antisocial young children.' *Ment. Hyg.*, **40**, 196.

REYNOLDS, M. M. (1928) 'Negativism in pre-school children.' Contribution to *Education*, No. 28, New York Teachers College, Columbia University.

RITHOLZ, S. (1959) *Children's behaviour.* New York: Bookmen Associates.

ROBINS, L. N. (1970) 'Follow-up studies of behaviour disorders in children.' In HARE, E. H., and WING, J. K. (eds.) *Psychiatric epidemiology.* Nuffield Provincial Hospitals Trusts.

ROBINSON, B. H. (1951) In Child Guidance Inter-clinic Conference, *9th Follow-up on child guidance cases.* London: National Association for Mental Health.

RODRIGUES, A., RODRIGUES, M., and EISENBERG, L. (1959) 'The outcome of school phobia: a follow-up study based on 41 cases.' *Amer. J. Psychiat.*, **116**, 540.

ROGERS, C. R. (1942) 'Mental health findings in three elementary schools.' *Educ. Res. Bull.*, (Ohio State University), **21**(3), 69.

RUTTER, M., BIRCH, H. G., THOMAS, A., and CHESS, S. (1964) 'Temperamental characteristics in infancy and the later development of behaviour disorders.' *Brit. J. Psychiat.*, **110**, 651.

RUTTER, M., and GRAHAM, P. (1966) 'Psychiatric disorders in 10- and 11-year-old children.' *Proc. Roy. Soc. Med.* **59**, 382.

RUTTER, M., TIZARD, J. and WHITMORE, K. (eds.) (1970) *Education, Health and Behaviour.* London: Longmans.

RYLE, A. (1963) 'Psychotherapy by the non-psychiatrist.' *Proc. Roy. Soc. Med.*, **56**, 834.

SCHONELL, F. J. (1952) 'The development of educational research in Great Britain: 7 Maladjusted children.' *Brit. J. educ. Psychol.*, **22**, 30.

SCHRUPP, M. H., and GJERDE, C. M. (1953) 'Teacher growth in attitudes toward behaviour problems of children.' *J. educ. Psychol.*, **44**, 203.

SCOTT, W. A. (1958a) 'Research definitions of mental health and mental illness.' *Psychol. Bull.*, **55**, 29.

SCOTT, W. A. (1958b) 'Social psychological correlates of mental illness and mental health.' *Psychol. Bull.*, **55**, 65.

SHEPHERD, M., and COOPER, B. (1964) 'Epidemiology and mental disorder: a review.' *J. Neurol. Neurosurg. Psychiat.*, **27**, 277.

SPENCE, J., WALTON, W., MILLER, F. J. W., and COURT, S. D. M. (1954) *A thousand families in Newcastle upon Tyne*. London: Oxford University Press.

STEIN, Z. A., and SUSSER, M. (1967) 'The social dimensions of a symptom: a socio-medical study of enuresis.' *Soc. Sci. and Med.*, **1**, 183.

STOTT, D. H. (1958) *The social adjustment of children: manual to the Bristol Social Adjustment Guides*. London: University of London Press.

SULLY, J. (1892) *The human mind: a textbook of psychology*. London: Longmans.

TAYLOR, T. C. (1968) Unpublished information.

TERMAN, L. M. (ed.) (1925) *Genetic studies of genius: Vol. I. Physical traits of 1000 gifted children*. Stanford University Press.

THOMPSON, C. E. (1940) 'The attitudes of various groups toward behaviour problems of children.' *J. abnorm. soc. Psychol.*, **35**, 120.

TIMMS, N. W. (1968) 'Child guidance service: a pilot study.' In MCLACHLAN, G. (ed.) *Problems and progress in medical care*. London: Oxford University Press.

TRAISMAN, A. S., and TRAISMAN, H. S. (1958) 'Thumb and finger-sucking: a study of 2650 infants and children.' *J. Pediat.*, **52**, 566.

TREVELYAN, G. M. (1942) *English social history*. London: Longmans.

TYERMAN, M. J. (1968) *Truancy*. London: University of London Press.

ULLMAN, C. A. (1952) *Identification of maladjusted school children*. Public Health Monogr. (Washington), 7.

VALENTINE, C. W. (1956) *The normal child*. Pelican. Harmondsworth, Middlesex: Penguin Books.

WALBY, J. H., and MacLOUGHLIN, A. L. (1963) 'Health and the 11 Plus Examination.' *Med. Offr.*, **109**, 137.

WALLACE, R. (1935) 'A study of the relationship between emotional tone of the home and adjustment status in cases referred to a travelling child guidance clinic.' *J. Juvenile Res.*, **19**, 205.

WECHSLER, D. (1931) 'The incidence and significance of finger-nail biting in children.' *Psychoanal. Rev.*, **18**, 201.

WHITING, J. W. M., and CHILD, I. L. (1953) *Child training and personality: a cross-cultural study*. New Haven: Yale University Press.

WICKMAN, E. K. (1928) *Children's behaviour and teachers' attitudes*. New York: Commonwealth Fund.

WILE, I. S., NEARY, L., NOVOGRAD, L., MACE, L., and DAVIS, R. (1934) 'The continuity of the neurotic processes.' *Amer. J. Orthopsychiat.*, **4**, 49.

WISENTHAL, M. (1965) 'Sex differences in attitudes and attainment in junior schools.' *Brit. J. educ. Psychol.*, **35**, 79.

WITMER, H. L. (1933a) 'The outcome of treatment in a child guidance clinic.' *Smith Coll. Stud. soc. Wk.*, **3**, 341.

WITMER, H. L. (1933b) 'Parental behaviour as an index to the probable outcome of treatment in a child guidance clinic.' *Amer. J. Orthopsychiat.*, **3**, 431.

WITMER, H. L. (1935) 'A comparison of treatment results in various types of child guidance clinics.' *Amer. J. Orthopsychiat.*, **5**, 351.

WITMER, H. L. (1940) *Psychiatric clinics for children.* New York: Commonwealth Fund.

WOLFF, S. (1961) 'Symptomatology and outcome of pre-school children with behaviour disorders attending a child guidance clinic.' *J. Child Psychol. Psychiat.*, **2**, 269.

WOLFF, S. (1967) 'Behavioural characteristics of primary school children referred to a psychiatric department.' *Brit. J. Psychiat.*, **113**, 885.

YARROW, L. J. (1961) 'Maternal deprivation: towards an empirical and conceptual re-evaluation.' *Psychol. Bull.*, **58**, 459.

YOUNG-MASTEN, I. (1938) 'Behaviour problems of elementary school children: a descriptive and comparative study.' *Genet. Psychol. Monogr.*, **20**(2), 123.

YOURMAN, J. (1932) 'Children identified by their teachers as problems.' *J. educ. Psychol.*, **6**, 334.

NAMENREGISTER

Ackerson, L., 13, 35, 40, 48, 50, 52, 53, 62, 65, 68, 158
Adams, C. F., 17
Addis, R. S., 48
Allen, L., 16, 17, 34, 35, 38, 46, 50, 52, 53, 61, 62, 65, 68, 70, 168
Anderson, J. E., 17
Ariès, P., 11

Bain, W. E., 14
Bakwin, H., 48, 50, 70
Bakwin, R. M., 48, 50, 70
Baldwin, A. L., 16, 35
Barbour, R. F., 17, 48
Becker, W. C., 160
Bell, R. Q., 15
Billig, A. L., 65
Birch, H. G., 16
Birch, L. B., 14, 65
Blatz, W. E., 14
Blomfield, J. M., 48
Borland, E. M., 48
Bott, E. A., 14
Bower, E. M., 14, 107
Boyd, M. M., 48
Brandon, S., 16
Bransby, E. R., 48
Bremer, J., 47
Bresse, F. H., 16
Brodie, R. D., 42
Buckle, D., 15
Burruss, G., 17
Burt, C., 12, 13
Butler, N. R., 16, 21, 44, 160

Cattell, R. B., 21, 168
Chazan, M., 42, 103
Chess, S., 16
Child, I. L., 166
Coan, R. W., 21, 168
Cohen, H., 160
Cookson, D., 163
Coolidge, J. C., 42
Cooper, B., 160
Court, S. D. M., 16, 48
Crandall, V. J., 144
Crocetti, G. M., 166
Cummings, J. D., 14, 17, 38, 107
Cunningham, J. M., 17
Cytryn, L., 17, 151

Davidson, M., 166
Davie, R., 16, 21, 44, 160
Davis, R., 17
De Haas, J. H. 58
Del Solar, C., 15
Domke, H. R., 15, 158, 163, 164
Douglas, J. W. B., 16, 48, 162

Eisenberg, L., 17, 42, 151
Ellis, D. B., 14
Eron, L. D., 14
Estes, H. R., 42
Eysenck, H. J. 163, 167

Falkner, F., 16
Feeney, B., 42
Fischoff, J., 17
Fitt, A. B., 42
Foster, J. C., 17
Frick, W. B., 42
Furman, S. S., 166

Gallagher, G. H., 58
Gardner, G., 165
Gedda, E., 47
Gesell, A., 16, 35, 65
Gilbert, A., 17, 151

Gildea, M. C.-L., 163
Gjerde, C. M., 14
Glidewell, J. C., 158, 163, 164
Goldberg, D. P., 162
Goldfarb, A., 14
Goodenough, F., 15
Goodman, S. E., 48
Gordon, I., 47
Gordon, J. E., 144
Graham, P., 163
Grant, Q. A. F. R., 50, 52
Griffiths, W., 15, 53, 73
Guttman, L., 172, 173, 175

Haggerty, M. E., 132
Hall, J., 79
Hallgren, B. 47, 48
Harnack, G.-A. von 20
Haylett, C. H., 43
Heald, F. B., 58
Heinicke, C. M., 151
Hellmer, L. A., 160
Hersov, L. A., 42
Hewitt, L. E., 167
Hildreth, G., 17
Hindley, C. B., 16, 166
Hladky, F., 14
Holmes, F. B., 38
Honzik, M. P., 16, 17, 34, 35, 38, 46, 50, 52, 53, 61, 62, 65, 68, 70, 168
Hubbard, R. M., 17
Hunt, E. B., 162
Hunt, W. A., 162
Hunter, E. C., 14

Ilg, F. L., 35, 65

Jenkins, R. L., 167
Jersild, A. T., 38
Johnson, A. M., 43
Jones, D. C., 79

Kalham, J., 16
Kanner, L., 22, 34, 48, 50, 70, 159, 161
Kantor, M. B., 158, 163, 164
Kantor, M. E., 15
Kawi, A., 62
Keir, G., 11
Kendall, M. G., 169
Knox, E. G., 16, 48

Laar, F. van 58
Lapouse, R., 15, 20, 37, 38, 46, 65, 161, 162
Laulight, J. H., 14
Laycock, S. R., 14
Lebovici, S., 15
Levitt, E. E., 17
Levy, D. M., 53
Long, A., 15
Lurie, O. R., 160
Luria, Z., 160

McConachie, J. W., 48
McClure, W. E., 14
McFie, B. S., 13, 107
MacFarlane, J. W., 16, 17, 34, 35, 38, 46,50,52,53,61,62,65,68,70,168
Mackenzie, E. P., 34
MacLoughlin, A. L., 127
Mace, L., 17
Maes, W. R., 14
Malone, A. J., 14, 65
Mangus, A. R., 14
Massler, M., 14, 65
Masland, R. P., 58
Mechanic, D., 160
Medical Research Council, 162
Mensh, I. N., 15, 163
Michaels, J. J., 48
Miller, A., 48
Miller, F. J. W., 16, 48
Miller, L. W., 14
Mitchell, J. A., 14
Mitchell, S., 161
Monk, M., 15, 20, 37, 38, 46, 65
Moore, T., 16
Moore, T. W., 15, 16, 107, 163
Morris, D. P. 17
Morris, J. N., 160
Mullen, F. A., 40
Mulligan, D. G., 16

Neary, L., 17
New York State Mental Health Research Unit 17
Newson, E., 166
Newson, J., 166
Norris, V., 100
Novograd, L., 17

Olson, W. C., 14, 107
O'Neal, P., 17
Opler, M. K., 166
Oppe, T. T., 48

Pasamanick, B., 62
Peterson, D. R., 160
Pidgeon, D. A., 44, 96
Pilzer, E., 14
Powers, E., 17
Preston, A., 144
Preston, G. H., 132
Pringle, M. L. K., 16, 21, 44, 160

Rexford, E. N., 17
Reynolds, M. M., 53
Ritholz, S., 14
Robins, L. N., 17
Robinson, B. H., 17
Rodrigues, A., 17
Rodrigues, M., 17
Rogers, C. R., 107
Rusbach, H. W., 58
Rutter, M., 16, 163
Ryle, A., 132

Schleifer, M., 17
Schonell, F. J., 14
Schrupp, M. H., 14
Scott, W. A., 103
Shepherd, M., 160, 161
Shepler, W. McL., 132
Shoemaker, D. J., 160
Soroker, E., 17
Spence, J., 16
Stein, Z. A., 166
Stott, D. H., 107
Stuart, A., 169
Sturgis, S. H., 58
Sully, J., 159
Susser, M., 166
Sweat, L. G., 166

Taylor, T. C., 31
Terman, L. M., 14
Thomas, A., 16
Thompson, C. E., 14
Timms, N. W., 166
Tizard, J., 163
Traisman, A. S., 65
Traisman, H. S., 65
Trevelyan, G. M., 12
Tulchin, S. H., 53
Tyerman, M. J., 17, 43

Ullman, C. A., 14, 107
Underwood Committee, 14

Valentine, C. W., 65

Walby, J. H., 127
Walder, L. O., 14
Walton, W., 16
Walton, W. S., 16, 48
Wechsler, D., 65
Westerman, H. H., 17
Whiting, J. W. M., 166
Whitmore, K., 163
Wickman, E. K., 13
Wile, I. S., 17
Wisenthal, M., 42, 44, 96
Witmer, H. L., 17, 159
Wittson, C. L., 162
Wolff, S., 17, 139

Yarrow, L. J., 89
Young-Masten, I., 14
Yourman, J., 14

SACHREGISTER

Antisoziales Verhalten 49–54
destruktives Verhalten 49–50
Lügen 51–52
Stehlen 50–51
Umherstreifen 53–54
Ungehorsam 52–53
Auffälligkeit 74–77, 160
Bestimmung und Definition 74–77, 122, 162
und Schulverhalten 108–110
siehe auch auffälliges Verhalten, Gesamtauffälligkeitsscore
auffälliges Verhalten 158–166
Erkennung 164
und Krankheit 159, 165–166
Verlauf 111–131, 164–165

Behandlung
Dauer 149–151
Evaluation 149–157, 165
Intensität 151
Berufstätigkeit von Müttern 153–154
Buckinghamshire child survey
Beschreibung 19–31
Stichprobenzusammenstellung 28–29

child guidance-Kliniken 17, 147, 160, 166
Auswahl der Klinikgruppe 133–135
Überweisung an 132–146
Zugänglichkeit 139–140

Einstellungen, elterliche
und Überweisung an Kliniken 142–146
und Zustand bei der Nachuntersuchung 155–156
emotionales Verhalten 66–74
Ängstlichkeit (Sich Sorgen) 73, 74
Eifersucht 71–72
Quengeln 67
Reizbarkeit 68, 69
Rückzugsverhalten 73–75
Schmollen 68, 69
Stimmungsänderungen 72–73
Streitereien 71
Weinen 66–67
Wutanfälle 70
Entwicklung, kindliche 16, 161
Eßverhalten 33–35
Appetit 33–34
Mäkelei am Essen 34–35

Fallgeschichten 93–95, 179–216
Familie
und Verlauf auffälligen Verhaltens 129–131, 151–156
-(n)größe und Stellung in der Geschwisterreihe 80–82
und Überweisung an Kliniken 141
Fragebögen 30–31, 217–225
der Nachuntersuchung 112–113, 222–223
Eltern- 21–24, 217–223
Lehrer- 24–25, 96, 224–225
Furcht 36–40
vor der Dunkelheit 36–37
vor Menschen 39–40
vor Tieren 37–39

gastrointestinale Symptome 54–60
Bauchschmerzen 58–59
Durchfall (Diarrhoe) 56
Einkoten 57–58
Erbrechen 59–60
Gesamtauffälligkeitsscore 77, 111, 126, 162–163
und Einlieferung ins Krankenhaus 88–89
und elterliche Abwesenheit 90
und Familiengröße 81–82
und Menstruation 86
und physische Störungen 84–85

und „Schweregrad“ der Störung 175–177
und soziale Schicht 80
und Stellung in der Geschwisterreihe 80–81
und Trennungserlebnisse 93
Gesundheit 25
physische 54–61, 83–86, 100
psychische, der interviewten Eltern 144–146, 154–155
und Zustand bei der Nachuntersuchung 128–129

Informant 160
die Eltern als 14–15, 20–21, 163
das Kind als 19–20
der Lehrer als 13–14, 20, 163
Interviews
mit den Eltern der Klinikgruppe 135
mit den Eltern der Kontrollgruppe 136
Nachuntersuchung 147–148

Kopfschmerzen 60–61

Leseschwierigkeiten 43–44, 97–98

matching-Verfahren 135–136, 179
Menstruation 58–59, 60, 86, 158

Nachuntersuchung
auffälligen Verhaltens 111–131, 164–165
Fragebogen 112–113, 222–223
frühere Untersuchungen 17–18
klinisches Zustandsbild 149–151
nichtauffälliger Kinder 125–126, 164–165

psychomotorisches Verhalten 61–66
Daumenlutschen 65, 66
Nägelkauen 64–65
Unruhe 61–62
Unteraktivität 61–62
Tics 62–63

Schicht, soziale 79–80
und Schulleistung 98–99
und Überweisung an child guidance-Kliniken 140–141
und Verhalten in der Schule 105–107
und Verlauf auffälligen Verhaltens 129, 152
Schlafstörungen 45–48
Alpträume 45–46
Bettnässen 47–48
unruhiger Schlaf 45
Schule
Abneigung gegen 41–43
Fehlen in 100–101
Leistung 24–25, 96–99
und Verlauf auffälligen Verhaltens 129, 156–157
Verhalten in 24–25, 40–44, 96–110, 103–105
Schuleschwänzen 40–41, 100–101
Schweregrad der Störung, Beurteilung des 137–139, 148
Skalogramm von Verhaltensitems 174
statistische Angaben zu Interrelationen zwischen Verhaltensitems 167–175
Faktoranalyse 167–168
Korrelationen 168–170
Skalogramm-Analyse 172–175
Symptomgruppenanalyse (cluster analysis) 170–171

Trennungserlebnisse 89–95
Einlieferung ins Krankenhaus 86–89, 91, 92
und Überweisung an child guidance-Kliniken 141–142

Vergleichsgruppen, Bildung von 135–136, 179
Verhalten von Kindern
antisoziales 49–54
Beziehungen zwischen verschiedenen Verhaltensformen 78
emotionales 66–74
Eßverhalten 33–35
in häuslicher Umwelt 32–78, 107–110
in schulischer Umwelt 96–110
pychomotorisches 61–65
Störungen 158–159
Verhaltenserhebungen bei Kindern 12
im Längsschnitt 15–18
im Querschnitt 13–15

Annemarie Dührssen
Psychogene Erkrankungen bei Kindern und Jugendlichen

Eine Einführung in die allgemeine und spezielle Neurosenlehre.
10. Auflage *1973*. 323 Seiten Leinen.
Kaum ein anderes Buch wird dem Lernenden in so ausgezeichneter Weise die einzelnen Fragestellungen nahebringen und deren Schwierigkeiten klären. Auch der Kenner der Verhältnisse wird das Buch mit Gewinn studieren und als Ratgeber in zweifelhaften Fällen heranziehen. (Zentralblatt für die gesamte Kinderheilkunde)

Annemarie Dührssen
Psychotherapie bei Kindern und Jugendlichen

Ein Lehrbuch für Familien- und Kindertherapie.
5. Auflage *1973*. 426 Seiten, Leinen.
Vorliegende Abhandlung darf für sich den Anspruch eines wohlfundierten Lehrbuches erheben. Die Verfasserin lehrt eine analytische Psychotherapie, die jeden Umgang mit Kindern und Jugendlichen bestimmt. ... Ihr Standpunkt ist wohltuend undogmatisch. ... In allem spürt man die Fähigkeit des Erfahrenen, sich auf Wesentliches zu beschränken. So entstand ein erstes übersichtliches Orientierungswerk, das vorbehaltlos empfohlen werden kann.
(Günther Clauser/Praxis der Psychotherapie)

Samuel R. Slavson
Einführung in die Gruppentherapie von Kindern und Jugendlichen

(Unveränderter Nachdruck von „Einführung in die Gruppentherapie".) Aus dem Amerikanischen übersetzt von Wolfgang Albrecht. Mit einem Geleitwort von George Stevensen.
2. unveränderter Nachdruck 1972. 254 Seiten, kartoniert.
S. R. Slavson wird der „Vater der Gruppentherapie" genannt. Sein bereits 1943 in Amerika erschienenes Werk hat mit beigetragen zur Förderung und Entwicklung der Gruppentherapie in den USA. Bei uns hat sich die Gruppentherapie bisher noch nicht so erfolgreich durchsetzen können, aber gerade in den letzten Jahren scheint sie auch in der Schweiz und in Deutschland mehr Beachtung zu finden. Das vorliegende Lehrbuch ist auch für interessierte Laien lesbar und kann einen guten Einblick geben. Empfohlen sei die Lektüre besonders für Lehrer an Sonderschulen. (Zeitschrift für Psychosomatische Medizin und Psychoanalyse)

Verlag für Medizinische Psychologie
Vandenhoeck & Ruprecht

Beihefte zur „Praxis der Kinderpsychologie und Kinderpsychiatrie"

1. **Annemarie Dührssen, Heimkinder und Pflegekinder in ihrer Entwicklung**
   4. Auflage 1972. 161 Seiten, kart.

3. **Erika Geisler, Das sexuell mißbrauchte Kind**
   1959. 116 Seiten und 1 Abbildung, kart.

4. **D. Buckle / S. Lebovici, Leitfaden zur Erziehungsberatung**
   1961. 157 Seiten, kart.

5. **Werner Schwidder (Hrsg.), Die Bedeutung der frühen Kindheit für die Persönlichkeitsentwicklung**
   2. Auflage 1970. 83 Seiten, kart.

6. **Ursula Neumann / Waltraut Schirmer, Kinder und Eltern brauchen Hilfe**
   1964. 119 Seiten, kart.

7. **Eberhard Künzel, Jugendkriminalität und Verwahrlosung**
   4. durchgesehene und erweiterte Auflage 1973. 164 Seiten, kart.

8. **Peter Müller, Familie und Schulreife**
   1967. 86 Seiten, kart.

9. **Annemarie Dührssen, Zum Problem des Selbstmordes bei jungen Mädchen**
   1967. 49 Seiten, kart.

10. **Theodor F. Hau, Frühkindliches Schicksal und Neurose**
    1968. 153 Seiten und zahlreiche Tabellen, kart.

11. **Wilhelm-Albert Röttger, Mütter, Emanzipation und Kindererziehung**
    1971. 212 Seiten, kart.

12. **Klaus Hartmann / Kurt Eberhard, Legalprognosetest für dissoziale Jugendliche**
    1971. 62 Seiten und 25 Testbogen, kart.

13. **Kurt Eberhard / Gudrun Kohlmetz, Verwahrlosung und Gesellschaft**
    1973. 142 Seiten, kart.

Verlag für Medizinische Psychologie

Vandenhoeck & Ruprecht